Otto Swoboda's

Comtoir-Wissenschaften.

Erster Band:

Die Buchführung.

Otto Swoboda's

Comtoir-Wissenschaften.

Erster Band.

Die

Buchführung.

Eine praktische Anleitung

für

Bank- und Waarengeschäfte.

Herausgegeben

von

Hans Hauptmann,
Beamter der Deutschen Bank.

Dritte, vollständig neu bearbeitete Auflage.

Berlin.
Verlag von Julius Springer.
1892.

ISBN-13: 978-3-642-89806-8 e-ISBN-13: 978-3-642-91663-2
DOI: 10.1007/978-3-642-91663-2
Reprint of the original edition 1892

Vorwort.

Bezüglich der Gedanken, mit denen ich an die Bearbeitung der „Comtoir-Wissenschaften" von Otto Swoboda überhaupt herangegangen bin, verweise ich auf mein Vorwort zum zweiten Bande dieser Auflage.

Die von dem Herrn Verfasser beliebte Gliederung des Stoffes in diesem ersten Bande erschien mir so durchaus zweckmässig, dass ich derselben auch in der Bearbeitung überall gefolgt bin. Die einzige Abweichung besteht in der Einreihung des Kapitels „Die Buchführung im Bankgeschäft".

Ich würde gern — wie dies bei dem Waarengeschäft von Blind & Lessing geschehen ist — auch die Geschäftsvorfälle im Bankgeschäft für einen ganzen Monat entwickelt, alle Buchungen vorgeführt und auch die Art des Abschlusses gezeigt haben. Indessen brachten mich zwei Erwägungen davon zurück und liessen mich meine Absicht ohne Bedauern aufgeben: einerseits die Rücksicht auf den Umfang des Buches, andererseits ein gewisser Abscheu vor Wiederholungen.

Was den ersten Punkt betrifft, so habe ich mich in der Bearbeitung dieses Werkes durchaus von dem Wunsche leiten lassen, das von dem Herrn Verfasser in den früheren Auflagen Gebotene in einen engeren Rahmen zusammen zu drängen, um dadurch den Preis des Buches zu ermässigen und eine weitere Verbreitung desselben zu ermöglichen. So sind die circa 400 Seiten der zweiten Auflage zu 267 Seiten in der dritten eingeschmolzen. Ich glaube indessen mit gutem Recht behaupten zu können, dass die Klarheit und Verständlichkeit der behandelten Materie dadurch nicht nur nichts verloren hat, sondern stellenweise nur um so prägnanter in die Erscheinung getreten ist.

Der zweite Punkt aber steht mit dem ersten im genauesten Zusammenhang und bedarf wohl keiner weiteren Rechtfertigung.

Es scheint mir lehrreicher zu sein, wenn ein vor allem zum Selbstunterricht bestimmtes Buch sich nicht ganz im detaillirten Ausbau seines Stoffes erschöpft, sondern dem Lernenden gleichzeitig Anregungen giebt zu selbständigem Denken und Anpassen an die entwickelten Formen.

Berlin, im September 1892.

Hans Hauptmann.

Inhalts-Verzeichnis.

Erster Theil.

Zweiter Theil.

Die einfache Buchführung.

Dritter Theil.

Die doppelte Buchführung.

Vierter Theil.

Die Buchführung im Bankgeschäft.

Anhang.

Erster Theil.

A. Besprechung der einfachen und der doppelten, sowie der landwirthschaftlichen Buchführung im Allgemeinen.

Unter Buchführung versteht man die klare ziffernmässige Darstellung aller im Geschäfte vorgekommener Veränderungen an Geld und Waaren. Dieselbe muss jederzeit einen genauen Ueberblick über den Vermögensstand des Geschäfts-Unternehmers ermöglichen. Damit dieser Zweck erreicht werde, muss aus der Buchführung ersichtlich sein:

Zugang, Verbleib und Bestände an baarem Gelde, Waaren, Wechseln, Effecten, Sorten u. s. w.;

Die Höhe der Forderungen und Schulden an Geschäftsfreunde und andere Personen.

Die Artikel 28—40 des Handelsgesetzbuches besagen betreffs der Buchführung, dass jeder Kaufmann verpflichtet ist, Bücher zu führen, aus denen man seine Handelsgeschäfte und die Lage seines Vermögens vollständig ersehen kann, — dass er ferner verpflichtet ist, die empfangenen Handelsbriefe aufzubewahren und eine Abschrift oder Copie der abgesandten Handelsbriefe zurückzubehalten und nach der Zeitfolge zu sammeln.

Jeder Kaufmann hat beim Beginn seiner selbständigen Thätigkeit als solcher seine Grundstücke, seine Forderungen und Schulden, den Betrag seines baaren Geldes und seiner sonstigen Vermögensbestandtheile genau zu verzeichnen und durch einen ziffernmässigen Abschluss das Verhältniss seines Vermögens zu seinen Schulden (seiner Activa zu seinen Passiven) festzustellen. Diese Feststellung nennt man die Eröffnungsbilanz.

Ein vor dem Reichsgericht verhandelter Fall gab Veranlassung zu dem Erkenntniss dieser obersten Behörde, dass die Verpflichtung, eine Eröffnungsbilanz zu ziehen, gleichzeitig mit dem Betriebsbeginn des kaufmännischen Geschäftes eintritt. Selbst in dem

Falle, dass der Kaufmann seine Geschäfte ohne eigenes Vermögen beginnt, ist er zur Aufstellung einer Eröffnungsbilanz verpflichtet, aus welcher seine Vermögenslosigkeit buchmässig zu ersehen ist. Hatte ein Kaufmann die Aufstellung seiner Eröffnungsbilanz verabsäumt und sieht sich später zur Einstellung seiner Zahlungen genöthigt, so muss derselbe wegen Bankerotts bestraft werden.

In gleicher Weise liegt für jeden ordentlichen Kaufmann die Verpflichtung zur Abfassung einer sog. Jahresbilanz vor. Der Zeitpunkt für dieselbe fällt meist mit dem Schluss des Kalenderjahres zusammen. Indessen kann ebenso der Ablauf eines Zeitjahres seit dem Geschäftsbeginn als Tag der Jahresbilanz gewählt werden. Hat der Kaufmann ein Waarenlager, dessen Inventarisirung nach Beschaffenheit des Geschäftes nicht alljährlich geschehen kann, so genügt es, wenn das Inventar alle zwei Jahre aufgenommen wird. Die Inventur und die Bilanz sind von dem Kaufmann, oder bei Handelsgesellschaften von allen persönlich haftenden Gesellschaftern zu unterzeichnen. Die Inventur und Bilanz werden entweder in ein dafür bestimmtes Buch eingetragen oder besonders aufgestellt und, in chronologischer Folge geordnet, aufbewahrt. Bei der Aufnahme der Inventur und der Bilanz sind sämtliche Vermögenstheile und Forderungen nach dem Werthe, welcher ihnen zur Zeit der Aufnahme beizulegen ist, in Ansatz zu bringen. Zweifelhafte Forderungen und Wechsel sind nach ihrem wahrscheinlichen Werthe einzusetzen, uneinbringliche Forderungen und Wechsel dagegen abzuschreiben. Bei Führung der Handelsbücher und bei den übrigen erforderlichen Arbeiten muss sich der Kaufmann einer lebenden Sprache und der Schriftzeichen derselben bedienen. Die Bücher müssen gebunden und jedes von ihnen muss Blatt für Blatt mit fortlaufenden Zahlen versehen sein. An Stellen, welche der Regel nach zu beschreiben sind, dürfen leere Zwischenräume nicht gelassen werden. Der ursprüngliche Inhalt einer Eintragung darf nicht durch Durchstreichen oder auf andere Weise unleserlich gemacht, es darf nicht radirt, noch dürfen solche Veränderungen vorgenommen werden, welche die Bedeutung der ursprünglichen Eintragung (Buchung) wesentlich beeinflussen.

Die Kaufleute sind verpflichtet, ihre Handelsbücher, während 10 Jahren, vom Datum der letzten Eintragung gerechnet, aufzubewahren. Die gleiche Frist gilt auch für die Aufbewahrung der empfangenen Handelsbriefe, Briefcopien, Inventuren und Bilanzen.

Ordnungsmässig geführte Handelsbücher liefern bei Streitigkeiten über Handelssachen unter Kaufleuten einen unvollständigen Beweis, welcher durch den Eid oder andere Beweismittel ergänzt werden kann.

Auch das neue Processgesetz hat die Beweiskraft, welche den kaufmännischen Handelsbüchern längst vor dem Handelsgesetzbuch beigelegt wurde, keineswegs beseitigen oder schmälern, sondern nur das Princip der freien richterlichen Beweiswürdigung auch für die Handelsbücher massgebend erklären wollen. Nach dem Grunde, aus welchem den Handelsbüchern Beweiskraft beigelegt wird, kann also diese Beweiskraft den Büchern für sich allein, ohne dass noch besondere Momente hinzuzukommen brauchen, lediglich deshalb, weil der Kaufmann die betreffende Eintragung in die Bücher gemacht hat, beigelegt werden. Da indess der Richter zu würdigen hat, ob und welches Mass der Beweiskraft den Büchern im concreten Falle beizulegen sei, wobei andere concurrirende Momente zur Minderung oder Stärkung ihrer Glaubwürdigkeit beitragen können, so kann das Ergebniss der richterlichen Würdigung im einzelnen Falle auch die gänzliche Verneinung der Beweiskraft der Handelsbücher sein.

Unregelmässig geführten Büchern braucht der Handelsrichter nach einem reichsoberhandelsgerichtlichen Erkenntnisse überhaupt keine Beweiskraft beizulegen, selbst wenn sich die Gegenpartei desjenigen, dessen Handelsbücher unregelmässig geführt wurden, auf diese Handelsbücher beruft. Die Verfälschung eigener Handelsbücher und der Gebrauch dieser gefälschten Bücher als Beweismittel vor Gericht durch deren Inhaber ist nach einem Urtheil des Reichsgerichts vom 23. Januar 1882 nicht als Urkundenfälschung, sondern, wenn die sonstigen Erfordernisse des strafbaren Betruges vorliegen, als Betrug bezw. Betrugsversuch zu bestrafen.

Diese vorstehenden gesetzlichen Vorschriften sind so klar, dass sie keiner weiteren Erläuterung bedürfen; nur dürfte es von Wichtigkeit sein, an einem Beispiel zu zeigen, was unter Handelsbüchern zu verstehen ist. Ein Kaufmann hatte eine ganz wesentliche Buchung, welche in die Hauptbücher hätte gebracht werden müssen, nur in ein Notizbuch (Contorkalender) eingetragen. Da es sich um einen bedeutenden Betrag handelte, so war durch Unterlassung jener Buchung eine Unübersichtlichkeit des Vermögenszustandes des Betreffenden geschaffen worden, welche ihm, als er zahlungsunfähig wurde, die Verurtheilung wegen einfachen Bankerotts einbrachte. Auch durch das Reichsgericht wurde die Meinung des Kaufmanns, dass sein Contorkalender als Handelsbuch zu betrachten sei, als irrthümliche bezeichnet. Er wurde vom Reichsgericht darauf hingewiesen, dass, wie weit auch der Begriff „Handelsbücher“ reichen mag, doch immer ein charakteristisches Merkmal darin erblickt werden müsse, dass die Handelsbücher das Material, zu dessen Aufnahme sie bestimmt sind, kaufmännisch geordnet zusammenfassen. Ein Buch, das nur zur Aufnahme von Bemerkungen zur Unterstützung des Gedächtnisses dient, ohne sachlich geordnete Aufzeichnungen für das Handelsgeschäft zu enthalten, könne als Handelsbuch nicht angesehen werden.

Gemäss § 283, 2 des Strafgesetzbuches sind insolvente Kaufleute wegen Bankerotts mit Gefängniss bis zu 2 Jahren zu bestrafen, wenn sie Handelsbücher zu führen unterlassen oder so unordentlich geführt haben, dass diese keine Uebersicht des Vermögens gewähren. Diese Bestimmung bezieht sich indessen nur auf solche Bücher, welche im Sinne der Artikel 28 und 32 des deutschen Handelsgesetzbuches als Handelsbücher zu betrachten sind. Die von Geschäftsleuten geführten Notizbücher, welche nur Voreintragungen zu Buchungen in den eigentlichen Handelsbüchern enthalten, sind nicht dazu zu rechnen.

Ein Kaufmann ist auch dann für die unordentliche Führung seiner Handelsbücher verantwortlich, wenn er selbst die Buchführung nicht versteht und diese ausschliesslich einem sachverständigen Buchhalter überlassen hat.

Dagegen hat sich gemäss eines Erkenntnisses des Reichsgerichts ein seine Zahlungen einstellender Kaufmann, welcher seine Bücher so unordentlich geführt hat, dass die Uebersicht seines Vermögenstandes zwar erschwert, aber nicht unmöglich gemacht wird, keines strafbaren Bankerottes schuldig gemacht.

Zur nöthigen Uebersichtlichkeit der Buchführung ist neben der ziffermässigen Darstellung auch eine Klarlegung der einzelnen Factoren erforderlich. Aus der Mangelhaftigkeit dieser letzteren ist indessen eine Straffälligkeit des Kaufmanns noch nicht unbedingt zu folgern. Es wird sich eben in dem einzelnen Fall wieder darum handeln, ob eine endliche Feststellung der Vermögenslage auf Grund des gegebenen Materials schlechterdings unmöglich ist oder nicht.

Die Verjährung der Strafverfolgung wegen einfachen Bankerotts tritt in fünf Jahren nach der Strafthat ein.

Die Bestimmungen des Gesetzes wollen nur auf den unerfahrenen, leichtsinnigen oder betrügerischen Kaufmann einen Zwang ausüben, indem sie eine übersichtliche Buchführung von ihm fordern. Der ordentliche Kaufmann wird dieser Forderung gerecht in Erkenntniss der hohen Wichtigkeit, welche einer ordnungsmässigen Buchführung für ihn selbst, für sein ganzes Geschäft innewohnt.

Nur durch eine ordnungsmässige Büchführung kann man sich in alle Veränderungen, die im Besitzstand vorgegangen sind, sowie in alle Operationen, welche stattgefunden haben, klare Einsicht verschaffen, und nur eine solche macht es dem Besitzer möglich, zu jeder Zeit seine Forderungen und Schulden, den Stand seines Geschäfts und dessen Erträgniss und die Höhe seines Vermögens richtig zu beurtheilen.

Bis zum Jahre 1504 kannte man nur die auch heute noch in kleineren Geschäften gebräuchliche einfache Buchführung. Dieselbe stellt sich indessen, streng genommen, nur als eine in übersichtliche Ordnung gebrachte Sammlung von Notizen dar und bietet auch bei der grössten Genauigkeit keine absolute Garantie für ein richtiges Ergebniss. Nur ein beständiges, äusserst gewissenhaftes Vergleichen — Colationiren — der einzelnen Conten mit den Buchungsbelägen, Briefen etc. und dem Memorial kann einigermassen vor dem Eindringen unauffindbarer Fehler schützen. Aus diesem Grunde schon müssen Geschäfte von einigermassen umfangreicher Thätigkeit von dieser sog. einfachen Buchführung absehen. Es scheint mir deshalb nicht nöthig, mich in gleich eingehender Weise darüber auszulassen, wie ich dies später bei Besprechung der doppelten Buchführung zu thun beabsichtige.

Zu der einfachen Buchführung sind folgende drei Bücher unbedingt erforderlich:

1. Die Casse,
2. Das Memorial,
3. Das Hauptbuch.

1. Die Casse wird auf zwei gegenüberliegenden Seiten geführt. Die linke — Soll- oder Debet- — Seite ist zur Aufnahme aller vereinnahmten Geldbeträge bestimmt; die rechte — Haben- oder Credit- — Seite nimmt alle verausgabten Geldbeträge in ihre Colonnen auf. Alles baare Geld, wofür und auf welche Weise immer es ein- oder ausgehen möge, muss in der Casse verbucht werden. Hat man eine Seite des Cassebuches voll geschrieben, dann addirt man die in der letzten Colonne aufgeführten Posten und überträgt (transportirt) die Endsumme auf die erste Zeile der entsprechenden nächsten Seite des Buches. Am Ende eines jeden Monats schliesst man die Casse ab, indem man die Gesammt-Addition der Credit- und Debet-Seite einander gegenüberstellt. Die Debet-Seite — d. h. also die Summe der eingegangenen Beträge — muss natürlich immer grösser sein, als die Credit-Seite — die Summe der verausgabten Geldbeträge. Die sich ergebende Differenz — der Saldo — muss mit dem im Geschäfts-Cassenschrank vorhandenen baaren Gelde genau übereinstimmen. Ist dies der Fall, dann schreibt man den Saldo als letzten

Posten auf die Credit-Seite, so dass beide Seiten mit der gleichen Summe u. z. mit der Addition der Debet- (Soll-) Seite abschliessen, und trägt den Saldo als Cassenbestand auf die Debet-Seite im neuen Monat vor. Den durch die Transporte auf einer Seite etwa leergebliebenen Raum durchstreicht man mit einer schrägen Linie von rechts oben nach links unten.

2. Das Memorial, auch Cladde, Strazze, Brouillon oder Prima-Nota genannt, dient zur Aufnahme aller Verrechnungsposten, d. h. aller Werthbeträge von Waaren, Effecten, Sorten etc., die nicht durch baares Geld ihren sofortigen Ausgleich finden. Das Memorial wird auf fortlaufend nummerirten Seiten geführt.

3. Das Hauptbuch, gleich der Casse in Debet- und Credit-(Soll- und Haben-)Seite getheilt, enthält alle sog. persönlichen Conten. Zunächst wird dem Geschäftsinhaber ein Conto eröffnet, auf welchem derselbe für sein dem Geschäfte überwiesenes Capital, die aufgelaufenen Zinsen und eventuellen Gewinne erkannt (Credit-Seite), für einen etwaigen Verlust dagegen belastet (Debet-Seite) wird. In gleicher Weise wird dann im Laufe der Zeit jeder einzelnen Person, der wir auf Grund eines abgeschlossenen Geschäftes Geld schuldig werden, sowie jeder einzelnen Person, die sich im gleichen Falle uns gegenüber befindet, ein Conto eingerichtet. Empfangen wir von A. eine Waare etc. ohne Zahlung, so müssen wir den Werth derselben dem A. auf dessen Conto in unserem Hauptbuche gutschreiben (Credit-Seite); A. wird dadurch unser Creditor, er hat in Höhe des ihm gutgeschriebenen Betrages Anspruch auf unser Geschäftsvermögen. Senden wir dagegen an B. eine Waare etc., ohne gleich Zahlung dafür zu erhalten, so müssen wir dem B. auf dessen Conto in unserem Hauptbuche den Gegenwerth für diese Waare belasten (Debet-Seite); B. wird dadurch unser Debitor. Bei Abschätzung unseres Geschäftsvermögens müssen wir diesen dem B. belasteten Betrag zu unseren Activen in Rechnung stellen.

Bei Transporten (Ueberträgen) und beim Abschluss eines Contos im Hauptbuche verfahren wir ebenso wie bei den gleichen Fällen im Cassebuch. Die Differenz zwischen den End-Additionen der beiden Seiten wird als Saldo zum Ausgleich auf die kleinere Seite geschrieben, wenn das Conto abgeschlossen werden soll. Bei Wiedereröffnung im neuen Monat erscheint dann dieser Saldo als erster Posten auf der entgegengesetzten, also früher grösseren Seite.

Es ist genau darauf zu achten, dass im Hauptbuch kein Posten verbucht werden darf, der nicht zuvor im Memorial oder in der Casse gestanden hat.

Je nach Umfang und Art des Geschäftes kann ausser diesen genannten unumgänglich nothwendigen Büchern noch die Einrichtung verschiedener anderer erforderlich werden. Ueber das Wesen und die Anzahl derselben wird in jedem Falle die Praxis die beste Auskunft geben. Es mögen hier nur einige dieser Hilfsbücher eine kurze erklärende Besprechung erfahren:

Das Lagerbuch im Waarengeschäft dient zur Controlle der wirklich vorhandenen Bestände. Zu- und Ausgänge von Waaren werden auf den entsprechenden Conten genau verzeichnet.

Das Wechselcopirbuch wird zur Eintragung aller vorkommenden Geschäftswechsel benützt. Es muss die Angabe aller wesentlichen Hauptstücke eines jeden Wechsels enthalten, damit man im Falle des Verlustes eines Appoints sofort die Amortisation desselben bei Gericht beantragen kann. (Siehe Band II, S. 59.)

Das Inventurenbuch weist diejenigen Bestände an Waaren etc. auf, welche am Ende einer Geschäftsperiode bei Abschluss der Bücher noch vorhanden waren, u. z. zu den am Tage des Abschlusses geltenden Preisen oder Werthen (Coursen).

Das Facturenbuch, in zwei Theile für empfangene und abgesandte Facturen getrennt, dient gleich dem Briefcopirbuch zur Sammlung der Geschäftsbeläge. In dem einen Theil ordnet man nach dem Datum des Eingangs sämtliche empfangene Facturen (am besten nach Art des Shannon-Registers), der zweite Theil dagegen nimmt die Abschriften oder Copien der abgesandten Facturen auf.

Wie schon bemerkt, ist diese bisher besprochene sog. einfache Buchführung bis in's 16. Jahrhundert hinein ausschliesslich im Gebrauch gewesen. Das stetige Anwachsen von Handel und Verkehr, die Vielseitigkeit der Handelsbeziehungen etc. liessen es endlich nothwendig erscheinen, irgend eine andere Methode der Buchführung ausfindig zu machen, welche eine absolute Genauigkeit verbürgen und gleichzeitig einen rascheren Ueberblick ermöglichen würde. Nach mehrfachen vergeblichen Versuchen gelang die Lösung dieses Problems einem italienischen Mönch, Namens Lucas Paciolo, der eine bedeutende Klosterwirthschaft verwaltete. Sein System ist einem der ältesten und einfachsten Behelfe des Kaufmannsstandes entlehnt: der Krämerwage! Wie man bei dieser in die eine Schale die Waare legt und die andere durch eine entsprechende Menge von Gewichten beschwert, um in der Balance der beiden Seiten den untrüglichen Beweis für die Richtigkeit des Masses zu haben: so wollte Paciolo jeden einzelnen Buchungsposten, mit dem er irgend ein Conto (eine Wagschale) belastet hatte, durch einen gleich grossen Gegenposten im Credit eines anderen Contos (der anderen Wagschale) ausgleichen, um in der Balance der schliesslich gegenüber gestellten beiden Conten den Beweis für die Richtigkeit der Buchungen zu finden.

Noch überzeugender wird die Anlehnung an dieses Vorbild, wenn wir sagen, dass die beiden Wagschalen dort durch zwei auf's strengste getrennte Gruppen von Conten hier ersetzt sind: auf der einen Seite construirte sich Paciolo die sog. „Todten (oder Sach-)Conten“, auf der anderen die „Lebenden oder Persönlichen Conten“. Das Wesen und die Trennung dieser beiden Arten ist durch die genannten Bezeichnungen wohl erschöpfend genug erklärt.

Es giebt nun in der That im geschäftlichen Verkehr keinen buchmässig auszudrückenden Vorfall, der, auf einem Conto dieser Gruppe fixirt, nicht allsogleich auf einem solchem der anderen Gruppe gewissermassen als Spiegelbild erscheinen müsste. Kaufen wir z. B. von A. 1000 kg Café für 2000 M., so werden wir dem Conto A. (Lebendes Conto) diese 2000 M. schuldig, d. h. wir müssen den Betrag in das Credit des Contos A. hinein schreiben; gleichzeitig aber geben wir die in unseren Besitz gekommenen 1000 kg an unser Waarenlager ab und müssen dieses, da wir dem Café in unseren Büchern ein eigenes Conto errichtet haben, auf Café-Conto (Todtes Conto) für 2000 M. belasten oder debitiren. Haben wir dagegen an B. 500 kg dieses Cafés für 1300 M. weiterverkauft, so müssen wir diese 500 kg zunächst unserem Waarenlager wieder entnehmen, müssen dieses also auf Café-Conto für 1300 M. erkennen oder creditiren, während wir dem lebenden oder persönlichen Conto B. dieselbe Summe in's Debet schreiben müssen. Wir haben jedes Mal aus einer Schale die Waare genommen, in die andere hinein gelegt und dann durch die entsprechende Gewichts- (Werths-) Menge auf der entgegengesetzten Seite die Balance des Wagebalkens wieder hergestellt.

Es geht also daraus hervor, dass jeder Posten doppelt in den Büchern erscheinen muss u. z. einmal im Credit eines Contos, einmal im Debet eines anderen. Man nennt deshalb diese Art der Buchführung die „doppelte“ oder nach der Nationalität ihres Erfinders die „italienische“.

Die Aufzeichnungen der doppelten Buchführung erstrecken

sich auf alle Theile des kaufmännischen Besitzthums, also nicht nur auf Forderungen und Schulden, wie die der einfachen Buchführung, sondern auch auf alle sonst vorhandenen sachlichen Werthgegenstände. Sie ordnet letztere nach den verschiedenen Gattungen, deren Rechnungen ebenso wie die Rechnungen verschiedener Personen einerseits streng von einander geschieden sind, während sie andererseits auch wieder als integrirende Bestandtheile des betreffenden Besitzthums gelten, welches an sich als ein Ganzes zu betrachten ist. Die Beziehungen aller dieser Rechnungen zu einander geschehen nach den Gesetzen der Gleichungen, als deren Glieder sich ergeben: auf der einen Seite alle Beträge der wirklich vorhandenen Werthgegenstände und der Forderungen — also die Activa —, auf der anderen Seite dagegen die Beträge der Schulden — also die Passiva — und der reine Werthbetrag des Besitzthums selbst — also das reine Geschäftsvermögen. Dieses selbst ergiebt sich durch Abzug der Passiva von den Activen und stellt einen Betrag dar, der kaufmännisch als eine Schuld des Geschäfts an den Besitzer oder Inhaber anzusehen ist.

Sonach muss die Summe aller Debitores — die Activa — gleich sein der Summe aller Creditores — die Passiva — einschliesslich des Capital-Guthabens des Geschäftsinhabers. Da nun aber alle Verrechnungen fortwährend in gegenseitiger Beziehung zu einander verbleiben, — wie wir oben ausgeführt haben, — so dass jeder Geschäftsvorfall, welcher irgend eine Veränderung in den Besitztheilen herbeiführt, nur als eine Umgestaltung des Besitzes von gleicher Wirkung auf beiden Seiten zu betrachten ist, so wird die Uebereinstimmung der Activen und Passiven fortwährend erhalten. Diese Uebereinstimmung aber giebt den mathematischen Beweis für die Richtigkeit der Eintragung aller Beträge in die dazu erforderlichen Geschäftsbücher ab.

Nehmen wir also beispielsweise an, wir besässen heute

an Activen:		an Passiven:	
Waaren	80,000 M.	Conto-Corrent-Creditoren	56,000 M.
Wechsel	15,000 „	so muss das reine	
Casse	7,000 „	Geschäftsvermögen	
Conto-Corrent-Debitoren.	43,000 „	betragen	89,000 „
also Gesamt-Activa	145,000 M.	also Gesamt-Passiva	145,000 M.

Empfangen wir nun von einem Geschäftsfreund für 6000 M. neue Waaren, so müssen wir diese 6000 M. dem betreffenden Verkäufer, also dem Conto-Corrent-Conto gutschreiben. Dadurch erhöhen sich die Conto-Corrent-Creditoren auf 62,000 M. und die Gesammt-Passiven auf 151,000 M. Dieselben 6000 M. müssen wir aber dem Waaren-Conto für die empfangenen Waaren zur Last schreiben. Dadurch erhöhen sich andererseits auch die Waarenbestände auf 86,000 M. und die Gesammt-Activa gleich den Passiven auf 151,000 M. Verkaufen wir nun ferner für 2000 M. Waaren gegen baares Geld, so müssen wir diese 2000 M., die das Waaren-Conto an Waaren giebt, diesem Conto gutschreiben und dem Cassa-Conto, das die 2000 M. baares Geld empfängt, zur Last schreiben. Unser Waarenbestand beträgt nun 84,000 M., der Cassabestand 9000 M. Die Gesammtsumme der Activa und Passiva bleibt also wie zuletzt 151,000 M. So mag nun ein Geschäftsvorfall sein, welcher Art er wolle, da er stets nur eine Umgestaltung in den einzelnen Arten unserer Vermögensobjecte herbeiführt, indem an die Stelle der verkauften Waaren der gleiche Werth in baarem Gelde oder in Wechseln oder in neuen Conto-Corrent-Forderungen tritt, oder indem an die Stelle des durch Zukauf vermehrten Waarenbestandes neue Conto-Corrent-Creditoren oder verminderter Cassen- oder Wechselbestand etc. tritt, so muss stets die Gesammtsumme der Activen gleich der Gesammtsumme der Passiven bleiben. Haben wir nun in unseren Buchungen oder Uebertragungen irgend einen Fehler gemacht, so kann natürlich diese Uebereinstimmung nicht recht vorhanden sein, und wir müssen dann so lange suchen, bis wir durch Herausfinden des Fehlers diese Uebereinstimmung wieder hergestellt haben. Abgesehen davon, dass die doppelte Buchführung auf diese Weise den Beweis für die Richtigkeit der gemachten Buchungen beibringt, was die einfache Buchführung nicht vermag, so ist auch besonders noch der Umstand hervorzuheben, dass, da die doppelte Buchführung über alle Besitztheile Rechnung führt, der Stand des Besitzthums zu jeder Zeit auch ohne eine Aufnahme und Abschätzung der vorhandenen Werthgegenstände mit ihrer Hilfe wenigstens annähernd sich ermitteln lässt. Werden nun bei Aufnahme der Inventur die vorhandenen Werthgegenstände zu ihrem dermaligen Werthe abgeschätzt, so zeigt uns die doppelte Buchführung, indem wir diese Beträge mit den Salden, die sich auf den einzelnen Conten des Hauptbuchs — nicht zu verwechseln mit dem Hauptbuch der einfachen Buchführung — ergeben, vergleichen, welche Art der Geschäfte uns Gewinn und Verlust gebracht haben, und es ist somit klar, dass nur die doppelte Buchführung allein allen Anforderungen, die an eine wohlgeordnete Rechnungsführung zu stellen sind, entspricht. Bleiben wir also bei den vorstehenden Beispielen stehen, und betrachten wir uns jetzt speciell das Waaren-Conto genauer, so hatten wir dasselbe zunächst zu belasten für die Bestände, die wir ihm übergaben, mit 80,000 M., wir müssen dem Waaren-Conto diesen Betrag also in sein Soll — auch Debet genannt — schreiben. Dann haben wir es ferner zu belasten für die neuempfangenenWaaren mit 6000 M., dagegen gutzuschreiben, d. h. in sein Haben — auch Credit genannt — zu bringen für die gegen baar verkauften, also jetzt aus dem Waaren-Conto empfangenen 2000 M. Waaren. Nehmen wir nun an, wir hätten noch einige Posten Waaren zugekauft und verkauft, so würde sich unser Waaren-Conto jetzt folgendermassen stellen.

Soll (Debet). **Waaren-Conto.** *Haben* (Credit).

1892					1892				
Januar	1	An Saldo	80000	—	Januar	4	Per baar verkaufte	2000	—
	3	„ Fr. Müller, Breslau	6000	—		5	„ A. Brecht, Berlin	1500	—
	8	„ baar gekaufte	650	—		6	„ F. Burmann, Leipzig	1800	—
						7	„ O. Lamprecht, Bremen	2300	—
						8	„ baar verkaufte	250	—
						9	„ E. Jacobi, Brandenburg	1700	—
						10	„ August Kühling, Burg	800	—

Hiernach hatten wir also Bestand 80 000 M., zugekauft wurden für 6650 M., macht also zusammen 86 650 M.; verkauft wurden dagegen für 10 350 M., bleibt Bestand an Waaren laut unserem Waaren-Conto für 76 300 M. Da aber in den verkauften 10 350 M. unser Ankaufspreis zuzüglich Gewinn von uns enthalten ist, so muss der wirkliche Waarenbestand, wenn wir die Waaren zu unseren Ankaufspreisen annehmen, genau um den Betrag unseres an den für 10 350 M. verkauften Waaren gehabten Gewinnes höher sein, als er sich laut unserem Waaren-Conto ergiebt. Nehmen wir nun den Bestand der Waaren heute genau auf, und, angenommen, wir ermitteln ihn mit 77 250 M., so würde die Differenz von 950 M. unser Gewinn sein, also = ca. $9^1/_4\,^0/_0$. Haben wir nun unsere Bücher erst mehrere Jahre in dieser Weise geführt und alljährlich Abschluss und Inventur-Aufnahme gemacht, so werden wir bald einen annähernden Durchschnittsprocentsatz unserer jährlichen Gewinne an den Waaren finden, wodurch wir dann in der Lage sind, jeden Augenblick den Bestand und den Gewinn an Waaren ziemlich genau bestimmen zu können. In derselben Weise würden wir nun ein jedes andere Conto zu führen haben, sodass wir dann in der That in der Lage wären, den Stand unseres Besitzthums zu jeder Zeit auch ohne eine Aufnahme und Abschätzung der vorhandenen Werthgegenstände annähernd zu ermitteln.

Zu der doppelten Buchführung gehören natürlich auch mehr Bücher, als zu der einfachen, vor Allem sind unbedingt erforderlich

1. das Cassabuch, das ebenso geführt wird, wie in der einfachen Buchführung, nur dass sofort bei jedem einzelnen

Posten das betreffende todte Conto beigefügt wird, auf welches der Posten später im Hauptbuche zu stehen kommt;

2. das Memorial, ebenfalls wie in der einfachen Buchführung geführt, nur mit dem Unterschiede, dass in der doppelten zu jedem Debitor der passende Creditor und umgekehrt gesetzt wird;

3. das Conto-Correntbuch, das häufig auch „Riscontro“ genannt wird und genau so eingerichtet und geführt wird, wie das Hauptbuch der einfachen Buchführung, nur dass in demselben nicht den Capitalconten der Geschäftsinhaber und den Hypothekengläubigern ein Conto eröffnet wird, sondern nur allen Geschäftsfreunden, mit denen wir wirklich in laufender Rechnung — en compte courant — stehen. Dasselbe enthält also nur alle lebenden Conten. Das erwähnte Conto der Geschäftsinhaber ist ja nicht ihr persönliches, sondern ihr Capital-Conto; die Hypotheken-Gläubiger aber unterscheiden sich durch die Art ihrer Beziehungen zu dem Geschäftsbesitz so völlig von den Conto-Corrent-Gläubigern, dass auch sie nicht unter diese eingereiht werden können. Sie finden daher ihren Platz gleichfalls auf einem besonderen Conto des Hauptbuches, auf dem Hypotheken-Conto;

4. das Journal, in welchem sämtliche Buchungen des Memorials und der Casse noch einmal in geordneter Weise zusammengestellt werden, u. z. entweder Tag für Tag (in welchem Falle das Journal seinem Namen nach wirklich ein Tagebuch ist), oder für mehrere Tage, ja sogar für den ganzen Monat zusammen, wenn der Umfang des Geschäfts dies zulässt. Der Zweck des Journals ist der, eine summarische Uebertragung von Posten ein und derselben Gattung auf die entsprechenden Conten des Hauptbuches zu ermöglichen;

5. das Hauptbuch wird auch hier auf zwei gegenüber stehenden Seiten geführt. Es enthält ausser den Capital-Conten des oder der Geschäftsinhaber die sämmtlichen todten Conten, also: Waaren-, Effecten-, Wechsel-, Sorten-, Conto-Corrent-, Haus-, Hypotheken-, Accepten-, Zinsen-, Handlungs-Unkosten-, Gewinn- und Verlust-, Bilanz-Conto u. s. w. u. s. w. Es ist somit im wahren Sinne des Wortes das Hauptbuch, denn aus demselben müssen wir ganz genau ersehen können, was uns das Wichtigste ist: die Höhe unserer Activa und Passiva. Auf seinen einzelnen Conten wird also jede Branche für den Zugang, den sie erhielt, belastet, — für jeden Abgang creditirt. Beim Abschluss jedes einzelnen Contos setzt

man den Werth des noch vorhandenen Bestandes, seien es Waaren, Effecten, Wechsel, Mobilien etc. auf die Credit-Seite. Wird sodann die Addition der Credit-Seite grösser als die der Debet-Seite, dann ergiebt die Differenz zwischen beiden den Gewinn auf dem betreffenden Conto. Tritt hingegen bei einem Conto der Fall ein, dass die Addition der Credit-Seite hinter derjenigen der Debet-Seite zurückbleibt, dann ergiebt die entstehende Differenz den Verlust;

6. das Briefcopirbuch, das alle Copien der von uns abgesandten Briefe enthält;
7. das Inventurenbuch, welches die Reinschrift der Aufnahme der Activa und Passiva aufzunehmen bestimmt ist. Diese beiden letzten Bücher werden auch gesetzlich verlangt.

Ausser diesen 7 Büchern wären dann noch in jedem grösseren Geschäft, das grössere Umsätze in Waaren, Effecten, Wechseln und Sorten hat, unbedingt nöthig zu führen, um durch dieselben eine Controlle über die wirklich vorhandenen Bestände zu haben:

8. das Waarenlagerbuch;
9. das Wechselcopirbuch;
10. das Facturenbuch, welche drei Bücher genau so einzurichten und weiterzuführen sind, wie in der einfachen Buchführung;
11. das Waarenbuch, in das man alle im Memorial und in der Casse gebuchten Waarenposten, also alle Posten, durch die das Waaren-Conto belastet oder creditirt wird, noch einmal einträgt, und zwar nach jeder einzelnen Sorte getrennt. Man führt dieses Buch auf zwei gegenüberstehenden Seiten, richtet jeder einzelnen Sorte ein Conto ein, und bringt immer auf die Debet-Seite des betreffenden Contos den Zugang nach Quantität und dem bezahlten oder creditirten Werth, und auf die Credit-Seite den Abgang ebenfalls nach Quantität und dem empfangenen und belasteten Werth. Ganz ebenso wie im Hauptbuch bringt man dann beim Abschluss der Bücher den Bestand jeder einzelnen Sorte mit seinem Werthe in die Credit-Seite und ermittelt dann den Gewinn oder Verlust, nur mit dem Unterschied, dass man durch dieses Buch den Gewinn oder Verlust jeder einzelnen von uns geführten Sorte von Waaren ersieht, während man durch das Hauptbuch nur den gesamten Gewinn oder Verlust an allen von uns geführten Waaren ermitteln kann. Zieht man nun die Gewinne der einzelnen Conten dieses Waarenbuchs zusammen und zieht von diesen die Addition der Verluste der einzelnen Conten ab, so muss der verbleibende Gewinn

mit dem Gewinn des Waaren-Contos im Hauptbuch übereinstimmen, da ja ein jeder Posten, der durch das Waaren-Conto belastet oder creditirt wird, einerseits in's Hauptbuch kommt, andererseits aber auch und zwar ohne Ausnahme in's Waarenbuch übertragen werden muss. Hierdurch erhält man wiederum eine genaue Controlle, ob alle Posten richtig übertragen sind. Selbstredend müssen dann ferner noch die Salden, die sich auf jedem Conto ergeben, mit den Salden im Waarenlagerbuch und mit den wirklich vorhandenen Vorräthen übereinstimmen;

12. das Effectenbuch, das ebenso geführt und abgeschlossen wird und denselben Zweck verfolgt, wie das Waarenbuch, und in dem man jeder einzelnen Gattung von Effecten ein besonderes Conto giebt. Die sich beim Abschluss ergebenden Bestände jedes einzelnen Contos müssen mit den wirklich vorhandenen Beständen übereinstimmen. Ganz ebenso ist

13. das Sortenbuch einzurichten und zu führen und

14. das Wechselbuch. In diesem richtet man den verschiedenen Gattungen von Wechseln, also den Markwechseln, den Holländischen Gulden-, den Englischen Pfund Sterling-Wechseln etc. ein besonderes Conto ein, ganz in derselben Weise, wie man dies für die einzelnen Waarengattungen im Waarenbuch gethan hat. Auf diesen Conten werden nun die entsprechenden eingegangenen, also empfangenen oder gekauften Wechsel auf die Debet- (Soll-) Seite geschrieben, die ausgegangenen, also versandten, verkauften oder bezahlten (fällig gewordenen) Wechsel auf der Credit- (Haben-) Seite ausgebucht. Beim Abschluss eines Wechsel-Contos stellt man zunächst durch Vergleichung der beiden Seiten fest, welche Wechsel sich noch im Portefeuille befinden müssen, schreibt diese einzeln vor der Colonne in's Credit, kürzt von der Gesamtsumme zu einem entsprechenden Procentsatz die Zinsen vom Abschlusstage bis zu den Verfalldaten der einzelnen Wechsel und trägt den so verkürzten Betrag als Bestand in der Mark-Colonne aus. Die Differenz zwischen den Additionen von Debet und Credit ist dann auch hier wieder Gewinn oder Verlust.

In Betreff aller anderen Bücher und Hilfsbücher gilt dasselbe, was wir schon gelegentlich der einfachen Buchführung gesagt haben: Zahl, Wesen und Zweckmässigkeit lehrt die Praxis am besten.

Man wird in grösseren Geschäften z. B. noch folgende Hilfsbücher einrichten können:

a. das Handlungs-Unkostenbuch, in welchem kleinere Spesen (Droschken, Trinkgelder, Bureau-Reinigung und Aehnliches) notirt werden. Dasselbe wird gewöhnlich einem Lehrling anvertraut, dem gleichzeitig zur Bestreitung dieser Spesen eine kleine Hand-Casse zur Verfügung gestellt ist. Der von der Haupt-Casse dafür abgegebene Betrag wird in Form eines Gutscheines im täglichen Cassenbestand mitgezählt, und die verausgabten Spesen werden am Ende eines Monats in einer Summe durch die Casse ausgebucht.

b. Das Briefportobuch wird namentlich in Bankgeschäften geführt werden müssen. Am besten legt man dasselbe nach Art eines alphabetischen Kundenregisters an, indem man hinter jedem Namen genügenden Raum frei lässt, Daselbst merkt man dann durch einen senkrechten kleinen Strich den jedesmaligen Abgang eines Briefes an, während man doppelte, eingeschriebene oder Geldbriefe durch Angabe des dafür verausgabten Portos kenntlich macht. Am Ende eines Halbjahres oder Jahres wird auf Grund dieses Buches die sog. Portoliste aufgestellt, und die darauf verzeichneten Beträge werden den betreffenden Geschäftsfreunden auf deren Conto belastet. Wenn man bedenkt, dass unsere grossen Bankinstitute bisweilen 1000 Briefe und mehr an einem Tage zur Post geben, wird man die Nothwendigkeit und den Nutzen des Briefportobuches wohl einsehen.

c. Das Acceptenbuch, — ebenso wie das Briefportobuch namentlich in Bankgeschäften gebräuchlich — in das jedes Accept von uns, sowie überhaupt jeder auf uns gezogene Wechsel, den wir zu honoriren, d. h. am Tage seiner Fälligkeit einzulösen beabsichtigen, nach den Verfalltagen geordnet eingetragen wird. Wir ersehen daraus genau, welche Gelddispositionen wir für die nächsten Tage jeweilig zu treffen haben. Um diesen Zweck voll zu erreichen, können wir in das Acceptenbuch eventuell auch alle anderen Zahlungen von Bedeutung, welche wir noch zu leisten haben, eintragen. Damit man nicht Gefahr laufe, irrthümlich oder in betrügerischer Absicht mehrfach ausgestellte Wechsel, auch mehrfach zu acceptiren, empfiehlt es sich, sobald man einen Wechsel mit dem Annahmevermerk versehen hat, in dem Acceptenbuch bei dem betreffenden Wechsel eine entsprechende Notiz hinzuzufügen.

d. Das Verfallbuch, ebenfalls nach Tagen geordnet, in das man die einzuziehenden Wechsel, Creditpapiere etc. einträgt.

e. Das Conto-Corrent-Copirbuch ist dazu bestimmt, die Copien aller von uns abgesandten Conto-Auszüge aufzunehmen. Dieses wird nur in Geschäften von bedeutendem Umfang für nöthig erachtet. In Bankgeschäften wird es dadurch vielfach entbehrlich, dass man die einzelnen Conten im Conto-Correntbuch selbst ordnungsmässig mit Zinszahlenberechnung etc. abschliesst und erst danach die zu versendenden Conto-Auszüge abschreibt.

f. Das Bestellungs- oder Commissionsbuch nimmt die auf Waaren empfangenen oder gegebenen Bestellungen auf. Es ist nahezu gleichbedeutend mit dem im Bankgeschäft gebräuchlichen Limitenbuch, in welches alle jene An- und Verkaufsaufträge, welche nur zu bestimmt festgesetzten Coursen ausgeführt werden sollen, eingetragen werden. Dieses Limitenbuch muss allabendlich unter Vorlage des letzten Coursberichtes gewissenhaft durchgesehen werden. Es empfiehlt sich, die erledigten Posten durchzustreichen.

Diese Reihe von Hilfsbüchern kann — wie schon früher bemerkt — dem jeweiligen Bedürfnis entsprechend beliebig ergänzt werden.

Eine besondere Art der Einrichtung der Bücher erfordert die landwirthschaftliche Buchführung. Dieselbe zerfällt in die stehende und die umlaufende oder jährliche. Zur stehenden gehört eine vollständige Beschreibung des Gutes, sowohl hinsichtlich der Beschaffenheit und des Umfanges seiner Grundstücke und der darauf haftenden Berechtigungen, als auch hinsichtlich der Verpflichtungen des Gutes. Alles dies wird in einem Grundbuche dargestellt, zu welchem gehören:

1. eine vollständige Karte und Nivellementspläne,
2. das Vermessungs- und Bonitirungsregister,
3. eine Beschreibung der Gebäude, Brücken etc.,
4. alle Contracte und Recesse, betreffend die Berechtigungen des Gutes, die dasselbe ausserhalb seiner Grenzen auszuüben befugt ist,
5. alle Verträge, welche Auskunft über die dem Gute anhaftenden Reallasten geben.

Zu der jährlichen Buchführung gehören:

1. soviel Tagebücher oder Journale, als Hauptwirthschafts-

zweige (z. B. Brennerei, Brauerei, Molkerei, Ziegelei, Mühlen etc.) vorhanden sind — und

2. ein Hauptbuch, in welchem die Notizen aus dem Journal so geordnet werden, dass sich der reine Ueberschuss jedes einzelnen Wirthschaftszweiges daraus feststellen lässt. In dem Hauptbuch wird alljährlich einem jedem abgesonderten Geschäftszweig der Aufwand an baarem Gelde, an Gutserzeugnissen aller Art, an Dünger, an Arbeit u. s. w. zur Last — und ebenso alle Einnahmen oder aller Ertrag, den er in baarem Gelde, in Erzeugnissen oder Leistungen gewährt, zu Gute geschrieben. Die Summen der Kosten werden dann mit denen des Ertrags verglichen, um zu erfahren, welcher Wirthschaftszweig verdient, welcher verloren hat.

Mit Berücksichtigung der Einrichtung des Hauptbuchs werden die Tagebücher oder Journale angelegt und in dieselben die täglichen Vorgänge notirt. Die Naturalienrechnungen werden so angelegt, dass hinreichend Raum vorhanden ist, um alle Einnahmen und Ausgaben nach verschiedenen Rubriken absondern zu können, so dass jedes dieser Journale die Vorgänge für ein Wirthschaftsjahr enthält. Aus der Viehrechnung müssen die Veränderungen im Viehstande ersichtlich sein u. s. w.

Wo eine bedeutende Brauerei oder Brennerei oder ein sonstiges Nebengewerbe in Betrieb ist, da muss eine besondere Fabrikations- und Verkaufsrechnung darüber geführt werden. Hierzu kommen dann noch verschiedene nachweisende oder erläuternde Berechnungen über die Viehfütterung, über die Abfuhr des Getreides in die Scheunen und den Ausdrusch desselben, über Saat und Düngung, über die Veränderungen des Geräthebestandes und der landwirthschaftlichen Maschinen. Man kann in der landwirthschaftlichen Buchführung nicht genau genug mit der Zusammenstellung aller dieser Zahlen zu Werke gehen, da man aus denselben leicht ersehen kann, in welcher Branche noch grössere Ersparnisse zu machen wären und in welcher Branche man im Vergleich zu früheren Jahren bedeutend grössere Unkosten gehabt hat. Diese auf ihr früheres Maass wieder zurückzuführen, muss dann die nächste Sorge sein. Denn die Landwirthschaft kann sich nur dann rentiren, wenn in derselben mit der grössten Sparsamkeit und Intelligenz verfahren wird.

Wird auf einem Gute eine Milchwirthschaft betrieben, was doch auf fast jedem grösseren Gute der Fall ist, so muss man dem betreffenden Conto im Hauptbuch zunächst die jährlichen Zinsen des Anlagecapitals, das in den Kühen steckt, zur Last schreiben, sowie alle Verluste an Vieh selbst, alle Unkosten (Futter, Stroh, Arbeitslohn für die Mägde und Knechte etc.) und die Kosten des Milchvertriebs; das Erträgniss der Milch, der Werth des gewonnenen Düngers, der Verkaufspreis der Kälber etc. kommen dem Credit zu Gute. Nur, wenn alles dies aufs genaueste verbucht wird, kann man ersehen, ob die Milchwirthschaft einen wirklichen Gewinn abgeworfen hat.

Eine gewissenhafte Statistik über das den Kühen verabfolgte Futter ist gleichfalls unerlässlich, damit man constatiren könne, bei welcher Fütterung der Milchertrag ein grösserer oder geringerer war und in welchem Verhältniss derselbe zu dem angewandten Preise stand.

B. Ueber die Art und Weise der Inventuren-Aufnahme und über die Bilanz.

1. Im Allgemeinen.

Ueber die Aufnahme der Inventur und Bilanz schreibt das Gesetz, wie weiter oben bereits Seite 1 im Zusammenhang mit anderen gesetzlichen Bestimmungen angegeben, vor, dass jeder Kaufmann verpflichtet ist, beim Beginn seines Gewerbes eine Eröffnungsbilanz und sodann alljährlich eine Inventur und Bilanz aufzunehmen, dass es ihm aber gestattet ist, falls er ein Waarenlager besitzt, dessen Inventur nach Beschaffenheit des Geschäfts nicht füglich in jedem Jahr geschehen kann, das Inventar des Waarenlagers alle zwei Jahre aufzunehmen. Da nun jeder Kaufmann, der es unterlassen hat, die Bilanz seines Vermögens in der gesetzlich vorgeschriebenen Zeit zu ziehen, mit der Strafe des einfachen Bankerotts bedroht ist, so ist die nachstehende Entscheidung des Obertribunals offenbar von grosser Bedeutung. Das Obertribunal hat sich hierüber wie folgt geäussert:

> „Der Eingang des Art. 29 des Handelsgesetzbuches versteht unter der Anfertigung der Inventur die Verzeichnung der Grundstücke, Forderungen und Schulden, des baaren Geldes und der übrigen Vermögensstücke, und unter der sich anschliessenden Bilanz den bei Angabe des Werthes der Vermögensstücke das Verhältniss des Vermögens und der Schulden darstellenden Abschluss und der Absatz 2 des gedachten Artikels dispensirt von der alljährlichen Inventur nur in dem Umfange des Waarenlagers, wenn der Kaufmann ein solches hat, und nach der Beschaffenheit des Geschäfts die Inventur dieses Waarenlagers nicht füglich in jedem Jahr geschehen kann. Von der Inventur im Uebrigen wird überhaupt nicht entbunden.“

Der letzte Satz wird wohl zu beachten sein. Anknüpfend hieran darf wohl darauf hingewiesen werden, dass das Obertribunal sich wiederholt dahin ausgesprochen hat, der Kaufmann sei auch dann zur alljährlichen Anfertigung einer Bilanz verpflichtet, wenn es der Aufnahme des Waarenlagerinventars nur alle zwei Jahre bedarf. Diese Aufforderung hat entschieden etwas Ueberraschendes, denn Inventur und Bilanz stehen in nicht wohl löslichem Zusammenhang. Jedenfalls wird die Bilanz mangels Jahresinventur eine genaue nicht sein können, oder es ist hieraus zu folgern, dass ein Kaufmann, der die Bilanz ohne eine Geschäftsinventur nicht herstellen kann, das Inventar, gleichwie die Bilanzziehung ebenfalls jährlich aufzunehmen hat, und dass die handelsgesetzliche Befugniss in Bezug auf die Inventur für einen solchen Kaufmann nicht existirt.

Von sehr bedeutungsvoller Tragweite ist eine reichsgerichtliche Entscheidung vom 17. Januar 1882. Es wurde ein Kaufmann, der im Jahre 1880 seine Zahlungen eingestellt hatte, wegen einfachen Bankerotts verurtheilt und zwar aus dem Grunde, weil zu der Zahlungseinstellung noch eine im Jahre 1873 unterlassene Bilanzziehung kam. Da der Bankerott nach Ausspruch des Reichsgerichts aus einer Mehrheit von Thatsachen, welche zum Thatbestande der Strafthat gehört, sich zusammensetzte, so wurde die Zahlungseinstellung wegen der früher unterlassenen Bilanzziehung strafbar, und zwar werden nach § 283, 3 des Strafgesetzbuches Kaufleute, welche ihre Zahlungen eingestellt haben, wegen einfachen Bankerotts mit Gefängniss bis zu 2 Jahren bestraft, und zwar schlechthin ohne Rücksicht auf das Vorhandensein eines Dolus oder einer Fahrlässigkeit, wenn sie es unterlassen haben, die Bilanz ihres Vermögens in der gesetzlich vorgeschriebenen Zeit zu ziehen. Ein hierauf Bezug habendes Erkenntniss des Reichsgerichts führt aus, dass nur die unterlassene, nicht aber eine mangelhafte Bilanzziehung einen Kaufmann, der seine Zahlungen eingestellt hat, strafbar macht. — Die falsche Bilanzziehung kann sich unter Umständen als eine so unordentliche Buchführung darstellen, dass sie keine Uebersicht des wirklichen Vermögensstandes gewährt, in diesem Falle aber ist der insolvente Kaufmann nach § 283, 3 wegen unordentlicher Buchführung zu bestrafen (s. weiter oben):

Bei der Aufnahme des Inventars und der Bilanz sind sämmtliche Vermögensstücke nach dem Werthe anzusetzen, welcher ihnen zur Zeit der Aufnahme beizulegen ist. In Folge dessen sind die einzelnen Vermögensstücke ungefähr in folgender Weise aufzunehmen.

Waaren, zu den Werthen, zu denen man sie am Tage der Inventuraufnahme sich verschaffen könnte, zuzüglich etwaiger Frachten, Zölle und sonsiger Unkosten bis ins Lager.

Courshabende Papiere höchstens zu dem Werthe, welchen dieselben zur Zeit der Bilanzaufstellung haben.

Inländische Wechsel zu ihrem Nennbetrage, und pflegt man, falls man grössere Bestände von Wechseln hat, auch die Zinsen vom Tage der Inventuraufnahme bis zum Verfalltage in Abzug zu bringen, gewöhnlich zum Bankdiscont berechnet.

Ausländische Wechsel, also Wechsel, die auf fremde Valuta lauten, zu den Coursen umgerechnet, zu denen die betreffende Valuta an dem Tage der Inventuraufnahme zu verwerthen ist.

Cassa, mit dem wirklich vorhandenen Baarbestand.

Ausstehende Forderungen, Debitoren, zu ihrem Betrage.

Zweifelhafte Forderungen und Wechsel zu ihrem wahrscheinlichen Werthe; uneinbringliche Forderungen und Wechsel sind aber ganz abzuschreiben.

Immobilien, Fabriken, Maschinen u. dgl. werden fast ausnahmslos zu dem Erwerbspreise aufgenommen. Allerdings kann der Kaufmann beim Ankaufe derselben einen so hohen Preis gezahlt haben, dass er bei einem augenblicklichen Verkaufe Verlust erleiden würde, aber es möchte daraus wohl nicht Veranlassung genommen werden, aus der eigenen Erfahrung oder durch Zuziehung Sachverständiger eine Taxe aufzunehmen und dann diesen Taxwerth in der Bilanz statt des Erwerbspreises einzurücken. Die Regulirung geschieht hier durch jährliche Abschreibungen, die sogar fortgesetzt werden, nachdem der zu Buche stehende Betrag viel geringer ist, als der Preis, zu welchem der Eigenthümer das Grundstück oder Fabriketablissement zu verkaufen geneigt ist. Selbstredend würde man nun nicht etwa auch Grundstücke, die man zu einem enormen Preis gekauft hatte, weil daselbst Petroleumquellen oder dgl. liegen sollen, während sich dies nachträglich als falsch herausgestellt, zu diesem hohen Preise aufnehmen können, sondern man würde in einem solchen Falle den wirklichen Grund- und Bodenwerth in die Bilanz einsetzen müssen; in diesem Falle wäre also eine sofortige Totalabschreibung nothwendig.

Falls nicht besondere Verhältnisse vorliegen, die eine grössere Abschreibung nöthig machen, pflegt man auf Wohnhäuser jährlich $^1/_2$—$2\,^0/_0$, auf Fabriken in der Regel etwas mehr, abzuschreiben.

Von Mobilien und zwar zunächst von dem todten Inventar, im Gegensatze zu dem lebenden Inventar, als Pferde, Kühe u. s. w., gilt dasselbe wie von Immobilien; man pflegt dieselben ebenfalls zum Einkaufspreise aufzunehmen, da sie sich aber schneller abnutzen als Immobilien, bis zu 10% jährlich abzuschreiben, und befinden sich unter diesen einige, die sich noch schneller abnutzen, einen entsprechend höheren Procentsatz.

Lebendes Inventar thut man besser, bei jeder Inventuraufnahme abschätzen zu lassen und dann zum Taxwerthe einzustellen, da sich der Werth desselben in einem Jahr durch gutes Futter und gute Pflege, oder durch schlechtes Futter und anstrengende Arbeit sehr verändern kann.

Dies wären wohl die hauptsächlichsten Vermögenstücke, die Activa, die Jemand besitzen kann. Hat man nun alle einzelnen Activa gewissenhaft aufgeführt, so zählt man sie zusammen und erhält dann die „Gesammtactiva". In derselben Weise wie die einzelnen Vermögensstücke, verzeichnet man hierauf die Schulden, die Passiva; letztere werden nun namentlich aus den Gläubigern, den Creditoren, d. h. denen man Geld schuldig ist, den etwaigen sich in Umlauf befindlichen Accepten, den etwaigen Hypothekenschulden u. s. w. bestehen.

Creditoren führt man, ebenso wie unter den Activa die Debitoren, mit den Beträgen auf, die sie in Wirklichkeit zu fordern haben; hat man für die den einzelnen Geschäftsfreunden gegebenen Accepte, d. h. Wechsel, die wir acceptirt haben, wie sich dies empfiehlt, erstere sofort belastet, so muss man die sich am Tage der Inventuraufnahme noch im Umlauf befindlichen Accepte von uns auch unter die Passiva bringen und zwar event. ebenso wie bei den Wechseln zu ihrem vollem Betrage abzüglich der Zinsen vom Tage der Inventuraufnahme bis zum Fälligkeitstage. Da man Immobilien, ungeachtet der auf denselben etwa lastenden Schulden, bei den Activa zum vollen Werth aufzunehmen pflegt, so muss man natürlich nun auch alle auf denselben lastenden Schulden — Hypotheken — unter die Passiva bringen. Hat man alle Passiva verzeichnet, so zieht man sie zusammen, erhält also hierdurch die „Gesammtpassiva" und kann nun die Bilanz machen, indem man die Gesammtsumme aller Activa der Gesammtsumme aller Passiva gegenüber stellt. Ist die erstere grösser als die letztere, so ist der Mehrbetrag das reine Handlungsvermögen, ist aber die erstere kleiner als die letztere, so ist der Minderbetrag die Unterbilanz. Ist nun ferner das sich bei der letzten Inventuraufnahme ergebende Handlungsvermögen grösser oder die Unterbilanz kleiner als bei der vorhergehenden Inventur, so ist die Differenz der Geschäftsgewinn des betreffenden Jahres, und umgekehrt ist das sich ergebende Handlungsvermögen kleiner oder die Unterbilanz grösser als bei der letztvorangegangenen Inventur, so ist die Differenz der Verlust in dem betreffenden Jahr.

Von dem ermittelten Gewinn oder Verlust wird für jeden Gesellschafter sein Antheil berechnet und wird der Gewinn jedes Gesellschafters seinem Antheil am Gesellschaftsvermögen zugeschrieben, der Verlust von demselben abgeschrieben.

Das Inventar und die Bilanz sind hierauf von dem Kaufmann zu unterzeichnen, und sind mehrere persönlich haftende Gesellschafter vorhanden, so haben sie alle zu unterzeichnen. Das preussische Obertribunal hatte im Urtheil vom 23. Juni 1878 angenommen, dass erst mit der Unterzeichnung eine Bilanz vorhanden sei, was für die oben erwähnte nach § 383 des Str.-G.-B. strafbare Unterlassung des Bilanzzuges von Wichtigkeit war. Das Reichsgericht III. Strafsenat hat sich dagegen in seinem Urtheil vom 30. Octbr. 1880 dahin ausgesprochen: Wenn auch die Unterlassung der Unterschrift ein Verstoss gegen Art. 30 des H.-G.-B. sei, so sei doch die Nichtbeobachtung an sich noch nicht geeignet, die Bilanz als nichtig und überall nicht vorhanden anzusehen. Die Unterschrift solle wesentlich die Beziehung eines vorliegenden Geschäfts-Abschlusses zu dem Geschäfte eines bestimmten Kaufmannes ausser Zweifel stellen. Der Kaufmann anerkenne mit seiner Unterschrift, dass das unterzeichnete Schriftstück den Betrag seines Vermögens zu einer bestimmten Zeit darstelle. Liege nun für den Strafrichter nach den Umständen des Falls kein Zweifel über die Beziehung einer vorliegenden und im Uebrigen den gesetzlichen Anforderungen entsprechenden Bilanz zum Geschäfte des Angeklagten vor, so sei der an sich durch die Unterschrift zu erlangende Authenticitäts-Nachweis durch die Urkunde erfolgt; es liege dann vor, dass in der That eine Bilanz gezogen ist. Das sei das Wesentliche und die Thatsache könne durch das Fehlen der Unterschrift nicht beseitigt werden.

Die Unterschrift der Bilanz wurde also nicht als wesentlicher Bestandtheil angesehen.

Im Urtheil vom 14. Juni 1881 hat sich der II. Strafsenat aber im entgegengesetzten Sinne entschieden. Die Sache ist von solcher Bedeutung, dass die Gründe hier vollständig mitgetheilt seien, da es auffällig ist, dass auf das ältere abweisende Urtheil gar keine Rücksicht genommen ist. In den Gründen heisst es: „Wenn § 283 No. 3 des Straf-Gesetz-Buchs und § 210 No. 3 der Reichs-Concurs-Ordnung dagegen Kaufleute wegen einfachen Bankerutts mit Strafe bedrohen, welche die Aufstellung der Bilanz ihres Vermögens in der gesetzlich vorgeschriebenen Zeit unterlassen haben, so beziehen sich diese Bestimmungen auf die gesetzlichen

Vorschriften des H.-G.-B. über die Bilanzziehung, wie dies an sich selbstverständlich, überdies aber durch die Einschaltung der — im § 283 No. 3c. wegen seiner schon durch die (jetzt in § 210 R.-C.-O. geänderte) Fassung des Anfangssatzes: „Kaufleute, welche etc." auf Kaufleute beschränkten Anwendung nicht enthaltenen — Worte: „gegen die Bestimmungen des H.-G.-B." in dem im Uebrigen mit § 283 No. 3 des Str.-G.-B. gleichlautenden § 210 No. 3 ausdrücklich hervorgehoben ist".

Die allegirten Strafvorschriften bleiben mithin nur dann ausser Anwendung, wenn der betreffende Kaufmann eine den Vorschriften des H.-G.-B. entsprechende Bilanz rechtzeitig aufgestellt hat.

Da nach Art. 30 H.-G.-B. die Bilanz — ebenso wie das Inventar — von dem Kaufmanne und beim Vorhandensein mehrerer persönlich haftender Gesellschafter von diesen allen unterzeichnet werden muss, so ist eine nicht unterzeichnete Bilanz keine ordnungsmässige im Sinne des Gesetzes, also auch nicht geeignet, die Bestrafung wegen einfachen Bankerotts aus den vorgedachten Strafgesetzen abzuwenden.

Diese Ansicht wird auch durch die Materialien des H.-G.-B. als richtig bestätigt.

Die Motive zum Entwurf des H.-G.-B. für die preussischen Staaten begründen das Gebot der Unterzeichnung des Inventars und der Bilanz dahin:

> „Die Vorschrift, dass alle solidarisch verantwortlichen Gesellschafter das Inventar und die Bilanz unterzeichnen sollen, gewährt zugleich den Vortheil, dass dadurch in vielen Fällen künftigen Streitigkeiten vorgebeugt wird. Jeder von ihnen hat ein solches Inseresse an der Lage des gemeinschaftlichen Geschäfts und eine solche Verpflichtung gegen die Gesellschaftsgläubiger, dass von ihm verlangt werden muss, dass er sich mindestens alljährlich von dem Stande der Dinge überzeuge. Wer dies unterlässt, giebt dadurch den Beweis einer grossen Fahrlässigkeit und setzt sich unter Umständen im Falle der Zahlungseinstellung sogar der Strafe des einfachen Bankrutts aus". (Str.-G.-B. § 261) Motive cit. S. 21.

Der darin angezogene § 261 c. von 1851 verpönte unter No. 3 für Handelsleute, Schiffsrheder und Fabrikbesitzer die Unterlassung der jährlichen Bilanzziehung, obgleich dies gesetzlich vorgeschrieben oder nach der Beschaffenheit ihres Geschäfts erforderlich war.

Ein wie grosses Gewicht man gerade auf die Unterzeichnung gelegt, geht auch daraus hervor, dass man das bei den Berathungen aufgetauchte Bedenken, ob nicht etwa diese Vorschrift in dem

Falle unausführbar sei, wenn die verschiedenen Gesellschafter an weit entfernten Orten lebten, beseitigte und zwar durch den Einwand, dass die Anlegung von Inventur- und Bilanzbüchern nicht als unerlässlich vorgeschrieben sei (Art. 30 Abs. 2), dass aber Inventare und Bilanzen, die nicht in ein Buch eingetragen seien, zur Unterschrift versendet werden konnten.

Protokolle S. 46; von Hahn, Commentar zum H.-G.-B. 3. Aufl. S. 127, 128 Art. 30 § 1.

„Selbst wenn der Angeklagte durch seinen Buchhalter für das Jahr 1878 eine Bilanz hätte rechtzeitig aufstellen lassen, so würde sie wegen der mangelnden Unterschrift des Angeklagten für eine gesetzmässige nicht zu erachten sein.

Deshalb konnte I. R. auch anderweit ohne Rechtsirrthum feststellen,

b) das A. es gegen die Bestimmung des H.-G.-B. unterlassen habe, die Bilanz seines Vermögens im Jahre 1878 als in der gesetzlich vorgeschriebenen Zeit zu ziehen (vergl. Erk. des R.-G. vom 28. April 1880, Entsch. Bd. II. No. 11 S. 30).

Da die Schlussfeststellungen den Thatbestand der in dem § 283 No. 2 und 3 beziehentlich im § 210 No. 2 und 3 der Conc.-O. vorgesehenen Vergehen erschöpfen und I. R. unter der zutreffenden Annahme einer Idealconcurrenz die Strafe innerhalb der gesetzlichen Grenzen bemessen hat, muss die eingelegte Revision verworfen werden.“ — Hiernach muss jede Bilanz unterschrieben sein, und zwar vom Principal. Die Erbin eines Geschäfts, welche dasselbe durch den Prokuristen fortführen lässt, muss persönlich unterschreiben; sie ist der Kaufmann im Sinne des Art. 30 des H.-G.-B. und ist mit den Bankerottstrafen bedroht.

Das Inventar und die Bilanz können in ein dazu bestimmtes Buch eingeschrieben oder jedesmal besonders aufgestellt werden. In letzterem Falle sind dieselben zu sammeln und in zusammenhängender Reihenfolge geordnet aufzubewahren.

2. Bei Actiengesellschaften.

Das Inventar und die Bilanz bei Actiengesellschaften ist natürlich in derselben Weise aufzunehmen, wie dies im vorstehenden Artikel angegeben ist, nur ist für die Bilanzen der Actiengesellschaften durch das Reichsgesetz vom 11. Juni 1870 ein besonderer Artikel 239a. eingeschoben, welcher über den Werthansatz der courshabenden Papiere bestimmt, dass dieselben höchstens zu dem Werthe, welchen dieselben zur Zeit der Bilanzaufstellung haben, eingesetzt werden sollen, aber gerade über den Werthansatz dieser Vermögensstücke ist der mindeste Zweifel gewesen und jede correcte Bilanz hatte sich von jeher nach diesem Grundsatz zu richten. Weit bedenklicher und schwieriger ist die Frage, nach welchen Grundsätzen andere Vermögensstücke der Gesellschaft in die Bilanz aufzunehmen seien; hierüber ist in dem erwähnten Art. 239a nichts weiter enthalten und sind somit auf diese Vermögensstücke dieselben Vorschriften massgebend, wie die in dem vorstehenden Abschnitt angegebenen, nach denen also auch Actiengesellschaften berechtigt sind, Immobilien, Fabriken, Maschinen u. dergl. zu dem Erwerbspreise als den Werth derselben in der Inventur aufzunehmen. In der That finden denn auch bei den zahllosen Bilanzen der Actiengesellschaften nicht jährlich neue Jahresschätzungen statt, sondern, abgesehen von absoluten Werthzerstörungen oder Verringerungen bleiben die früheren Werthansätze, welche sich auf den Erwerbspreis oder Herstellungspreis zurückführen, massgebend. Bei Eisenbahn- und Bergwerksgesellschaften würden nach anderen Grundsätzen die erforderlichen Bilanzen überhaupt nicht aufgemacht werden können. Wollte man dagegen den Tagescours, wie bei courshabenden Papieren, in jeder Bilanz für alle Vermögensstücke verlangen, so würde man zu einem die besten Actiengesellschaften zerstörenden Resultat kommen. Nehmen wir beispielsweise an, eine ältere Actiengesellschaft, welche eines ihrer Grundstücke nebst darauf befindlichen Baulichkeiten, Anlagen u. s. w. nach allmäliger Abschreibung vom Erwerbspreise noch mit 1 Million Mark zu Buche stehen hätte, stellte Bilanz auf. Von mehreren Seiten wären in letzter Zeit für das betreffende Grundstück nebst Anlagen 3 Millionen Mark geboten worden; wenn nun der Taxwerth in die Bilanz aufgenommen werden sollte, so müsste dieser mit 3 Millionen Mark erscheinen. Von allen sonstigen günstigen Geschäftsergebnissen abgesehen, würden sich 2 Millionen Mark als reiner Geschäftsgewinn ergeben haben, und da nach einem Erkenntniss des Reichsoberhandelsgerichts die Actionäre ein Recht auf Vertheilung des reinen Gewinnes als Dividende haben, so hätten aus den Baarbeständen der Gesellschaft 2 Millionen Mark vertheilt werden müssen, wodurch, falls das erforderliche Geld hierzu überhaupt vorhanden gewesen wäre, das nothwendige Betriebscapital entzogen, d. h. die Gesellschaft ruinirt wäre. Würde nun in späteren Zeiten wiederum Bilanz gemacht, und der Tageswerth des Grundstückes wäre wieder auf 1 Million Mark zurückgegangen, so würde sich nunmehr, da ja in der betreffenden Bilanz der

Taxwerth jetzt auch wieder mit 1 Million Mark aufgenommen werden müsste, eine Unterbilanz von 2 Millionen Mark ergeben. Hiergegen würde nun allerdings einzuwenden sein, bei der zuerst angegebenen Gewinnberechnung wäre das Grundcapital zurückgezahlt worden, denn für Vermögensstücke, welche nicht zum Verkauf bestimmt wären, sei es unrichtig, einen Tagestauschwerth als Vermögensbetrag in die Bilanz zu setzen. Kann aber ein zeitiges Auflodern des Preises bei diesen Vermögensstücken nicht eine Vermögenserhöhung darstellen, so weist auch eine zeitweise Unverkäuflichkeit eines Vermögensstückes oder ein herabgedrückter Preis nicht unbedingt einen Vermögensverlust nach. Derartige nicht für den Umsatz in Geld bestimmte Vermögensstücke verlangen einen anderen Werthansatz als marktgängige Waaren.

Der Vorstand einer Actiengesellschaft ist verpflichtet, den Actionären spätestens in den ersten 6 Monaten jedes Geschäftsjahres eine Bilanz des verflossenen Geschäftsjahres vorzulegen. Ergiebt sich aus der letzten Bilanz, dass sich das Grundcapital um die Hälfte vermindert hat, so muss der Vorstand unverzüglich eine General-Versammlung berufen, und dieser sowie der zuständigen Verwaltungsbehörde davon Anzeige machen. Die Verwaltungsbehörde kann in diesem Falle von den Büchern der Gesellschaft Einsicht nehmen und nach Befinden der Umstände die Auflösung der Gesellschaft verfügen. Ergiebt sich aus der Bilanz, dass das Vermögen der Gesellschaft nicht mehr die Schulden deckt, so muss der Verstand hiervon dem Gericht behufs der Eröffnung des Concurses Anzeige machen.

C. Geschäfts-Vorfälle

eines am 1. December 1891 eröffneten Waarengeschäftes für den Monat December 1891.

Dieselben stellen sich dar als ein Auszug aus den nothwendigen Buchungsbelägen, als da sind: Rechnungen, Briefe, Copien etc.

Heinrich Blind und August Lessing eröffnen am 1. Decbr. 1891 ein Waarengeschäft unter der Firma: Blind & Lessing. Ein jeder der beiden Theilhaber legt M. 75,000 baar in das Geschäft und soll dafür an dem sich ergebenden Gewinn oder Verlust zur Hälfte participiren.

1.	Es werden zunächst die Rechnungen für gekaufte Einrichtungsgegenstände bezahlt, und zwar:				
	1 eisernes Geldspind . . . . M.	1200	—		
	4 Pulte à 75 M. . . . . „	300	—		
	4 Sessel à 25 M. . . . . „	100	—		
	1 Ladentisch . . . . „	150	—		
	2 kleinere Spinde à 30 M. . . . . . „	60	—		
	1 Leistenspiegel . . . . „	5	—		
	1 Wascheinrichtung . . . . „	25	—		
	2 Schreibtische à 180 M. . . . . . „	360	—		
	6 Rohrstühle à 10 M. . . . . „	60	—		
	1 Sopha . . . . „	120	—		
	1 Sophatisch . . . . „	75	—		
	1 Spiegel . . . . „	60	—		
	Gardinen und Rouleaux . . . . . . „	100	—		
	1 Decimalwage . . . . „	40	—		
	1 kleinere Wage . . . . „	10	—		
	Gewichte . . . . „	10	—		
	Ladeneinrichtung des Detailgeschäftes „	758	60		
	Vor Eröffnung des Geschäftes waren bereits folgende bestellte Waaren eingetroffen, und zwar am:			3433	60
Novbr.	von H. M. Blydenstein, Amsterdam				
20.	1000 kg Java-Café ff. à 195 fl. p. 100 kg. fl.	1950	—		
	1500 „ do. mittel à 155 „ „ 100 „ „	2325	—		
	2000 „ Portorico-Café ord. à 127 fl. p. 100 „ „	2540	—		
	laut Factura in Summe fl.	6815	—		
	à M. 168½ für 100 fl. M.			11483	30

Novbr.	Von Bauer & Golde, Hamburg				
22.	1000 kg Pfeffer à 98 M. p. 100 kg . M.			980	—
23.	von Orth & Co., Hamburg				
	2000 kg Carolina-Reis f. à 92 M. p. 100 kg M.	1840	—		
	2000 „ Ostindisch.-Reis f. à 82 „ „ 100 „ „	1640	—		
26.	von Lyden & Sohn, Rotterdam			3480	—
	3000 kg Brasil-Café à 124 fl. p. 100 kg fl.	3720	—		
	2000 kg Cuba-Café à 148 fl. p. 100 kg „	2960	—		
	fl.	6680	—		
	à M. 168.70 für 100 fl. M.			11269	20
	von Werther & Co., Magdeburg				
	4000 kg Raffinade-Zucker ff. à 96 M. p. 100 kg M.	3840	—		
	4000 „ do. f. à 88 M. p. 100 kg „	3520	—		
	5000 „ do. mittel à 81 M. p. 100 kg „	4050	—		
27.	von der Halle'schen Zuckersiederei in Halle a/S.			11410	—
	5000 kg Melis f. à 86 M. p. 100 kg . M.	4300	—		
	5000 „ „ ord. à 76 „ p. 100 „ . . . „	3800	—		
	3000 „ Brodzucker à 95 M. p. 100 „ . . . „	2850	—		
	von Berger & Sohn, Magdeburg			10950	—
	5000 kg Catharinen-Pflaumen à 124 M. p. 100 kg . . . . M.			6200	—
28.	von Blackworth & Sons, London				
	500 kg Pecco-Thee à $91^{1}/_{4}$ £ p. 100 kg £	456	5/-		
	500 „ Congo-Thee à 68 £ p. 100 kg „	340	-/-		
	£	796	5/-		
Decbr.	à M. 20.34 für 1 £ . . . M.			16195	70
1.	von Orth & Co., Hamburg				
	500 To. Schottische Heringe à 30 M. . M.			15000	—
	An das heute eröffnete Detailgeschäft wurden abgegeben:				
	50 kg Java-Café ff. à 360 M. p. 100 kg M.	180	—		
	100 „ „ „ m. à 286 „ „ 100 „ „	286	—		
	200 „ Portorico-Café ord. à 235 M. 100 „ „	470	—		
	100 „ Brasil- „ à 230 M. p. 100 „ „	230	—		
	50 „ Cuba „ à 278 „ „ 100 „ „	139	—		
	50 „ Pfeffer à 105 „ „ 100 „ „	52	50		
	100 „ Carolina-Reis f. à 97 „ „ 100 „ „	97	—		
	100 „ Ostind. „ à 88 „ „ 100 „ „	88	—		
	100 „ Raffin.-Zuck. ff. à 103 „ „ 100 „ „	103	—		
	100 „ „ „ f. à 93 „ „ 100 „ „	93	—		
	100 „ „ „ m. à 86 „ „ 100 „ „	86	—		
	100 „ Melis f. à 92 „ „ 100 „ „	92	—		
	100 „ Brodzucker à 102 „ „ 100 „ „	102	—		
	100 „ Cath.-Pflaumen à 132 „ „ 100 „ „	132	—		
	50 „ Pecco-Thee à 2000 „ „ 100 „ „	1000	—		
	50 „ Congo-Thee à 1500 „ „ 100 „ „	750	—		
	Wir zahlen auf empfangene Waaren:			3900	50
	von Amsterdam (Café) Fracht u. Steuer M.	258	—		
	„ Hamburg (Pfeffer) „ „	8	70		
	„ „ (Reis) „ „	28	80		
	„ Rotterdam (Café) „ u. Steuer „	207	30		
	„ Magdeburg (Raffinade) „ „	56	50		
	„ Halle (Zucker) „ „	89	70		
	„ Magdeburg (Pflaumen) „ „	21	—		
	„ London (Thee) „ u. Steuer „	220	30		
	„ Hamburg (Heringe) „ „	63	80		
				954	10

Decbr.	Wir senden an Bauer & Golde, Hamburg,					
1.	baar	M.			970	—
	und belasten dieselben für Decort mit .	„			10	—
	an Orth & Co., Hamburg senden wir baar	„			6500	—
	sowie in unseren Accepten					
	per 30. December a. c. M. 4000	„				
	„ 31. Januar 92 „ 7500	„			11500	—
	und belasten dieselben für Decort mit .	„			325	—
	Wir senden an Hintze's Nachf., Magdeburg					
	400 kg Portor.-Café ord. à 258 M. p. 100 kg	M.	1032	—		
	300 „ Raffin.-Zucker f. à 96$\frac{1}{2}$ M. p. 100 „	„	289	50		
	200 „ Brodzucker à 108 M. p. 100 „	„	216	—		
2.	Wir kaufen an der Börse durch Makler Goldstein				1537	50
	fl. 4000 p. 29. Januar p. Amsterdam					
	„ 2000 „ 6. Februar p. do.					
	fl. 6000 zum Course von 168^{10} für 100 fl.					
	p. 2 Monate, Zinsrechnung 3 % für	M.			10089	—
	und senden diese fl. 6000 an H. M. Blydenstein in Amsterdam zur Gutschrift,					
	dem Makler Goldstein zahlen wir $\frac{1}{2}$ ‰ Courtage	M.			5	05
	An Berger & Sohn, Magdeburg, senden wir unser Accept p. 28. Februar . . .	M.			6000	—
	Wir senden an F. Gericke, Frankfurt a/O.					
	200 kg Java-Café m. à 315 M. p. 100 kg	M.	630	—		
	200 „ Portor.-Café ord. à 254 M. p. 100 „	„	508	—		
	200 „ Ostind. Reis à 96 M. p. 100 „	„	192	—		
3.	Wir senden an Urban & Sohn, Pasewalk				1330	—
	500 kg Brasil-Café à 253 M. p. 100 kg	M.	1265	—		
	500 „ Cuba- „ à 304 „ „ 100 „	„	1520	—		
	Wir senden an Werther & Co., Magdeburg,				2785	—
	baar	M.			4000	—
	und berechnen denselben Decort . . .	„			60	—
4.	Frascatelli & Co., Livorno, senden uns					
	5000 kg Smyrna-Rosinen à 80 Frs. p. 100 kg	Frs.	4000	—		
	3000 „ Corinthen à 50 Frs. p. 100 kg	„	1500	—		
	2000 „ Sicilian-Mandeln à 155 Frs. p. 100 kg	„	3100	—		
		Frs.	8600	—		
	à M. 81 für 100 Frs.	M.			6966	—
	An Fracht und Steuer bezahlen wir . .	„			256	50
	Wir übergeben dem Detailgeschäft:					
	50 kg Smyrna-Rosinen à 70 M. p. 100 kg	„	35	—		
	50 „ Corinthen à 44 „ „ 100 „	„	22	—		
	50 „ Sicilian-Mandeln à 140 „ „ 100 „	„	70	—		
	200 „ Java-Café m. à 286 „ „ 100 „	„	572	—		
	200 „ Cuba- „ f. à 278 „ „ 100 „	„	556	—		
	400 „ Carolina-Reis f. à 97 „ „ 100 „	„	388	—		
	200 „ Raffinade f. à 93 „ „ 100 „	„	186	—		
	100 „ Melis f. à 92 „ „ 100 „	„	92	—		
	100 To. Schott. Heringe à 32 „ „ Tonne	„	3200	—		
	Wir kaufen an der Börse durch Makler Goldstein:				5121	—
	£ 250. —/— p. 15. Februar p. London					
	„ 500. —/— „ 29. „ „ „					
	£ 750. —/— zum Course von 20.29 M.					

Decbr. 4.	für ein 1 £ per 3 Monate, Zinsrechnung 3% und senden dieselben an Blackworth & Sons zur Gutschrift . . . . M.			15229	70
	Dem Makler Goldstein zahlen wir ½ ‰ Courtage . . . . „			7	60
	Von F. Gericke, Frankfurt a/O. empfangen wir 1 Wechsel per hier per 28. Januar M.			1200	—
5.	Wir senden an Itzig Meyer, Felsberg 500 kg Melis ord. à 84 M. p. 100 kg . „			420	—
	Wir kaufen 1 Gaskrone . . . . . . „			56	—
	6 Gaslampen . . . . . . „			120	—
6.	Das Detailgeschäft liefert an die Hauptcasse ab . . . . „			1500	—
	Urban & Sohn, Pasewalk, senden ihr Accept per 5. März . . . . M.			2500	—
8.	Wir senden an Ehrlich & Co., Brandenburg a/H.:				
	200 kg Carolina-Reis f. à 104 M. p. 100 kg M.	208	—		
	200 „ Ostind. „ à 97 „ „ 100 „ „	194	—		
	50 „ Pecco-Thee à 2160 „ „ 100 „ „	1080	—		
	Wir senden an Berger & Sohn, Magdeburg,			1482	—
	baar . . . . M.			6000	—
	und berechnen denselben Decort . . . „			90	—
	Wir senden an Prang's Sne., Wittenberge 400 kg Cuba-Café à 304 M. p. 100 kg „			1216	—
9.	Wir empfangen von H. M. Blydenstein, Amsterdam				
	3000 kg Java-Café m. à 156 fl. p. 100 kg fl.	4680	—		
	3500 „ Portor.-„ ord. à 127½ fl. p. 100 „ „	4462	50		
	fl.	9142	50		
	à M. 168¼ p. 100 fl. . . . M.			15382	25
	Wir senden an Oscar Fraenzel, Cottbus				
	100 kg Java-Café ff. à 390 M. p. 100 kg „	390	—		
	100 „ „ „ m. à 312 „ „ 100 „ „	312	—		
	200 „ Raffinade f. à 101 „ „ 100 „ „	202	—		
10.	Herm. Klein, Berlin, empfängt von uns			904	—
	300 kg Raffinade m. à 90 M. p. 100 kg „	270	—		
	300 „ Melis ord. à 85 „ „ 100 „ „	255	—		
	Wir zahlen für die am 9. cr. von Amsterdam			525	—
	empfangenen diversen Cafés Fracht und Steuer . . . . M.			265	70
	Kosten der Firma-Eintragung ins Handelsbuch . . . . M.			57	50
11.	Wir geben der Halle'schen Zuckersiederei in Halle unsere Accepte p. 10. Januar M.	4000	—		
	„ 10. Februar „	4000	—		
	„ 10. März „	3000	—		
	F. Ehrlich & Co., Brandenburg a/H., senden			11000	—
	uns ihre Accepte p. 22. Januar M.	500	—		
	„ 7. Februar „	900	—		
12.	Wir senden an Hintze's Nachf., Frankfurt a/O.			1400	—
	200 kg. Java-Café ff. à 395 M. p. 100 kg M.	790	—		
	300 „ Carolina-Reis f. à 99 „ „ 100 „ „	297	—		
				1087	—
	Herm. Klein, Berlin, sendet baar . . . „			520	—
	und bewilligen wir ihm Decort . . . „			5	—

Decbr.	Wir senden an Fetscherin & Pfeiffer, Bern				
13.	200 kg Java-Café ff. à 395 M. p. 100 kg M.	790	—		
	100 „ Congo-Thee à 1640 „ „ 100 „ „	1640	—		
	Desgl. an Reinhardt & Co., Burg			2430	—
	300 kg Java-Café m. à 314 M. p. 100 kg M.	942	—		
	400 „ Portor.-„ ord. à 255 „ „ 100 „ „	1020	—		
	Orth & Co., Hamburg, senden uns			1962	—
	2000 kg Carolina-Reis m. à 64 M. p. 100 kg M.			1280	—
	Wir zahlen dafür Fracht . . . . . . „			18	50
	Wir kaufen 2 Arbeitswagen à 120 M. . „			240	—
	1 do. à 110 M. . „			110	—
	2 Pferde à 620 M. . . . „			1240	—
15.	Wir senden an F. Gericke, Frankfurt a/O.				
	300 kg Rosinen à 76 M. p. 100 kg . . M.	228	—		
	200 „ Corinthen à $48^1/_2$ M. p. 100 kg . „	97	—		
	200 „ Sicil.-Mandeln à 152 M. p. 100 kg „	304	—		
				629	—
	Fetscherin & Pfeiffer, Bern, senden baar M.			400	—
	und ihr Accept per 15. März . . . . „			2000	—
	Wir discontiren von unseren Wechseln				
	M. 900 p. 7. Februar				
	„ 2000 „ 15. März				
	M. 2900 zu 4% Zinsen p. a. für . . M.			2874	80
	Das Detailgeschäft zahlt . . . . . . „			1800	—
16.	Wir kaufen durch Makler Goldstein				
	fl. 5000.— p. 14. März a/Rotterdam				
	„ 6000.— „ 16. „ „ do.				
	fl. 11000.— à $168.^{35}$ M. per 2 Monate				
	für 100 fl.; Zinsberechnung				
	3% für . . . . „			18473	60
	und senden diese beiden Wechsel an Lyden				
	& Sohn, Rotterdam, zur Gutschrift.				
	Dem Makler Goldstein zahlen wir $^1/_2$‰ Cour-				
	tage . . . . M.			9	20
	Wir senden an Heinr. Schwarz, Rixdorf				
	200 kg Java-Café m. à 320 M. p. 100 kg „	640	—		
	300 „ Portor.-„ ord. à 281 „ „ 100 „ „	843	—		
	200 „ Raffinade f. à 102 „ „ 100 „ „	204	—		
	200 „ Melis ord. à 84 „ „ 100 „ „	168	—		
	Desgl. an Oscar Zander, Grüneberg			1855	—
	1000 kg Brasil-Café à $252^1/_2$ M. p. 100 kg M.			2525	—
	Reinhardt & Co., Burg, senden uns 1 Wechsel				
	p. 25. Januar auf hier . . . . . M.			1900	—
19.	Wir senden an Oscar Fraenzel, Cottbus				
	500 kg Raffinade f. à 101 M. p. 100 kg „	505	—		
	200 „ Brodzucker à 111 „ „ 100 „ „	222	—		
20.	Wir verkaufen an Herm. Klein, hier, gegen			727	—
	baare Zahlung				
	100 kg Raffinade ff. à 111 M. p. 100 kg M.	111	—		
	100 „ do. f. à 100 „ „ 100 „ „	100	—		
	M.	211	—		
	abzüglich 1% Scontro „	2	10		
	Wir senden an Oscar Zander, Grüneberg			208	90
	250 kg Cathar.-Pflaumen à 143 M. p. 100 kg M.	357	50		
	100 „ Congo-Thee à 1640 M. p. 100 „ „	1640	—		
				1997	50

Decbr.	Wir senden an Oscar Fraenzel, Cottbus				
23.	500 kg Melis f. à 101 M. p. 100 kg . . M.	505	—		
	20 „ Congo-Thee à 1640 M. p. 100 kg . „	328	—		
				833	—
	Das Detailgeschäft zahlt an die Haupt-Casse . . . . M.			1800	—
	Wir kaufen von Rentier Kummerle das Haus Grosse Friedrichstrasse 119, zum Preise von . . . . M.	300000	—		
	Auf demselben lastet eine Hypothek der Mecklenb. Hyp.-Bank				
	zur I. Stelle à 4 % M. 120 000.—				
	Rentier Kummerle lässt				
	zur II. Stelle à 5 % „ 60 000.—	180000	—		
	stehen, so dass wir dem letzteren noch baar bezahlen müssen . . . . M.			120000	—
	Stempel und Notariatsspesen betragen . „			3600	—
	Wir trassiren auf unseren Banquier Schauss & Co. 40 000 M. per 23. März und discontiren letztere an der Börse zu $2^3/_4$ % Zinsen p. a. für . . . . M.			39725	—
	Dem Makler Goldstein vergüten wir $^1/_4$ ‰ Courtage . . . . M.			10	—
	Wir senden an F. Ehrlich & Co., Brandenburg a/H.				
	100 kg Pfeffer à 114 M. p. 100 kg M.	114	—		
	300 „ Smyrna-Rosinen à 76 „ „ 100 „ „	228	—		
	200 „ Corinthen à 50 „ „ 100 „ „	100	—		
				442	—
	Desgl. an Reinhardt & Co., Burg				
	500 kg Portor.-Café ord. à 255 M. p. 100 kg „			1275	—
	Oscar Fraenzel in Cottbus sendet sein Accept p. 23. März . . . . M.			800	—
	sowie folgende Wechsel:				
	M. 250.— per 18. Februar				
	„ 500.— „ 27. „				
	„ 500.— „ 18. März			1250	—
	Bei der Reichsbank discontiren wir:				
	M. 800.— per 23. März				
	„ 250.— „ 18. Februar				
	„ 500.— „ 27. „				
	„ 500.— „ 18. März				
	M. 2050. — abzüglich 4 % Zinsen p. a. M.			2032	20
27.	Wir senden an Heinr. Schwarz, Rixdorf				
	500 kg Portor.-Café ord. à 281 M. p. 100 kg M.	1405	—		
	500 „ Melis ord. à 84 M. p. 100 kg . „	420	—		
	Unser Associé August Lessing verheirathet sich			1825	—
	heute und schiesst die ihm von seiner Frau Emilie geb. Müller mitgebrachten . M.			50000	—
	in's Geschäft ein, mit der Bestimmung, dass derselben diese 50 000 M. vorweg aus dem Reingewinn des Geschäfts mit 6 % p. a. verzinst werden.				
	Wir kaufen von der neuen Zuckersiederei-Actien-Gesellschaft gegen baar				
	3000 kg Raffinade f. à 87 M. p. 100 kg M.	2610	—		
	abzüglich 1 % Scontro „	26	10		
				2583	90

Decbr. 29.	Wir senden an Hintze's Nachf., Frankfurt a/O. 50 kg Pecco-Thee à 2150 M. p. 100 kg M.	1075	—		
				1075	—
	Oscar Zander, Grüneberg sendet baar . „			4500	—
	Wir bewilligen ihm Decort . . . . . „			45	—
30.	Wir empfangen von Syden & Sohn, Rotterdam 4000 kg Brasil-Café à 125 fl. p. 100 kg fl.	5000	—		
	3000 „ Cuba- „ à $149^1/_2$ fl. p. 100 „ „	4485	—		
	fl.	9485	—		
	à M. 167.90 für 100 fl. M.			15925	30
	Wir senden an Fr. Gericke, Frankfurt a/O. 500 kg Java-Café m. à 315 M. p. 100 kg M.	1575	—		
	500 „ Portor.- „ ord. à 254 „ „ 100 „ „	1270	—		
				2845	—
	Wir lösen unser heute fälliges Accept Litt. Orth & Co. ein . . . . M.			4000	—
	August Lessing entnimmt aus der Casse zu Privatzwecken . . . . M.			550	—
	Desgl. Heinrich Blind . . . . „			375	—
	Das Detailgeschäft zahlt an die Hauptcasse „			2155	—
	Wir zahlen für Gehälter, Miethe, Brennmaterial, Beleuchtung etc. laut Unkostenbuch . . . . M.			985	90
	Wir creditiren den beiden Socien 5% Zinsen auf ihre Einlagen von je 75000 M. vom 1. bis 31. December . . . . . . M.			312	50
	Schauss & Co. übersenden uns Conto-Corrent, in welchem sie uns für Provision auf unsere Entnahme mit . . . . M.			133	30
	belasten, dagegen für Zinsen vom 31. December bis 23. März für 83 Tage auf 40000 M. zu $3^1/_2$% mit . . . . M.			322	80
	erkennen, so dass sie uns nunmehr per Saldo mit M. 39810.50 Werth 31. December belastet haben.				

Zweiter Theil.

Die einfache Buchführung.

Besprechung der im Vorstehenden angeführten Geschäftsvorfälle bezüglich der Art ihrer Verbuchung in der einfachen Buchführung, nebst einer Erklärung des Rechnens mit Zinsnummern, der Berechnung von in- und ausländischen Wechseln etc.

Die zu Ende des ersten Theiles als Grundlage für die praktische Darstellung einer ordnungsmässigen Buchführung chronologisch angeführten Geschäftsvorfälle sollen im Folgenden zunächst mit Bezug auf die einfache Buchführung lediglich eine möglichst klare Besprechung erfahren.

Die Praxis der einfachen Buchführung ist so ungemein durchsichtig, dass ich eine genaue Wiedergabe jedes einzelnen Buchungspostens, wie dieselbe in den beiden früheren Auflagen dieses Buches durchgeführt erscheint, glaubte umgehen zu können. Es wird dies um so weniger bedauert werden, als — wie schon früher bemerkt — alle Geschäfte von einigem Umfang und einiger Bedeutung sich nahezu ausschliesslich der doppelten Buchführung bedienen, und die Kenntniss von dem Wesen der einfachen Buchführung somit eigentlich nur noch wissenschaftliches Interesse beanspruchen kann.

Wir schicken voraus, dass in der Wirklichkeit alle Eintragungen in die Geschäftsbücher aus den täglich abgesandten oder empfangenen Briefen, Rechnungen etc. vorgenommen werden. Als Ersatz für diese Buchungsbeläge, deren detaillirte Darstellung uns zu weit führen würde, gelten uns die auf Seite 28 — 34 angegebenen Geschäftsvorfälle.

Zur Eröffnung. Wir müssen zunächst die von den beiden Associés eingezahlten Beträge de je 75000 M., die das Geschäft also den Inhabern desselben schuldig wird, in dem Cassabuch vereinnahmen, resp. Heinrich Blind und August Lessing für diese Beträge durch die Casse creditiren. Ebenso müssen wir alle Beträge für die angeschafften Comptoir-Gegenstände in dem Cassabuch verausgaben. Da nun die Casse auf zwei gegenüberstehenden Seiten geführt wird und die Debet- oder Soll-Seite für alle Beträge bestimmt ist, die wir einziehen, die Credit- oder Haben-Seite dagegen für alle Beträge, die wir verausgaben, so sind die Geschäftseinlagen auf der Debet-Seite zu vereinahmen und die Beträge für Anschaffungen auf der Credit-Seite zu verausgaben. Das Cassabuch würde also folgendermassen zu eröffnen sein:

1 | 1
Debet. December **Cassa-** | **Conto.** 1891. *Credti.*

	1	An Heinrich Blind, Capital-Conto dessen baare Einlage ins Geschäft			75000			1	Per gekaufte und bezahlte Einrichtungsgegenstände				
									1 eisernes Geldspind	1200	—		
									4 Pulte à 75 M.	300	—		
		An August Lessing, Capital-Conto desgleichen			75000				4 Sessel à 25 M.	100	—	3433	60
									u. s. w.				

Hiernach haben wir also vereinnahmt . .	M.	150000.—
verausgabt dagegen	„	3433.60
so dass wir einen baaren Cassenbestand behalten von	M.	146566.60

Wie wir aus vorstehendem Cassa-Conto ersehen, befinden sich sowohl auf der Debet- als auch auf der Credit-Seite je zwei Colonnen für Mark und Pfennige. In die erste Colonne werden jeweilig Gruppen einzelner Posten, die zu einer Gesammtsumme gehören, eingetragen (siehe Credit-Seite).

Wie bei dem Cassa-Conto, so beginnt bei allen doppelseitig geführten Büchern die Reihe der Eintragungen auf der Debet-(Soll-) Seite mit dem Wörtchen **„An“** — auf der Credit- (Haben)-Seite mit dem Wörtchen **„Per“**. Das ist keineswegs so nebensächlich, als es auf den ersten Blick wohl aussehen mag. Besonders in der doppelten Buchführung dreht sich alles um „An“ und „Per“. Wenn man sich einmal gemerkt hat, dass alle einem Conto zu belastende Posten mit „An“, — alle zu creditirenden Posten hingegen mit „Per“ zu bezeichnen sind, — und dass umgekehrt alle mit „An“ beginnenden ins Debet, alle mit „Per“ beginnenden ins Credit eines Contos gehören: dann hat man so zu sagen das Wesen der Buchführung in seiner ganzen Tiefe erfasst! Die Construction der einzelnen Posten für die Grundbücher, ihre

Uebertragung aus denselben in die anderen Bücher machen keine Schwierigkeiten mehr.

Welches die Grundbücher für die einfache Buchführung sind, ist bereits erläutert worden. Die Bezeichnung als Hauptbuch desjenigen Buches, welches zur Aufnahme aller persönlichen oder lebenden Conten bestimmt ist, macht dasselbe für die einfache Buchhaltung als das wichtigste kenntlich. Aus demselben muss genau zu ersehen sein, welche Aussenstände und welche Schulden das Geschäft hat.

Da nun — wie schon bemerkt — die Geschäftsinhaber für ihre Capital-Einlagen als Gläubiger des Geschäftes (— welches stets als juristische Person aufzufassen ist —) gelten, so müssen wir ihnen gleich allen anderen Gläubigern und Schuldnern in dem dafür bestimmten „Hauptbuch" ein Capital-Conto eröffnen und ihnen auf demselben ihre Geschäftseinlagen gutschreiben — creditiren. Die Bezeichnung Capital-Conto zum Unterschied von vielleicht nebenbei noch einzurichtenden Privat-Conten wählen wir als Ausdruck der vertragsmässigen Verpflichtung, welche die Geschäftsinhaber mit der eingezahlten Summe an das Geschäft bindet.

Das Conto des Heinrich Blind würde demnach folgendermassen aussehen:

Debet.	**Heinrich Blind**				**Capital-Conto.**			*Credit.*
				1891 Dec.	1.	Per dessen Geschäftseinlage . . . M.		75000

Wir müssen diesen Posten auf die Credit-Seite bringen; denn Heinrich Blind gab dem Geschäft die 75000 M. und muss deshalb für diese Summe creditirt — erkannt — werden. Derselbe Posten also, der in der Casse auf der Debet- (Soll-) Seite steht, erscheint im Hauptbuche auf der Credit- (Haben-) Seite. So ist es natürlich auch in allen anderen Fällen. Wenn die Casse von irgend einem Geschäftsfreund Geld empfängt und im Debet vereinnahmt, so muss der Betreffende doch unbedingt das nöthige Geld seiner Casse entnommen, also im Credit verausgabt haben. In gleicher Weise steht auch jedem Credit-Posten in der Casse ein Debet-Posten im Hauptbuche gegenüber.

Vor der Markcolonne im Hauptbuch befindet sich noch eine Colonne, welche zur Aufnahme desjenigen Folios, auf welchem sich der betreffende Posten im Cassabuch oder im Memorial befindet, bestimmt ist. Haben wir nun den Posten aus einem dieser Bücher in das Hauptbuch übertragen, so schreiben wir dort — d. h. im Cassabuch oder im Memorial — anderseits wieder das Folio des Hauptbuches hin, einmal zum Beweis dafür, dass wir den Posten überhaupt übertragen haben, und zweitens zum Zwecke leichter und rascherer Orientirung. Die Eintragung des Haupt-Buch-Folios geschieht meist mit rother Tinte, u. z. in der Datumcolonne.

20. November. Wir empfingen an diesem Tage von H. M. Blydenstein in Amsterdam diverse Café-Sorten im Werthe von holl. fl. 6815.— laut Factura. Wir bezahlen diesen Betrag nicht sofort, sondern treten durch Annahme der Waare in ein Schuldverhältniss zu H. M. Blydenstein. Wir müssen diesem Schuldverhältniss dadurch Ausdruck geben, dass wir Blydenstein in unseren Büchern für holl. fl. 6815.— creditiren. Da wir aber nicht baares Geld, sondern blos den Werth in Waaren empfangen haben, können wir diese Creditirung nur mit Hilfe des Memorials vornehmen. Nun ist es zwar für unser Verhältniss zu H. M. Blydenstein massgebend, dass wir ihm holländische Gulden schuldig geworden sind; für unsere eigene Buchführung aber, die wir selbstverständlich in unserer deutschen Landeswährung eingerichtet haben, ist es nothwendig, dem Betrag von holl. fl. 6815.— — das Aequivalent in Mark hinzuzusetzen. Wir nehmen als Grundlage dafür die augenblickliche Notiz für kurze Wechsel auf Amsterdam — $168^1/_2$—, rechnen den Facturabetrag zu diesem Course um und werfen die sich ergebende Summe — M. 11483.30 — in der zweiten Colonne aus.

Debet. **H. M. Blydenstein | Amsterdam** *Credit.*

			Gulden.		Mark.		1891			Gulden.		Mark.	
							Dec.	1.	Per gesandte div. Cafés	6815	—	11483	30

22. November. Von Bauer & Golde in Hamburg empfingen wir 1000 kg Pfeffer à 98 M. für 100 kg und wurden denselben laut Factura M. 980.— schuldig. Wir müssen, da wir auch diesen Betrag nicht baar bezahlen wollen, Bauer & Golde gleichfalls durch das Memorial creditiren, wie wir es früher mit H. M. Blydenstein gemacht haben.

Die beiden Buchungen im Memorial würden lauten:

1	December 1891.				
1.	H. M. Blydenstein, Amsterdam			*Credit.*	
	Wir empfingen von demselben am 20./11.				
	1000 kg Java-Café ff. à 195 fl. für 100 kg fl.	1950	—		
	1500 „ do. m. à 155 „ „ 100 „ „	2325	—		
	2000 „ Portor. „ ord. à 127 „ „ 100 „ „	2540	—		
	laut Factura fl.	6815	—		
	à M. $168^{1}/_{2}$ für 100 fl. M.			11483	30
	Bauer & Golde, Hamburg			*Credunt.*	
	Wir empfingen von denselben am 22./11.				
	1000 kg Pfeffer à 98 M. für 100 kg M.			980	—

Bei jeder Eintragung im Memorial setzen wir neben den Namen der Firma auf dieselbe Zeile den Vermerk „Credit“ (oder „Credunt“ bei Doppelfirmen) oder „Haben“, wenn wir aus diesem Posten etwas schuldig werden, — „Debet“ („Debent“) oder „Soll“ („Sollen“), wenn wir aus demselben etwas zu fordern haben. Dadurch erleichtern wir uns das spätere Uebertragen in das Hauptbuch wesentlich, — ja wir machen es so zu sagen zu einer ganz mechanischen Arbeit, die wir von jedem Lehrling können verrichten lassen.

In den vorstehenden beiden Fällen haben wir H. M. Blydenstein und Bauer & Golde für die uns gesandten Waaren zu creditiren, wir setzen demnach bei den bezüglichen Posten den Vermerk „Credit“, resp. „Credunt“ hinzu.

In derselben Weise hätten wir nun Orth & Co. in Hamburg — Lyden & Sohn in Rotterdam — Werther & Co. in Magdeburg — Halle'sche Zuckersiederei in Halle — Berger & Sohn in Magdeburg — Blackworth & Sons in London für die von denselben gesandten Waaren im Memorial zu creditiren, denselben in unserem Hauptbuch je ein Conto zu eröffnen und die einzelnen Posten in das Credit der betreffenden Conten zu übertragen.

Ueber die empfangenen und abgesandten Waaren hat der Verwalter derselben ein Waarenlagerbuch zu führen. Wenn dieses Buch auch kein unbedingtes Erforderniss der einfachen Buchführung ist, so erscheint doch seine Unentbehrlichkeit in jedem grösseren Geschäft als zweifellos. Nur auf Grund des Waarenlagerbuches sind wir jeder Zeit im Stande unsere Vorräthe mühelos, d. h. ohne Prüfung der effectiven Bestände, zu übersehen, — nur eine Vergleichung dieser mit dem richtig geführten Waarenlagerbuch ermöglicht uns die Constatirung von Unterschleifen, Diebstählen etc.

In diesem Waarenlagerbuch ist jeder einzelnen Sorte der von uns geführten Waaren ein besonderes Conto einzurichten, das entweder auf einer oder auf zwei gegenüberstehenden Seiten geführt werden kann, — also ungefähr folgendermassen:

Java-Café ff.

1891			Zugang.	Abgang.
Novbr.	20.	Von H. M. Blydenstein, Amsterdam	1000	
Decbr.	1.	an das Detailgeschäft . . . . . . kg		50
„	9.	„ Oscar Fraenzel, Cottbus . . . . „		100
		u. s. w.		

oder:

Eingang.		**Java-**		**Café ff.**			Ausgang.
1892				1892			
Nov.	20.	Von H. M. Blydenstein . . kg	1000	Dec.	1.	An das Detailgeschäft . . kg	50
		u. s. w.			9.	„ Oscar Fraenzel . . . . „	100
						u. s. w.	

Sobald wir neuen Java-Café ff. empfangen, müssen wir das Gewicht der Sendung in den Eingang — sobald wir solchen verkaufen oder versenden, müssen wir das Gewicht der verkauften oder versendeten Menge in den Ausgang schreiben. Addiren wir alle Posten im Eingang zusammen und kürzen davon die Summe aller Ausgangsposten, so muss der verbleibende Rest die Gewichtsmenge des wirklich noch vorhandenen Java-Café's ausweisen. Ein Nachwiegen des Lagerbestandes verschafft uns dann die Ueberzeugung von der Richtigkeit unserer Buchungen. Stimmt indessen der Saldo des Waarenlagerbuches bei irgend einer Waare mit der thatsächlich vorhandenen Gewichtsmenge nicht überein, dann liegen nur drei Möglichkeiten vor:

1. entweder sind unsere Buchungen falsch, indem wir irgend einen Posten im Ein- oder Ausgang nicht vermerkt haben;
2. oder wir haben von einem Geschäftsfreund mehr Waare empfangen, resp. an einen solchen mehr Waare gesandt, als in den betreffenden Facturen declarirt und verrechnet worden war, ohne dass der Irrthum bemerkt worden wäre;
3. oder es liegen Veruntreuungen von Seiten eines Angestellten vor.

Zu dieser letzten Annahme werden wir besonders dann kommen müssen, wenn sich die Differenzen zum Nachtheil des wirklichen Waarenbestandes ergeben und in gewissen Zwischenräumen wiederholen.

December 1. legen wir in's Detailgeschäft verschiedene Waaren im Werthe von zusammen M. 3900.50. Diesen Posten ebenso wie alle Transactionen mit dem Detailgeschäft können wir auf zweierlei Arten buchen, je nachdem, ob wir dasselbe als einen integrirenden Theil unseres Engrosgeschäfts oder als ein dem letzteren ganz fremdes Geschäft betrachten. In ersterem Falle würden die durch den Verkauf von Waaren im Detailgeschäft eingenommenen Gelder täglich oder wöchentlich — je nach der grösseren oder kleineren Ausdehnung des Geschäftes — unter Aufgabe der verkauften Waaren an die Hauptcasse abgeliefert werden müssen, und wir hätten dann auf der Debet-Seite unserer Casse folgende Buchung zu machen:

1 | 1
Debet. December **Cassa- | Conto.** 1891. *Credit.*

7.	An im Detailgeschäft vom 1.—7. cr. verkaufte Waaren:										
	25 kg Java-Café ff. à M. 3,90 . M.	97	50								
	15 „ Java-Café f. à M. 3,40 . M.	51	—								
	20 „ Java-Café m. à M. 2,90 . M.	58	—								
	etc.			875	60						

und nachdem dies geschehen, die verkauften Waaren in unserem Lagerbuche auszuschreiben, falls dies nicht schon früher bei der Uebergabe der Waaren an's Detailgeschäft geschehen war. Diese Art der Verrechnung würde sich indessen nur für kleinere Geschäfte empfehlen, denn auf diese Weise würden wir wohl bei der

Aufnahme der Inventur den Gesammt-Gewinn oder Verlust des Engrosgeschäfts inclusive des Detailgeschäfts ermitteln, könnten aber nie erfahren, was jedes einzelne Geschäft verdient oder verloren hat.

Richtiger und empfehlenswerther ist es daher, das Detail geschäft als eine uns ganz fremde Person zu betrachten, dasselbe für alle von uns empfangenen Waaren zu den Preisen, welche sie uns incl. aller Spesen selbst kosten, zu belasten, und für alle an unsere Hauptkasse abgelieferten baaren Beträge etc. zu creditiren. Da wir auf diese Weise das Detailgeschäft jedem Geschäftsfreunde, mit dem wir in laufender Rechnung stehen, gleich behandeln, so müssen wir ihm auch ein Conto in unserem Hauptbuche errichten. Um nun genau ermitteln zu können, welchen Nettogewinn oder Verlust uns das Detailgeschäft bringt, müssen wir ihm eigentlich auch alle Unkosten, welche uns dasselbe verursacht, als Gehälter, Miethe, Brennmaterial, Beleuchtung, Abnutzung der Mobilien und Einrichtungsgegenstände etc. zur Last schreiben. Von wirklicher Bedeutung ist diese strenge Scheidung indessen wohl nur bei Geschäften sehr grossen Umfanges, bei denen die monatlichen Unkosten eine beträchtliche Höhe erreichen und für den Erfolg einer oder der anderen Branche schwer in's Gewicht fallen. Ich habe in unserem Falle bei Verbuchung der uns vorliegenden Geschäftsvorfälle in der doppelten Buchführung (siehe Seite 65) von einer Trennung der Spesen für das Engros- und Detailgeschäft abgesehen und dem Conto des letzteren nur eine procentuale Abschreibung auf Mobilien belastet.

Bei Aufnahme der Inventur hat uns das Detailschäft seine Bestände an baarem Gelde und Waaren genau aufzugeben. Wir creditiren ihm dann diese zu denselben Werthen, mit denen wir die Waaren dem Detailgeschäft s. Z. belastet hatten, durch das Memorial, — um es nach stattgehabtem Abschluss sofort wieder für dieselbe Summe zu debitiren. — Wir könnten auch den ermittelten Werth des dem Detailgeschäft verbliebenen Bestandes als einen Saldo betrachten, den uns letzteres schuldig ist, und diesen Saldo beim Abschluss des Contos auf die Credit-Seite setzen, um ihn dann nach dem Abschluss wieder vorzutragen. Da uns aber das Detailgeschäft nur Geld für verkaufte Waaren schuldig ist, und alle noch nicht verkauften Waaren unser Eigenthum sind, so ist die zuerst angegebene Art, bei welcher wir die dem Detailgeschäft verbliebenen Waarenbestände in der Inventur wieder unter den Waarenbeständen und nicht als Forderung an das Detailgeschäft aufnehmen, entschieden richtiger.

Ergiebt sich nun, nachdem wir also das Detailgeschäft für

den Werth des noch nicht verkauften Waarenbestandes erkannt haben, dass die Addition der Credit-Seite grösser ist, als die der Debet-Seite, so ist die sich ergebende Differenz der Reingewinn. Ist hingegen die Addition der Debet-Seite grösser, — ein Fall, der allerdings nicht vorkommen darf — dann ist die Differenz der Verlust am Detailgeschäft.

Aus den oben angeführten Gründen geben wir der sofortigen Belastung des Detailgeschäfts für alle demselben übergebenen Waaren, sowie der Creditirung der uns gemachten Zahlungen etc. den Vorzug und buchen daher im Memorial, wie folgt:

December 1891.

Decbr.	1.	Detailgeschäft belasten dasselbe für ihm übergebene Waaren 50 kg Java-Café ff. à 360 M. . . M. 100 „ „ f. à 286 „ . . . „ 200 „ Portor. „ ord. à 235 „ . . . „ etc.	180 286 470	— — —	3900	50

übertragen den Posten in's Hauptbuch und schreiben die einzelnen Waaren aus dem Waarenlagerbuche aus.

December 1. Wir zahlten an Frachten und Steuer in Summa M. 954.10, wir haben diese Beträge also auf der Credit-Seite der Casse zu verausgaben.

Debet. December **Cassa- Conto.** 1891. ***Credit.***

						1	Per auf empfangene Waaren von Amsterdam (Café) bezahlte Fracht und Steuer . . . . M. von Hamburg (Pfeffer) do. . . . . . M. do. (Reis) do. . „ etc.	258 8 28	— 70 80	954	10
							Per Bauer & Golde Hamburg unsere Baarsendung . . . . M.			970	—

December 1. Wir senden an Bauer & Golde in Hamburg baar M. 970. Für diese Baarsendung haben wir Bauer & Golde

durch die Credit-Seite der Casse zu belasten, in der Weise, wie dies vorstehend angegeben ist, und dann in die Debet-Seite des Contos Bauer & Golde im Hauptbuch zu übertragen. Empfehlen dürfte es sich, da aus der Casse in's Hauptbuch nur wenige Posten zu übertragen sind, diese stets zu unterstreichen, da auf diese Weise ein zu übertragender Posten weniger leicht übersehen werden kann.

December 1. Wir belasten ihnen Decort 10 M. Diesen Betrag können wir auf zweierlei Art buchen, entweder wir combiniren diesen Betrag mit vorstehendem Posten, indem wir in der Casse Credit-Seite schreiben

Per Bauer & Golde in Hamburg		
unsere Baarsendung M.	970.—	
Decort „	10.—	
	980.—	970.—

und in das Hauptbuch dann die M. **980.—** übertragen.

Diese Art würde indessen den Grundsätzen einer genauen Buchführung entschieden nicht entsprechen, trotzdem einige Lehrbücher derselben das Wort reden; denn wir wären bei dieser Art der Buchung gezwungen, einen Posten aus der vorderen Colonne zu übertragen, welche lediglich als Rechnungs-Colonne dienen soll. Die eigentliche Buchungs-Colonne ist einzig und allein die zweite. Wir würden also in der Casse 970 M. verausgaben, in das Hauptbuch aber 980 M. übertragen müssen, — eine Incorrectheit, die gewiss sehr anfechtbar ist. Ausserdem aber erweist sich diese Manier noch als besonders unpraktisch deshalb, weil der in das Hauptbuch übertragende Buchhalter in zehn Fällen gewiss neunmal gewohnheitsmässig die zweite Summe übertragen und so zu einer ganzen Anzahl von Differenzen Veranlassung geben würde. Gerade in der Buchführung aber müsste man sich die Worte stetig vorhalten: „Führe mich nicht in Versuchung“. Hier ist es von ganz eminenter Bedeutung, dass jeder einzelne Buchungsposten nur eine und nur die richtige Deutung zulasse — dass Niemand, der einen solchen Posten noch weiter zu verwerthen hat, in Versuchung komme, ihn falsch zu verwerthen.

Entschieden richtiger, klarer und den Grundsätzen der Buchführung allein entsprechend ist es daher, wenn wir Bauer & Golde in der Casse, wie oben angegeben, für die wirklich gesandten M. 970.— belasten und ihnen die decortirten 10 M. durch das Memorial, wie folgt, debitiren:

December 1891.

					Debent.	
	1.	Bauer & Golde, Hamburg belasten dieselben für Decort auf unsere heutige Baarsendung von M. 970 mit M.			10	—

December 1. An Orth & Co., Hamburg senden wir baar 6500 M., sowie in unseren Accepten per 30. December 4000 M., per 31. Januar 1892 7500 M. und belasten ihnen Decort 325 M. Für die Baarsendung belasten wir sie, ebenso wie oben Bauer & Golde, auf der Credit-Seite der Casse, während wir sie für die gegebenen Accepte und den Decort im Memorial belasten.

					Debent.	
	1	Orth & Co., Hamburg belasten dieselben für ihnen gegebene Accepte				
		per 30. Decbr. 91.	4000	—		
		„ 31. Januar 92.	7500	—	11500	—
		für Decort auf vorstehende Accepte und auf unsere Baarsendung			325	—

Es ist unbedingt zu empfehlen, unsere Geschäftsfreunde, wenn wir ihnen Accepte von uns geben, sofort dafür zu belasten und nicht erst, wie dies vielfach geschieht, wenn die Accepte bezahlt werden. Belasten wir sie sofort, so kommen die Accepte auch sofort auf die Debet-Seite des Contos des betreffenden Geschäftsfreundes zu stehen und, wenn wir es uns dann zur Regel machen, ehe wir uns bereit erklären, Wechsel zu acceptiren oder Geldsendungen zu machen, oder etwa dem Reisenden Zahlungen zu leisten, stets das Conto des Betreffenden zuvor nochmals nachzusehen, ob wir auch den entsprechenden Betrag noch schuldig sind und nicht bereits durch Accepte etc. regulirt haben, so vermeiden wir auf diese Weise unbedingt, dass wir zweimal über denselben Gegenstand Accepte geben oder ausser den bereits gegebenen Accepten noch baares Geld zahlen. Allerdings würde uns ja der betreffende Geschäftsfreund, falls wir ihm aus Versehen doppelte Zahlung für ein und dieselbe Sache gemacht hätten, hierfür haftbar sein und das zu viel Gezahlte zurückgeben müssen, aber unter allen Umständen würden uns hierdurch Schreibereien und Unannehmlichkeiten entstehen, ganz davon abgesehen, dass wir auch noch in wirkliche Verluste dadurch gerathen könnten, dass wenn der Geschäftsfreund vor der Zurückerstattung in Concurs geriethe. In diesem Falle könnten wir das zu viel Gezahlte nur bei der Masse anmelden und müssten uns dann mit dem in der Masse vorhandenen Procentsatz begnügen. Dies wird aber alles vermieden, wenn wir es uns zum Princip machen, alle Accepte, die wir geben, und alle auf uns ausgestellten Wechsel, die wir bei Vorkommen zu acceptiren und einzulösen beabsichtigen, den Betreffenden sofort zu belasten. Will man sich diesem Modus indessen durchaus nicht zuwenden, dann empfiehlt es sich wenigstens, die betreffenden Eintragungen sofort vor der Colonne zu machen.

December 1. Wir senden an Hintze's Nachf. in Magdeburg diverse Waaren, wofür wir jenen in gleicher Weise, wie vordem das Detailgeschäft, durch das Memorial belasten müssen.

December 1891.

					Debet.	
1.	Hintze's Nachf., Magdeburg belasten denselben für ihm gesandte Waaren 400 kg Portor.-Café ord. à 258 M. p. 100 kg M. 300 „ Raffin.-Zucker f. à $96^1/_2$ „ „ 100 „ „ 200 „ Brod-Zucker à 108 „ „ 100 „ „		1032 289 216	— 50 —	1537	50

December 2. Wir kaufen an der Börse durch den Makler Goldstein fl. 6000.— in Wechseln auf Amsterdam für M. 10089.—, senden diese an H. M. Blydenstein und zahlen an Goldstein M. 5.05 Courtage. Dieser Posten kann wieder auf zweierlei Art gebucht werden.

1. Wir belasten H. M. Blydenstein gleich durch die Casse:

Per H. M. Blydensten, Amsterdam
kauften und sandten demselben
fl. 4000.— per 29. Januar per dort
„ 2000.— „ 6. Februar „ „
fl. 6000.— à $168.^{10}/3\ ^0/_0$ Zinsen = M. 10089.—
„ an Makler Goldstein bezahlte Courtage „ 5.05.

2. Wir verausgaben durch die Casse nur den für die Wechsel bezahlten Betrag nebst Courtage und belasten H. M. Blydenstein in einem besonderen Posten durch das Memorial:

a. Casse

Per gekaufte und von Peter Sachs & Co gelieferte
fl. 4000.— p. 29. Januar p. A'dam
„ 2000.— „ 6. Februar „ „
fl. 6000.— à $168.^{10}/3\%$ Zinsen M. 10089.—
„ Courtage an Goldstein „ 5.05.

b. Memorial

				Debet.	
2.	H. M. Blydenstein, A'dam sandten demselben fl. 4000 p. 29. Januar p. dort „ 2000 „ 6. Februar „ „ fl. 6000 à $168^{10}/3\%$ Zinsen. . . . M.			10089	—

Auf beide Arten erreichen wir dasselbe Resultat, das bezahlte Geld wird durch die Casse verausgabt und H. M. Blydenstein wird belastet. Die Hauptsache ist nur, dass, um Irrthümer zu vermeiden, stets dieselbe Art beibehalten wird, also dass in solchen Fällen der Geschäftsfreund entweder stets durch die Casse oder stets durch das Memorial belastet wird, denn sonst kann es leicht vorkommen, dass sich der Cassirer auf den Memorialführer oder umgekehrt verlässt, d. h. also, dass Keiner von Beiden den Geschäftsfreund belastet, oder dass ihn ein Jeder belastet; das letztere würde sich beim Uebertragen in's Hauptbuch allerdings rasch finden, bedeutend schwieriger aber, wenn ihn keiner belastet hat.

Die Berechnung dieser gekauften zwei Wechsel auf Amsterdam geschieht am leichtesten auf folgende Weise. Der Cours $168.^{10}$ bedeutet 168.10 M. für 100 holl. fl., welche noch zwei Monate zu laufen haben. Wir kaufen die Wechsel am 2. Novbr. und hätten also 168.10 M. für je 100 fl. zu bezahlen, wenn die Wechsel genau am 2. Februar — zwei Monate vom 2. December — fällig wären; sind nun die Wechsel kürzer, d. h. sind sie früher fällig als am 2. Februar, so haben wir dem Verkäufer ausser 168.10 M. für 100 fl. noch so viel Tage Zinsen auf jeden Wechsel zu vergüten, als derselbe früher als am 2. Februar verfällt, und zwar, da der Bankzinsfuss in Amsterdam zur Zeit des Ankaufs der Wechsel 3% ist, zu 3% Zinsen p. a. berechnet; sind die Wechsel dagegen länger, d. h. sind sie später als am 2. Februar fällig, so hat uns der Verkäufer so viel Tage Zinsen zu vergüten, als die Wechsel noch länger als per 2. Februar zu laufen haben, und zwar wird in Deutschland jeder Monat bei Zinsberechnungen, gleichviel ob er 28, 29, 30 oder 31 Tage hat, zu 30 Tagen angenommen. (Ueber die Usancen in Betreff der Zinsberechnungen an den verschiedenen Orten Europas siehe „Die Kaufmännische Arbitrage“ von Otto Swoboda, V. Auflage. Verlag von R. Gärtner [Hermann Heyfelder], Berlin). Bei Berechnung der Zinsen sowohl von Wechseln, als von Effecten etc. ist stets zu empfehlen, mit Zinszahlen zu rechnen, die wir dadurch finden, dass wir das Capital mit der Anzahl der Tage multipliciren und mit 100 dividiren, resp. nachdem wir Capital und Tage multiplicirt haben, zwei Stellen, von rückwärts gerechnet, abstreichen. Diese so erhaltenen Summen haben wir dann, um die Zinsen in Mark, Francs oder Gulden etc. zu ermitteln, durch den sog. Schlüssel zu dividiren. Diesen Schlüssel erhält man dadurch, dass man die Zahl 360 als Anzahl der Tage, welche ein Jahr umfasst (zwölf mal dreissig) durch den jeweiligen Procentsatz dividirt. Auf diese Weise erhält man den Schlüssel

für	6 %	=	60
„	5 %	=	72
„	$4^1/_2$ %	=	80
„	4 %	=	90
„	3 %	=	120
„	$2^1/_2$ %	=	144
„	2 %	=	180.

Für andere Procentsätze würde es einen zu unbequemen Schlüssel geben, für $5^1/_2$% z. B. $360 : 5^1/_2 = 65{,}454545$ .... Es empfiehlt sich dann, zuerst den nächsten Procentsatz zu nehmen, für welchen ein bequemer Schlüssel vorhanden ist, hier also 6%, und von dem sich ergebenden Betrage so viel in Abzug zu bringen, als der fehlende Bruchtheil ausmacht. Hätten wir also von 3145 M. für 32 Tage $5^1/_2$% Zinsen zu berechnen, so würden wir zunächst 3145 mit 32 multipliciren und von der erhaltenen Summe — 100640 — die letzten zwei Stellen abschneiden. Wir erhielten dann 1006 Zinsnummern. Um 6% davon zu berechnen, dividiren wir mit dem Schlüssel 60 und erhalten an Zinsen M. 16.766 . . . Bei diesem Resultat haben wir indessen $^1/_2$% zuviel in Anschlag gebracht. $^1/_2$% ist aber gleich dem 12. Theil von 6%. Wir haben demnach, um $5^1/_2$% Zinsen zu erhalten, nur nöthig, von dem Betrage von M. 16.766 . . . den 12. Teil

= „ 1.396 . . . abzuziehen; der Rest

von M. 15.37 ist der Zinsertrag von 3145 M. zu $5^1/_2$% für 32 Tage.

In gleicher Weise können wir auch zunächst $5\,^0/_0$ berechnen und dann $^1/_2\,^0/_0$, also den 10. Theil des resultirenden Betrages, hinzurechnen:

$$5\,^0/_0 = 1006 : 72 = 13.971 \ldots$$
$$^1/_2\,^0/_0 = \text{der 10. Theil} = \underline{1.397 \ldots}$$
$$5^1/_2\,^0/_0 = \underline{15.37 \ldots} \text{ wie oben.}$$

Bei $3^1/_2\,^0/_0$ kann man zuerst $4\,^0/_0$ berechnen, also durch 90 dividiren und dann den 8. Theil in Abzug bringen, oder $3\,^0/_0$ berechnen, also durch 120 dividiren und dann den 6. Theil hinzuzählen etc.

Diese ganze Manipulation mit den Zinsnummern und dem Schlüssel lässt sich leicht auf folgende Weise erklären. Wir wollen also annehmen, man solle die Zinsen von 2560 fl. auf 65 Tage zu $4^1/_2\,^0/_0$ berechnen. Zu diesem Zweck ziehe man sich zunächst einen horizontalen Strich und folgere folgendermassen: 100 fl. würden uns in 1 Jahr = 360 Tagen $4^1/_2$ fl. Zinsen bringen — diese $4^1/_2$ setze man über den Strich — mithin würde uns 1 fl. den 100. Theil bringen — diese 100 setze man also unter den Strich — und 2560 fl. = 2560 mal soviel — diese 2560 kommen also wieder über den Strich. — Der Strich sähe nun aus

$$\frac{4^1/_2 \,.\, 2560}{100}.$$

Die Zinsen, die sich ergeben, wenn wir $4^1/_2$ mit 2560 multipliciren und mit 100 dividiren, würden wir somit erhalten in 1 Jahr = 360 Tagen, also für einen Tag den 360. Theil — man setze die 360 unter den Strich — und in 65 Tagen 65 mal soviel — die 65 ist somit über den Strich zu setzen — und würde der ganze Strich nun aussehen

$$\frac{4^1/_2 \,.\, 2560 \,.\, 65}{100 \,.\, 360}.$$

Wir hätten also zu multipliciren $4^1/_2$ mal 2560 mal 65 und das Ergebniss zu dividiren durch 100 mal 360, oder wir multipliciren zunächst Capital — 2560 — mit den Tagen — 65 — und dividiren durch 100 — schneiden also zwei Stellen von hinten ab — das Resultat sind dann die oben mehrfach erwähnten Zinsnummern — und hätten darauf das Ergebniss, also die Zinsnummern, noch mit $4^1/_2$ zu multipliciren und durch 360 zu dividiren oder nur mit dem $4^1/_2$. Theil von 360, d. i. 80 — der Schlüssel von $4^1/_2\,^0/_0$ — zu dividiren.

Sind nun von mehreren Wechseln die Zinsen zu berechnen, so rechne man sich zuerst von allen die Zinsnummern aus, addire diese zusammen und dividire dann mit dem Schlüssel hinein. In obigem Falle sollen wir berechnen fl. 4000.— per 29. Januar und fl. 2000.— per 6. Februar zum Course von 168^{10} M. für 100 fl. per 2 Monate bei 3 $^0/_0$ Zinsen.

Der Cours von 168^{10} versteht sich also für Wechsel per 2. Februar; somit haben wir dem Verkäufer für fl. 4000.—, da der Wechsel drei Tage früher verfällt, die Zinsen für drei Tage zu vergüten, während wir ihm von den fl. 2000.— per 6. Februar die Zinsen für 4 Tage in Abzug bringen müssen. Die Rechnung, welche der Verkäufer uns zu geben hat, würde wie folgt aussehen:

fl. 4000.—	per 29. Januar	+ 3 Tage	# 120
„ 2000.—	„ 6. Februar	÷ 4 „	„ 80
fl. 6000.—			+ # 40
„ —.30	3 $^0/_0$ Zinsen von # 40		
fl. 6000.30	à 168^{10}		= M. 10089.—

December 4. Wir kaufen £ 750.—/— per London zum Course von 20.29 und 3 $^0/_0$ Zinsen für M. 15 229.70, senden dieselben an Blackworth & Sons, London, zu unserer Gutschrift und bezahlen M. 7.60 Courtage. Dieser Posten ist in derselben Weise zu buchen, wie der vorher behandelte. Wir verausgaben durch die Casse M. 15 229.70 sowie M. 7.60 und belasten Blackworth & Sons durch das Memorial für die ihnen gesandten £ 750.—/— = M. 15 229.70. Die Berechnung der Wechsel ist folgende: Der Cours von 20.29 M. versteht sich in Berlin für 1 £ dreimonatliches Papier, also für Wechsel, die am 4. März verfallen. Auf alle Wechsel, die früher verfallen, haben wir also auch hier wieder dem Verkäufer Zinsen zu vergüten, in unserem Falle 3 $^0/_0$.

£ 250.—/—	per 15. Februar	= 19 Tage	# 47.50
„ 500.—/—	„ 29. „	5 „	„ 25.—
£ 750.—/—			# 72.50
„ —.60	= 3 $^0/_0$ Zinsen von # 72.50		
£ 750.60	à 20.29		M. 15 229.70

Da bei £-Wechseln eine Zinsnummer ebenso viel Werth hat, als bei Markbeträgen 20 Zinsnummern, so dürfen wir bei ersteren auch nicht Brüche über $^1/_2$# als eine ganze rechnen und Brüche unter $^1/_2$ # unberücksichtigt lassen, wie wir es sonst thun. Es ist im Gegentheil richtiger, dass wir bei £-Beträgen die Zinsnummern noch mit Hundertsteln rechnen.

Von Friedrich Gericke, Frankfurt a/O. empfangen wir einen Wechsel 1200 M. per 28. December auf Berlin. In vielen Geschäften werden alle Wechsel, die in der Landeswährung lauten, und die von Geschäftsleuten zur Gutschrift eingesandt werden, wie baares Geld behandelt und deshalb sofort in dem Cassabuch zu Gunsten des Geschäftsfreundes vereinnahmt. Giebt man nun derartige Wechsel wieder weiter in Zahlung, so verausgabt man diese in derselben Weise in der Casse wie baares Geld. Wenn man diese empfangenen Wechsel nicht in Zahlung gegeben hat, sondern vielmehr am Verfalltage selbst einzog, so hat man dann das für dieselben empfangene Geld auch nicht weiter zu vereinnahmen, da ja der betreffende Wechsel bereits vom ersten Tage an als baares Geld betrachtet wurde. Man müsste ja sonst den Wechsel, den man jetzt einzieht, zunächst wieder verausgaben, und könnte und müsste dann das für den Wechsel vereinnahmte Geld wieder in Einnahme bringen. Wenn man also Wechsel als baares Geld betrachtet und zieht nun einen Wechsel ein, so ist dies ganz gleichbedeutend, als hätte man eine Banknote gegen Gold umgewechselt. Ebensowenig wie man von letzterer Transaction im Cassabuch Notiz nimmt, braucht man auch von ersterer Notiz zu nehmen. Angenommen ferner, es würden Wechsel im Gesammtbetrage von 4000 M. discontirt und das betreffende Geschäft hätte an Provision, Zinsen etc. auf dieselben 25 M. zu vergüten, so wären nur diese 25 M. in der Casse zu verausgaben. Wir würden dann buchen:

Per Zinsen und Provision auf discontirte Wechsel . . . M. 25.—,

denn es waren ja bereits die ganzen M. 4000 als baares Geld vereinnahmt, während wir jetzt nur 3975 M. erhielten. Sonach stehen im Eingang unseres Cassabuches 25 M. zu viel, die wir nun wieder für den Umtausch der 4000 M. Wechsel in baares Geld verausgaben müssen.

Würde ein uns übergebener Wechsel ohne Zahlung bleiben, dann müssten wir denselben an unseren Remittenten (den Geschäftsfreund, der uns den Wechsel gesandt hat) zurücksenden und diesen für den ganzen Betrag nebst etwa entstandener Spesen für Protest etc. durch die Casse belasten, als ob wir baares Geld sendeten.

Richtig ist aber diese Art des Buchens empfangener und weitergegebener Wechsel auf keinen Fall und wäre für grössere Geschäfte auch gänzlich undurchführbar. Das Cassabuch soll grundsätzlich nur alle Posten vereinnahmten und verausgabten baaren Geldes zusammenfassen. Der wirkliche Cassenbestand soll übereinstimmen mit dem Saldo des Cassabuches. Wenn man von diesem letzteren aber die Summe der Wechselbestände erst in Abrechnung bringen muss, um diese Übereinstimmung herbeizuführen, dann lässt diese Art der Buchführung jene durchsichtige

Klarheit vermissen, welche vor allem von einem ordentlichen Kaufmanne gefordert werden muss.

Wir buchen daher den von Friedr. Gericke gesandten Wechsel nicht durch die Casse, sondern creditiren ihn dafür durch das Memorial:

December 1891.

	4.	Friedr. Gericke, Frankfurt a/O. creditiren demselben uns gesandten Wechsel p. 28./1. 92 auf hier			*Credit.* 1200	—

December 5. Wir kaufen eine Gaskrone und sechs Gaslampen und buchen die dafür verauslagten Beträge durch die Casse.

Per gekaufte Gaskrone 56
„ „ 6 Gaslampen 120 176.—

December 6. Das Detailgeschäft liefert an die Hauptcasse 1500 M. ab. Für diesen Betrag haben wir das Detailgeschäft, da uns dasselbe als eine völlig fremde Person gilt, und wir es für die ihm übergebenen Waaren belastet hatten, durch die Casse zu erkennen.

An Detailgeschäft
dasselbe zahlt . . . . . M. 1500.—.

December 6. Für das von Urban & Sohn in Pasewalk empfangene Accept haben wir dieselben ebenso wie am 4. ct. Friedr. Gericke für den empfangenen Wechsel von 1200 M. durch das Memorial zu creditiren, denn ob uns Urban & Sohn ihr Accept oder das Accept eines beliebigen Anderen senden, ist für uns insofern ganz gleich, als beide für uns Wechsel sind.

Decbr.	6.	Urban & Sohn, Pasewalk dieselben sandten ihr Accept p. 5. März			*Credunt.* 2500	—

Es dürfte sich nun, und zwar namentlich für grössere Geschäfte, unbedingt empfehlen, ebenso wie ein Waarenlagerbuch, das bereits im I. Theil erwähnte „Wechselcopirbuch“ zu führen und in letzteres einen jeden Wechsel, den wir empfangen — hierzu gehören auch die Wechsel, die wir auf Geschäftsfreunde oder auf unsere Bankiers trassiren — einzutragen und, wenn wir ihn weiterbegeben oder einziehen, dies bei dem betreffenden Wechsel zu vermerken. Dieses Wechselcopirbuch müsste uns jederzeit die Haupterfordernisse des Wechsels nachweisen; diese sind

1. der Betrag,
2. das Ausstellungsdatum,
3. der Name des Ausstellungsortes,
4. ob der Wechsel „bei Sicht“, „nach dato“ oder auf einen bestimmten Tag ausgestellt war,
5. der Verfalltag,
6. der Name des Ausstellers,
7. der Name der Ordre — an wen gezahlt werden soll —,
8. der Name des Bezogenen,
9. der Ort, an welchem bezahlt werden soll,
10. die Angabe, ob der Wechsel ein Prima- (I) oder Secundawechsel (II), ein Duplicat oder eine Copie ist,
11. der Name desjenigen, von dem wir den Wechsel erhielten,
12. der Name desjenigen, an den wir den Wechsel weiterbegeben, — sei es durch Giro oder zum Einzug.

Ein Wechselcopirbuch würde demnach ungefähr folgendermassen aussehen:

Laufende No.	Betrag.	Ausstellungs-Ort.	Ausstellungs-Datum.		Ziel.	Verfalltag.		Aussteller.	Ordre.
1	2000.—	Anclam.	Octbr.	15	—	Decbr.	28	Peter Schulz	Chr. Leber.
2	2500.—	Berlin.	Novbr.	3	3 Monat.	Febr.	3	selbst	Eigene.
					etc.				

Bezogener und Zahlungsort.	Gattung des Wechsels.	Wann und von wem erhalten?	Wann und an wen gegeben?	Bemerkungen.
August Meyer, Berlin	I u. II	4/11 Friedr. Gericke	28/12 eingezogen	
Urban & Sohn, Pasewalk	I	5/11 selbst		
		etc.		

Aus diesem Wechselcopirbuch können wir jederzeit genau ersehen, welche Wechsel wir noch im Bestande haben müssen, indem wir diejenigen herausziehen, bei denen in der Colonne „Wann und an wen begeben?“ kein Vermerk steht. Geht uns ein Wechsel verloren oder wird uns ein solcher gestohlen, dann ist es wieder das Wechselcopirbuch, auf Grund dessen wir — seinen genauen Angaben folgend — Amortisation des Wechsels gerichtlich beantragen können.

December 10. Die für Eintragung der Firma in das Handelsregister baar bezahlten M. 57.50 sind, wie weiter unten angegeben, durch die Casse zu verausgaben. Ebenso die Beträge für die am

13. gekauften drei Arbeitswagen und zwei Pferde.

December 15. Wir discontiren zwei Wechsel für M. 2874.80. Der Betrag ist durch die Casse zu vereinnahmen. Die Berechnung ist folgende:

M. 900.—	p. 7. Februar	52	# 468
„ 2000.—	„ 15. März	90	„ 1800
M. 2900.—			# 2268
„ 25.20	4 $^0/_0$ Zinsen v. # 2268		
M. 2874.80			

In Geschäften, in denen die Wechsel wie baares Geld behandelt werden, würden also die vollen M. 2900.— schon im Casseneingang an demjenigen Tage, an dem wir die Wechsel empfingen, verbucht worden sein. Der um die Zinsen (Discont) von M. 25.20 gekürzte Betrag wäre somit heute nicht mehr zu vereinnahmen, wir müssten vielmehr eben diese M. 25.20 als baar verausgabt auf die Credit-Seite der Casse bringen, um auf die wirklich empfangene Summe von M. 2874.80 zurück zu kommen.

December 19. Wir verkaufen an Hermann Klein gegen baar div. Raffinade und lassen den Erlös von M. 208.90 auf der Debet-Seite der Casse eingehen. Beim Uebertragen der Casse in das Hauptbuch müssen wir uns indessen wohl hüten, Herm. Klein für den gezahlten Betrag zu erkennen. Wollten wir das thun, dann müssten wir H. K. gleichzeitig durch das Memorial für denselben Betrag belasten, — ein Verfahren jedoch, das ebenso umständlich als zwecklos ist, sobald es sich um ein Cassegeschäft, einen Ausgleich, „Zug um Zug“, handelt.

December 23. Wir kaufen ein Haus für 300 000 M. und übernehmen die auf demselben stehenden Hypotheken mit 180 000 M., so dass wir noch 120 000 M. baar und die durch den Hauskauf entstandenen Stempel und Notariatsspesen von 3600 M. zu bezahlen haben. Diese beiden letzten Beträge verausgaben wir (siehe unten) durch die Casse, während wir unsere beiden Hypothekengläubiger — die Mecklenburgische Hypothekenbank und den Rentier Kummerle — für die von uns übernommenen Hypotheken durch das Memorial creditiren.

Diese ganze Transaction können wir indessen auch auf andere Weise buchen. Wir creditiren den Rentier Kummerle, unseren Verkäufer, für den Kaufpreis des Hauses — 300 000 M. — durch das Memorial, belasten ihn auf demselben Wege für die an seiner Stelle durch den Hauskauf übernommene Hypothekenschuld an die Mecklenburgische Hypothekenbank mit 120 000 M. und erkennen diese ebenfalls durch das Memorial für den gleichen Betrag. Endlich debitiren wir Kummerle für die Baarzahlung mit 120 000 M. und verausgaben 3600 M. für Stempel etc. — beides durch die Casse.

Die betreffenden Buchungen würden demnach lauten:

1. im Memorial:

		Rentier Kummerle, hier creditiren demselben den Kaufpreis des von ihm übernommenen Hauses Gr. Friedrichstrasse 119 . . . . M.			*Credit.* 300000	—
		Rentier Kummerle, hier belasten demselben die auf dem Hause Gr. Friedrichstrasse 119 stehende Hypothek von . . . . M.			*Debet.* 120000	—
		Mecklenburg. Hypotheken-Bank creditiren derselben die ihr durch den Hauskauf schuldig gewordene Hypothek von . . . . M.			*Credit.* 120000	—

2. in der Casse auf der Credit-Seite:

Per Rentier Kummerle hier,
zahlten demselben baar M. 120 000.—
„ Stempel und Notariatsspesen „ 3 600.—

Sodann errichten wir sowohl der Mecklenburgischen Hypothekenbank als auch dem Rentier Kummerle in unserem Hauptbuch je ein Conto. Auf dem Conto der ersteren erscheinen nun im Credit 120 000 M. als Betrag der Hypothek, die wir schuldig geworden sind; im Credit des Contos Kummerle steht der Kaufpreis des Hauses — 300 000 M. — im Debet desselben 120 000 M. (Hypothek) und unsere Baarzahlung 120 000 M. — zusammen also 240 000 M., demnach ergiebt sich auf dem Conto Kummerle ein Saldo von 60 000 M. zu dessen Gunsten, welcher den Betrag der Hypothek darstellt, die Kummerle an zweiter Stelle auf dem Hause belassen hat.

Wir erreichen somit auf diese Weise genau dasselbe Resultat, wie durch die zuerst angegebene Art der Buchung. Der allerdings grösseren Weitläufigkeit steht dabei der Vortheil gegenüber, dass man aus dem Conto Kummerle im Hauptbuch die ganze Verrechnung mit demselben klarer ersieht.

Die vom 10. December ab erwähnten Buchungskosten würden in der Casse auf folgende Weise darzustellen sein:

15.	An discontirte M. 900.— p. 7./2. 92 „ 2000.— „ 15./3. 92 M. 2900.— „ 25.20 ab 4 % M.			2874	80	10.	Per Eintragung der Firma in das Handelsregister M.			57	50
19.	An Herm. Klein verkaufte 100 kg Raffinade ff. à 111 M. p. 100 kg M.	111	—			13.	„ 2 Arbeitswagen gekauft à 120 M. „	240	—		
	100 kg Raffinade f. à 100 M. p. 100 kg „	100	—				„ 1 Arbeitswagen à 110 M. . . . „	110	—	350	—
		211	—				„ 2 Pferde gekauft . . . . M.			1280	—
	ab 1 % für Baarzahlung . . M.	2	10	208	90	23.	„ von Rentier Kummerle gekauftes Haus . „	300000	—		
							ab auf demselben lastende Hypotheken: Mecklenburg. Hypothekenbank I. Stelle 120000 M. Rentier Kummerle II. Stelle 60000 M.	180000	—	120000	—
							„ Stempel- und Notariatsspesen M.			3600	—

Wir trassiren auf Schauss & Co. hier 40 000 M. per 23. März 1892, die wir für M. 39 725.— discontiren und zahlen dem Makler Goldstein 10 M. Courtage.

Ebenso wie wir einen Jeden, dem wir unser Accept geben, sofort für dasselbe belasten, creditiren wir auch Schauss & Co. sofort durch das Memorial für ihr uns gegebenes Accept, in derselben Weise, wie wir jedem unserer Geschäftsfreunde die uns von denselben als Deckung der ihnen gemachten Waarensendungen übersandten Accepte creditiren. Dieser Posten, sowie die der vorhergehenden Hypothekencreditirungen, falls wir die bei dem Hauskauf zuerst besprochene Art wählen, sind im Memorial ungefähr folgendermassen zu formuliren:

23.	Mecklenburger Hypotheken-Bank creditiren dies. für beim Kauf des Hauses von uns übernommene Hypothekenschuld . . M.			*Credit.* 120000	—

23.	Rentier Kummerle, hier creditiren denselben für die auf dem Hause Gr. Friedrichstrasse 119 stehen gelassene Hypothek . . . . . . M.			*Credit.* 60000	—
	Schauss & Co., hier creditiren dieselben für ihr uns gegebenes Accept p. 23. März 1892 . M.			*Credunt.* 40000	—

Die für das Accept von Schauss & Co. empfangenen M. 39 725.— vereinnahmen wir als baares Geld durch die Casse. Ebenso den Betrag für die am gleichen Tage bei der Reichsbank discontirten Wechsel = M. 2032.20, u. z. in derselben Weise, wie dies unterm 15. December bereits erläutert worden ist. Die an Goldstein bezahlte Courtage wird gleichzeitig durch die Casse verausgabt.

December 27. Unser Associé August Lessing verheirathet sich und schiesst die ihm von seiner Ehefrau mitgebrachten 50 000 M. in das Geschäft ein.

Der Buchung eines solchen Postens wird nur in den seltensten Fällen die nöthige Aufmerksamkeit geschenkt, obgleich dies von der grössten Wichtigkeit ist. An dem Tage der Hochzeit und an dem Tage, an dem der glückliche junge Ehemann das ihm von seiner jungen Frau mitgebrachte Geld seinem Geschäfte übergiebt, denkt er nicht daran, dass auch ihn früher oder später das Unglück erreichen kann. Er hält es vielleicht für ganz unmöglich, dass auch er sich eines Tages gezwungen sehen könnte, seinen Concurs anzumelden, sei es durch eigenen Entschluss, sei es in Folge Drängens seiner Gläubiger. In Wirklichkeit aber ist kein Kaufmann, und mag er anscheinend noch so glänzend gestellt sein, vor dieser Eventualität sicher. Nirgends bewährt sich wohl das alte Sprichwort „Unglück ist wohlfeil" besser als gerade beim Kaufmann. Ohne dass er selbst die geringste Schuld an dem Verfall seines Vermögens trüge, kann er durch Fallimente eines oder mehrerer Geschäftsfreunde, an die er grössere Forderungen hatte, — durch eine Handelskrisis, — durch Bürgschaften, zu deren Uebernahme er sich, vielleicht in Folge seines leider zu guten Herzens, Verwandten oder Freunden gegenüber verleiten liess und für die er später selbst in Anspruch genommen wurde, u. s. w. u. s. w. zur Einstellung seiner Zahlungen gezwungen werden.

Der ehrenhafte Mann wird dann seine ganze Habe zur Bezahlung seiner Gläubiger hingeben, er wird alles opfern, um nicht jener Gattung von Kaufleuten hinzugerechnet zu werden, welche das Concursmachen zu einer Art Virtuosenthum ausgebildet haben und aus jedem Falliment mit erheblich gestärkten Mitteln hervorgehen. Er wird nichts für sich behalten, ehe nicht der letzte seiner Gläubiger befriedigt ist, und wird sich dann genöthigt sehen, in einer abhängigen, untergeordneten Stellung vielleicht den Kampf ums Dasein von Neuem aufzunehmen.

In einem solchen Falle ist es dann natürlich für die Frau doppelt traurig, wenn auch sie das von ihr mitgebrachte Vermögen gänzlich verliert. Um die Rechte der Frau aber bei Eintritt dieses traurigen Ereignisses wahren und ihr wenigstens einen Theil ihres mitgebrachten Vermögens, das ja keineswegs, wie häufig angenommen wird, durch die Heirath das Eigenthum des Mannes geworden, vielmehr das persönliche Eigenthum der Frau geblieben ist, retten zu können, ist es unbedingt nöthig, dass die Buchung über die von der Frau in die Ehe mitgebrachten und in das Geschäft des Mannes gegebenen Gelder derartig gemacht wird, dass aus derselben klar und deutlich zu ersehen ist, dass dieses Geld auch von der Frau mitgebracht, in das Geschäft gekommen und in demselben verausgabt ist; in diesem Falle wird die Frau bei Eintritt der Verhängung des Concurses über das Vermögen ihres Mannes nach deutschem Rechte wenigstens mit den anderen Gläubigern ihres Mannes gleichgestellt und hat die sich nach dem Vertheilungsplane auf ihr mitgebrachtes Vermögen ergebende Quote, in demselben Verhältnisse wie die übrigen Gläubiger, zu empfangen. Ist die Buchung aber nicht klar und übersichtlich gemacht, so steht den Gläubigern nach dem Erkenntnisse des Berliner Kammergerichtes das Recht zu, die Forderung der Frau zu bestreiten.

Wir würden, damit den Vorschriften Genüge geleistet wird, die Buchung in der Casse am besten folgendermassen machen:

An Emilie Lessing, geb. Müller, Illaten-Conto
(oder Mitgifts-Conto).
Dieselbe zahlt ihre Mitgift . . . M. 50 000.—.

Aus dieser Buchung geht klar hervor, dass diese 50 000 M. das mitgebrachte Vermögen der Frau sind; dass sie ins Geschäft gegeben wurden, zeigt ihre Vereinnahmung durch die Casse.

December 30. Wir lösen unser am 1. December an Orth & Co. gesandtes Accept de M. 4000.— ein und verausgaben den Betrag durch die Casse. Da wir Orth & Co. jedoch bereits am 1. d. Mts. durch das Memorial dafür belastet haben, müssen wir, um eine nochmalige Belastung zu vermeiden, den Posten wie folgt formuliren:

Per unser Accept
Litt. Orth & Co. p. 30. December . M. 4000.—

Für die Entnahmen von August Lessing und Heinrich Blind zu Privatzwecken belasten wir jeden durch die Casse, und zwar errichten wir für diese Entnahmen Privat-Conten, damit wir nicht nöthig haben, für alle diese kleinen Zahlungen das Capital-Conto, wodurch dasselbe an Uebersichtlichkeit verlieren würde, zu belasten. Sobald wir unsere Bücher abschliessen, übertragen wir dann den Saldo des Privat-Contos, also die sämmtlichen den Chefs vom letzten Abschluss an geleisteten Zahlungen in einem Posten auf das Capital-Conto, indem wir ersteres durch das Memorial creditiren und letzteres debitiren. Für Gehälter, Miethe, Brennmaterial etc. bezahlen wir laut Unkostenbuch M. 985.90 und lassen diese Summe in der Casse ausgehen.

December 31. Für die von Frau Emilie Lessing eingeschossenen 50 000 M. creditiren wir derselben laut Uebereinkommen 6 % Zinsen vom Tage der Einzahlung bis zum Abschluss der Bücher, also für drei Tage mit M. 25.— durch das Memorial.

					Credit.	
	31.	Frau Emilie Lessing, geb. Müller, Illaten-Conto creditiren derselben auf 50 000 M. 6 % Zinsen vom 27. Decbr. für 3 Tage M.			25	—

Damit wir ersehen können, welche Resultate wir in unserem Detailgeschäft erzielt haben, creditiren wir dasselbe unter dem 31. December für die Bestände, welche es an diesem Tage noch an baarem Gelde und an Waaren besitzt, als ob uns das Detailgeschäft diese Bestände in Wirklichkeit zurückgegeben hätte.

					Credit.	
	31.	Detailgeschäft creditiren dasselbe Behufs Abschluss unserer Bücher und Ermittelung des Gewinnes oder Verlustes im Detailgeschäft für die Bestände an baarem Gelde und Waaren laut Specification mit . . . . M.			2894	50

Am 1. Januar müssen wir bei Wiedereröffnung der Bücher das Detailgeschäft auf demselben Wege durch das Memorial für diese M. 2894.50 natürlich von Neuem belasten, als ob wir an diesem Tage die in Frage stehenden Restbestände an Geld und Waaren abermals an das Detailgeschäft abgegeben hätten.

Die Capital-Conten von August Lessing sowohl wie Heinrich Blind müssen wir durch's Memorial für 5 % Zinsen auf das Einlage-Capital creditiren, denn unter dem von uns zu ermittelnden Reingewinn ist nur der Gewinn zu verstehen, der sich nach Abzug aller Geschäftsunkosten und der Zinsen des Geschäfts-Capitals ergiebt.

Dagegen würden wir die Privat-Conten der beiden Geschäftsinhaber, wenn dieselben grössere Entnahmen oder solche von einem früheren Datum als dem 30. December ausweisen würden, für diese Beträge und die entsprechende Zeit mit Zinsen belasten und die Summe der Entnahmen sodann plus Zinsen durch Buchung im Memorial auf das Capital-Conto jedes einzelnen übertragen. In unserem Falle würde indessen, da es sich nur um einen Tag handelt, eine Zinsberechnung nicht lohnend sein. Unsere Posten im Memorial müssten demnach lauten:

	31.	Heinrich Blind, Privat-Conto creditiren dasselbe für Uebertrag auf Capital-Conto . . . . M.			***Credit.*** 375	—
		August Lessing, Privat-Conto creditiren dasselbe für Uebertrag auf Capital-Conto . . . . M.			***Credit.*** 550	—
		Heinrich Blind, Capital-Conto belasten dasselbe für Uebertrag vom Privat-Conto . . . . M.			***Debet.*** 375	—
		August Lessing, Capital-Conto belasten dasselbe für Uebertrag vom Privat-Conto . . . . M.			***Debet.*** 550	—

Schauss & Co. creditiren wir im Memorial die von denselben uns berechnete Provision auf unsere Entnahme mit M. 133.80 und da uns Schauss & Co. im Conto-Corrent für den Betrag unserer Entnahme, Behufs Abschluss ihrer Bücher bereits per 31. December belasten, wir ihnen aber die 40000 M. erst am 25. März schuldig werden, so belasten wir sie im Memorial für die Zinsen vom 31. December bis 25. März mit M. 322.80 und haben wir im neuen Jahre Schauss & Co. Zinsen auf den sich ergebenden Saldo von M. 39810.50 vom 31. December an wieder zu vergüten.

Die Buchung aller anderen, hier nicht besonders besprochenen Geschäftsvorfälle ergiebt sich aus dem Gesagten als analog von selbst.

Ich werde im Nachstehenden eine namentliche Aufstellung aller Conten geben, die für die Behandlung des ganzen Geschäftsganges in den Formen der einfachen Buchführung nothwendig sind, und empfehle dem Lernenden, auf Grund dieser Anleitung, die gesammten Geschäftsvorfälle buchmässig durchzuarbeiten. Bei richtigem Vorgehen muss natürlich dasselbe Resultat erzielt werden, das wir im dritten Theil dieses Buches an der Hand der doppelten Buchführung gemeinsam und in's Detail eingehend berechnen werden.

Als reiner Gewinn muss sich die Summe von

M. 4250.25

ergeben.

Die für die einfache Buchführung mit Zugrundelegung der mehrfach erwähnten Geschäftsvorfälle nöthigen Bücher und Conten sind folgende:

I. Das Cassa-Conto;

II. Das Memorial;

III. Das Haupt-Buch;
Heinrich Blind, Capital-Conto,
August Lessing, Capital-Conto,
H. M. Blydenstein, Amsterdam,
Bauer & Golde, Hamburg,
Orth & Co., Hamburg,
Lyden & Sohn, Rotterdam,
Werther & Co., Magdeburg,
Halle'sche Zuckersiederei, Halle a/S.,
Berger & Sohn, Magdeburg,
Blackworth & Sons, London,
Detailgeschäft, hier,
Hintze Nachfolger, Magdeburg,
Friedr. Gericke, Frankfurt a/O.,
Urban & Sohn, Pasewalk,

Frascatelli & Co., Livorno,
Itzig Meyer, Felsberg,
F. Ehrlich & Co., Brandenburg a/H.,
Prang's Söhne, Wittenberge,
Oscar Fraenzel, Cottbus,
Herm. Klein, hier,
Fetscherin & Pfeiffer, Bern,
Reinhardt & Co., Burg,
Heinrich Schwarz, Rixdorf,
Oscar Zander, Grüneberg,
Mecklenburger Hypothekenbank,
Rentier Kummerle, hier,
Schauss & Co., hier,
Emilie Lessing, geb. Müller, Illaten-Conto.
August Lessing, Privat-Conto,
Heinrich Blind, Privat-Conto;

IV. Das Waarenlager-Buch;
Java-Café ff.,
Java-Café m.,
Portorico-Café ord.,
Pfeffer,
Carolina-Reis f.,
Carolina-Reis m.,
Ostindischer Reis,
Brasil-Café,
Cuba-Café,
Raffinade-Zucker ff.,
Raffinade-Zucker f.,
Raffinade-Zucker m.,
Melis-Zucker f.,
Melis-Zucker ord.,
Brod-Zucker,
Catharinen-Pflaumen,
Pecco-Thee,
Congo-Thee,
Schottische Heringe,
Smyrma-Rosinen,
Corinthen,
Sicilianische Mandeln;

V. Das Inventuren-Buch.

Das Inventurenbuch beginnt mit folgender

Eröffnungs-Bilanz vom 1. December 1891.

	Activa:					
	Das heute baar in's Geschäft gelegte Vermögen beträgt					
	von Heinrich Blind	M.	75000	—		
	„ August Lessing	„	75000	—		
	und da hierauf keinerlei Schulden haften, so beträgt das reine Geschäftsvermögen am 1. December 1891 .	„			150000	—

Berlin, 1. December 1891.

gez. Heinrich Blind.

gez. August Lessing.

Die erste, am 31. December desselben Jahres aufgemachte Inventur führt zunächst die Activa auf und nennt als solche:

1. Die Waarenbestände, u. z. die noch vorhandene Gewichtsmenge jeder einzelnen Waarengattung zum Tagespreis. Die einzelnen Markbeträge werden in die erste Colonne unter einander geschrieben, die Summe aller Beträge wird in der zweiten Colonne ausgeworfen;
2. Die Wechselbestände, u. z. die einzelnen Wechsel mit Angabe der Fälligkeitstermine. Die Beträge werden in der ersten Colonne aufaddirt, von der Summe die entsprechenden Zinsen gekürzt, der Rest in der zweiten Colonne ausgeworfen;
3. Den baaren Cassenbestand;
4. Den Werth unseres Hauses Gr. Friedrichstrasse 119 (Kaufpreis nebst Stempel und Notariatsspesen);
5. Den Werth der Pferde, Wagen und Mobilien nach entsprechender Abschreibung (siehe III. Theil);
6. Die gesammten Buchdebitoren, also alle Geschäftsfreunde, die uns Geld schuldig sind, mit denjenigen Beträgen, welche ihre Conten zu unseren Gunsten ausweisen.

Sodann nennt die Inventur als Passiva folgende Positionen:

1. Alle Buchcreditoren, also alle Geschäftsfreunde, die eine Forderung an uns haben, mit denjenigen Beträgen, welche ihre Conten zu unseren Lasten ausweisen.

2. Alle Accepte, die wir unseren Freunden gegeben haben, und die noch im Umlauf sind, abzüglich der entsprechenden Zinsen. (Wie Punkt 2 der Activa. — Siehe wegen der zu kürzenden Zinsen im III. Theil).
3. August Lessing, Capital-Conto und Heinrich Blind, Capital-Conto mit den Salden, welche die beiden Conten nach Creditirung der Zinsen und Debitirung der Ueberträge von den Privat-Conten aufweisen.

Nachdem Activa und Passiva in der zweiten Colonne getrennt aufaddirt sind, folgt die Zusammenstellung der Summen unter der Aufschrift

Bilanz.

Activa	M.	490252	70		
Passiva	„	486002	45		
mithin beträgt der Reingewinn . . .	M.	4250	25		
wovon einem jedem der beiden Associés die Hälfte creditirt wird u. z.					
August Lessing	„	2125	10		
Heinrich Blind	„	2125	15		
so dass am 31. December 1891 das im Geschäft engagirte Capital des					
August Lessing	„			76887	60
Heinrich Blind	„			77062	65
mithin das gesammte Geschäftscapital beträgt	„			153950	25

Die Richtigkeit vorstehender Inventur erkennen wir hierdurch unterschriftlich an.

Berlin, den 31. December 1891.

gez. August Lessing.

gez. Heinrich Blind.

Dritter Theil.

Die doppelte Buchführung.

1. Eingehende Erklärung des Wesens der doppelten Buchführung nebst gründlicher Besprechung der todten Conten.

Wie schon früher bemerkt, besteht der Hauptvorzug der doppelten gegenüber der einfachen Buchführung in der absoluten Genauigkeit, welche das unbemerkte Durchschlüpfen eines Fehlers unmöglich macht, einen solchen im Gegentheil unbedingt verräth und dessen Auffindung sowie Richtigstellung jederzeit ohne sonderliche Mühe zulässt.

Diesen Vorzug verdankt die doppelte Buchführung dem Princip, das schon in ihrem Namen zum Ausdruck kommt und darin besteht, dass jeder Posten — jeder Betrag — auf beiden Seiten des Hauptbuches zugleich eingetragen und so eine gegenseitige untrügliche Controlle geschaffen wird. Das genaue Verständniss dessen wird bei einiger Aufmerksamkeit aus dem Weiteren wie von selbst emporwachsen.

Wie bei der einfachen Buchführung bedienen wir uns auch bei der doppelten der beiden Grundbücher:

1. des Cassabuches zur Eintragung aller Ein- und Ausgänge an baarem Gelde — und
2. des Memorials für alle anderen, d. h. nicht durch baares Geld ausgeglichenen Geschäftsvorfälle und Verrechnungsposten.

Während wir uns aber bei der einfachen Buchführung darauf beschränken, unsere Geschäftsfreunde für das uns gesandte Geld oder die uns gelieferten Waaren zu erkennen, — für das ihnen bezahlte Geld oder die ihnen übergebenen Waaren zu belasten: — müssen wir bei der doppelten Buchführung bei jedem einzelnen Betrage dem Debitor seinen passenden Creditor und dem Creditor seinen passenden Debitor gegenüberstellen.

Um sich dies klar zu machen, vergegenwärtige man sich zunächst, dass Geschäft und Geschäftsinhaber in keiner Weise identisch sind. Der Kaufmann, der eine Waare von irgend einem Geschäfte erhält, wird diesem den Betrag dafür schuldig, nicht aber der Person des Geschäftsinhabers. Das Geschäft schuldet seinerseits dem Geschäftsinhaber den Betrag seiner Baareinlage, seines Geschäftsvermögens und hat dagegen alle Beträge, welche der Geschäftsinhaber zu Privatzwecken der Casse entnimmt, von diesem zu fordern.

Das Geschäft — als Person gedacht — hat nun wieder zahlreiche Theile und Glieder, die in selbständiger Thätigkeit und doch in ihrer Entwicklung von einander abhängig gewissermassen seinen Organismus darstellen und die Grundlage seiner Lebensfähigkeit bilden. Diese Organe des Geschäftskörpers sind z. B.: Waaren, Wechsel, Effecten etc., — Vermögensobjecte also, deren Rechnungen bei der doppelten Buchführung, trotzdem sie integrirende Bestandtheile des gesammten Geschäftsvermögens sind, streng von einander getrennt werden müssen. Diese Trennung hat ausserdem noch den Vortheil, dass wir auf Grund derselben jederzeit festzustellen in der Lage sind, bis zu welcher Höhe jedes einzelne Organ des Geschäftskörpers — jeder Zweig des Geschäftes also — am Arbeitsertrage der Gesammtheit participirt. Bei der einfachen Buchführung ist uns diese Möglichkeit, wie wir gezeigt haben, nicht gegeben.

Hierin liegt somit die vornehmste Unterscheidung der doppelten Buchführung von der einfachen. Nachdem diese principielle Erkenntniss gegeben war, handelte es sich nur noch darum, die richtige Art ihrer buchmässigen Verwerthung zu finden. Das Hauptbuch — der wichtigste Theil der Buchführung — musste zu diesem Zwecke natürlich am geeignetsten erscheinen. Um indessen die ihm dafür gestellte Aufgabe erfüllen zu können, musste das Hauptbuch der einfachen Buchführung nothwendiger Weise seinen Charakter ändern. Es durfte und konnte nicht mehr als eine blosse Zusammenstellung der Geschäftsforderungen und -schulden an die Geschäftfreunde erscheinen, sondern musste vielmehr zum getreuen Abbild des Geschäftes selbst werden, in dem sich dieses in seiner Gesammtheit, sowie in allen seinen Theilen spiegelte.

Das Hauptbuch der doppelten Buchführung musste sich darstellen als eine Zusammenfassung der Arbeitsergebnisse aller Geschäftszweige und so das Ergebniss des Geschäftes selbst, seinen ursprünglichen Umfang, seine Wandlungen und seine gegenwärtige Gestalt nachweisen.

Zu diesem Ende war es nothwendig, jedem einzelnen Geschäftszweige — jedem Organ des Geschäftskörpers — im Hauptbuch ein Conto zu errichten. Jetzt hatte man es in jedem einzelnen Falle zwar nach wie vor mit dem Geschäfte selbst im Allgemeinen, — im Besonderen aber mit dem Waaren-Conto, Effecten-Conto, Wechsel-Conto etc. zu thun.

Ein Kaufmann, der von einem Geschäfte Waaren bezieht, wird den Betrag dafür ja allerdings diesem Geschäfte schuldig; aber genau genommen doch nur jenem Theile des Geschäftes, dem die Waaren entstammen und der im Waaren-Conto seine Verrechnung findet. Ebenso wird das Wechsel-Conto die Beträge für alle empfangenen Wechsel denjenigen schuldig, welche diese Wechsel gesandt haben, denn auf dem Wechsel-Conto vereinnahmt das Geschäft die empfangenen Wechsel.

Schicken wir also beispielsweise an Friedr. Prym in Augsburg 1000 kg Mocca-Café à 420 M., so würden wir ihn im Memorial nach den Regeln der einfachen Buchführung zu belasten haben, wie folgt:

Friedr. Prym, Augsburg   Debet.
sandten demselben
1000 kg Mocca-Café à 420 M.— . . . . . M. 4200.—.

In der doppelten Buchführung dagegen müssen wir zu dem Debitor Friedr. Prym den passenden Creditor suchen, also denjenigen Geschäftsfreund resp. dasjenige Conto, welchem er den Betrag von M. 4200.— speciell schuldig wird. Wir haben diese 1000 kg Mocca-Café unserem Waaren-Conto entnommen; dieses also ist für M. 4200.— zu erkennen. Somit haben wir den betreffenden Posten für die doppelte Buchführung in dieser Weise zu construiren:

Friedrich Prym, Augsburg
An Waaren-Conto
belasten demselben
ihm gesandte
1000 kg Mocca-Café à 420.— . . . . . . M. 4200.—.

Hätten andererseits wir von Friedr. Prym Waaren empfangen, so müssten wir Prym im Memorial zu Lasten unseres Waaren-Contos erkennen:

Waaren-Conto
An Friedr. Prym, Augsburg
creditiren demselben
von ihm empfangene
1000 kg Mocca-Café à 420.— . . . . . . M. 4200.—.

In der einfachen Buchführung mussten wir bei jedem Posten hinzuschreiben, ob derselbe ins Debet oder Credit des betreffenden Contos zu übertragen war. Bei der doppelten Buchführung unterlassen wir diesen Vermerk. Bei allen Memorialbuchungen in der doppelten Buchführung wird grundsätzlich an erster Stelle der Debitor, an zweiter der Creditor genannt. Eine Verwechslung, ein Irrthum beim Buchen ist demnach kaum noch möglich. Will man indessen mit ganz umständlicher Genauigkeit vorgehen, dann setzt man dem Debitor das Wörtchen „Per“, dem Creditor das Wörtchen „An“ voran.

Z. B.

Per Friedr. Prym, Augsburg
An Waaren-Conto
etc. M. 4200.—.

Eine von diesen Bezeichnungen ist aber auch für den weniger gewandten Buchhalter unbedingt entbehrlich. Wenn wir schreiben:

Friedr. Prym, Augsburg
An Waaren-Conto
etc.

dann geht aus dieser Fassung zunächst hervor, dass das Waaren-Conto der Creditor ist. Dadurch ist aber Friedr. Prym gleichzeitig genügend als Debitor gekennzeichnet, da wir wissen, dass bei der doppelten Buchführung jeder Posten im Credit des einen Contos sich nur im Debet eines anderen wiederfinden kann.

Derjenige, dem es im Anfang schwer fällt, den Unterschied zwischen Debitor und Creditor zu machen, möge sich zur Erleichterung folgender Worte bedienen:

Friedr. Prym, Augsburg
schuldet
An Waaren-Conto
für ihm gesandte
1000 kg Mocca-Café . . . . M. 4200.—

und im umgekehrten Fall:

Waaren-Conto
schuldet
An Friedr. Prym, Augsburg
für die von diesem empfangenen
1000 kg Mocca-Café . . . . M. 4200.—.

Man hat sich dann nur noch zu vergegenwärtigen, dass Jeder, der eine Waare von uns empfängt, den Werth derselben uns resp. unserem Waaren-Conto schuldig wird, — wir hingegen in unserem Waaren-Conto Schuldner werden für den Werth jeder Waare, die uns von einem unserer Geschäftsfreunde gesandt wird. Nach dieser Klarlegung ist die Formulirung jedes Memorialpostens ungemein leicht.

Ich wiederhole: wenn wir in der doppelten Buchführung einen Posten zu verbuchen haben, fragen wir zunächst, ob derselbe durch baares Geld regulirt wurde oder nicht; im ersten Falle gehört der Posten in das Cassabuch, im anderen Falle in das Memorial. Gehört der Posten in das Memorial, dann ist die nächste Frage: wer oder welches Conto wird schuldig? Die Antwort ist: der oder das Empfangende. Wir schreiben dann den Namen oder das Conto in's Memorial und lassen vor der Eintragung stets noch so viel Platz auf der Zeile, als stände das Wörtchen „Per“ davor. Nachdem wir so den Debitor, der schuldig wurde, ermittelt haben, fragen wir weiter: an wen wurde dieser Debitor schuldig? die Antwort lautet: an den Gebenden. Handelt es sich um Waaren, welche der Debitor von uns empfangen hat, dann wurde er den Werth derselben dem Waaren-Conto schuldig, welches die Waaren hergegeben hatte, — bei Wechseln wurde er dem Wechsel-Conto schuldig etc. Der so ermittelte Creditor wird sodann unter Voransetzung des Wörtchens „An“ auf die nächstfolgende Zeile geschrieben (siehe oben).

Bei Buchungsposten, die in die Casse gehören, wirft man die Frage auf: giebt oder nimmt die Casse? Im ersteren Falle kommt der Posten auf die Credit-Seite, im anderen Falle auf die Debet-Seite, d. h. die Casse wird dem Geschäft gegenüber Gläubiger oder Schuldner. Die Art der Eintragung der Posten in die Casse unterscheidet sich von jener bei der einfachen Buchführung nur dadurch, dass wir, sobald die Casse Debitor ist, den passenden Creditor — und sobald die Casse Creditor ist, den passenden Debitor mit namentlicher Bezeichnung jeder einzelnen Eintragung voranschreiben.

Haben wir z. B. an Albert Meyer, Berlin 100 kg Mocca-Café à 450 M. per Casse (gegen baar) verkauft, so würden wir den Posten auf der Debet-(Soll-)Seite des Cassabuches wie folgt zu vermerken haben:

Debet.

1891 Decbr.	4.	An Waaren-Conto an Albert Meyer, Berlin verkaufte 100 kg Mocca-Café à 450 M. p. 100 kg M.			450	--

Das Cassa-Conto wird also dem Waaren-Conto für die von letzterem gegebenen 100 kg Mocca-Café 450 M. schuldig, welchen Betrag das Cassabuch empfängt.

Hat uns einer unserer Schuldner, z. B. Max Werner, Augsburg, eine Baarsendung von M. 2000.— gemacht, so erkennen wir ihn für diesen Betrag zu Lasten des Cassa-Contos auf der Debet-Seite des Cassabuches, wie wir oben das Waaren-Conto erkannt haben:

An Max Werner
dessen Baarsendung . . . . M. 2000.—.

Lösen wir am Fälligkeitstage unser Accept in Höhe von M. 1500.— ein, so giebt die Casse diesen Betrag aus, während das Accept-Conto das eingelöste Papier gewissermassen zurückerhält, also auf der Credit-Seite des Cassabuches dafür belastet werden muss:

Per Accept-Conto
Unser Appoint per 28./2. 92 . . . M. 1500.—.

Wir sehen hieraus, dass die Formulirung der Cassaposten eigentlich ganz dieselbe ist, wie jene der Memorialposten. Ja, es würde dem nichts im Wege stehen, wenn wir uns die Mühe machen wollten, nach Art aller anderen Buchungen auch die für die Casse bestimmten durch das Memorial gehen zu lassen und von dort erst in das Cassabuch etc. zu übertragen.

Z. B.

Per Cassa-Conto
An Max Werner
dessen Baarsendung . . . . M. 2000.—

oder:

Per Accepten-Conto
An Cassa-Conto
Unser Appoint per 28./2. 92 . . . M. 1500.—.

Wir ersparen uns diese Weitschweifigkeit, indem wir die Posten im Cassabuch sofort vermerken und dieses dann — gleich dem Memorial — als Grundlage für die Uebertragung in die anderen Bücher benutzen. — Wir haben früher mit Bezug auf die einzelnen Ressorts des Geschäftes das Gleichniss vom Geschäftskörper und seinen Organen gebraucht, die in selbständiger Thätigkeit einem gemeinsamen Zwecke dienen: der Erhaltung und Belebung des Geschäftes. Wir haben sodann das Hauptbuch der doppelten Buchführung als dasjenige bezeichnet, in welchem sich die Arbeitsergebnisse der einzelnen Theile und somit der Gesammtheit getreu widerspiegeln. Diese ideelle und doch so praktische und natürliche Gliederung des Geschäftes führt uns zum Begriff der sog.

„Todten Conten“, welche allein der doppelten Buchführung eigenthümlich sind.

Ihr Name kennzeichnet die todten Conten schon genügend als den directen Gegensatz zu allen persönlichen oder lebenden Conten. Hatten wir es in der einfachen Buchführung jeweilig nur mit dem Conto „H. M. Blydenstein, Amsterdam“, — „Oscar Fraenzel, Cottbus“ etc. zu thun, die uns zur Klarlegung eines persönlichen Schuldverhältnisses dienten, — so treten uns nunmehr unter der Bezeichnung „Waaren-Conto“, „Wechsel-Conto“, „Effecten-Conto“ etc. gewisse einzelne Gebietstheile unseres Geschäftes entgegen, auf denen wir eine besondere Thätigkeit zum Vortheil des Ganzen sich entwickeln sehen, — eine Thätigkeit, welche in genauer Wechselwirkung mit derjenigen steht, die im Conto-Corrent-Buch die persönlichen Conten unserer Geschäftsfreunde aufweisen.

Die Summe aller persönlichen oder lebenden Conten selbst bildet ihrerseits auch wieder einen integrirenden Bestandtheil unseres Geschäftes, der seine buchmässige Darstellung gleichfalls auf einem todten Conto des Hauptbuches finden muss: dem Conto-Corrent-Conto.

Wir wollen im Nachstehenden diejenigen todten Conten, welche uns für das vorliegende Buch von besonderer Wichtigkeit sind, namentlich anführen und mit wenigen Worten erläutern.

1. Das Conto-Corrent-Conto, das wir für alle Beträge belasten, die wir in Baar, Wechseln, Waaren etc. an unsere Geschäftsfreunde senden, und für alle Beträge creditiren, die wir in Baar, Wechseln, Waaren etc. empfangen;
2. das Waaren-Conto, über das alles gebucht wird, das auf Waaren Bezug hat;
3. das Wechsel-Conto, welches wir für alle Wechsel und Accepte, die wir von den Geschäftsfreunden bekommen oder kaufen, belasten und dagegen für alle Wechsel, die wir discontiren, einziehen oder an Geschäftsfreunde weiter begeben oder verkaufen, creditiren;
4. das Effecten-Conto, welches wir für alle Effecten, die wir kaufen oder von Geschäftsfreunden erhalten, belasten, und für alle Effecten, die wir verkaufen oder an Geschäftsfreunde senden, creditiren;
5. das Capital-Conto. Dieses Conto existirt nur, wenn nur ein Geschäftsinhaber vorhanden ist, und wird dasselbe für die Geschäftseinlage des letzteren, sowie für die Zinsen auf diese Einlage und den sich beim jedesmaligen Abschlusse

ergebenden Gewinn creditirt, und für einen etwaigen Verlust belastet. Existiren zwei oder mehrere Geschäftsinhaber, so fällt natürlich das Capital-Conto fort und errichten wir statt dessen einem jeden Socius im Hauptbuch ein besonderes Capital-Conto — Heinrich Blind Capital-Conto, August Lessing Capital-Conto — auf welchem wir einem Jeden seine Einlage sowie Zinsen auf dieselbe creditiren und für den Gewinn oder Verlust, in dem Verhältnisse, wie dies der Contract vorschreibt, creditiren oder belasten. Wünschen aber die Socien, dass ihre einzelnen Capitaleinlagen dem Geschäftspersonale gegenüber verheimlicht bleiben, so lassen sie im Hauptbuch ein gemeinsames Capital-Conto — General-Capital-Conto genannt — einrichten, das für die gesammte Einlage aller Socien creditirt, und auch so weiter, in Betreff der Zinsen, des Gewinnes und des Verlustes, geführt wird, als existire nur ein Inhaber, legen aber zu gleicher Zeit ein Geheimbuch an, in dem jeder Socius sein besonderes Conto erhält und für seine Capitalzinsen und seinen Antheil am Gewinn und Verlust aus dem Geschäfte creditirt resp. belastet wird.

Darüber, wie man in Geschäften, in denen es nicht möglich ist, dass einer der Inhaber die Buchführung allein besorgt, dem Personal gegenüber das Geschäftsvermögen und die Geschäftsresultate am besten verheimlichen kann, ist viel hin und her gedacht worden, doch dürfte wohl ein diesen Zweck vollständig erreichendes Mittel nicht zu finden sein. In einigen Geschäften, in denen zwei oder mehrere Socien sind, besteht das soeben erwähnte Geheimbuch, durch das indess nichts weiter erreicht wird, als dass dem Personal die Geschäftseinlage eines jeden einzelnen Associés und die Gewinnvertheilung unter dieselben verheimlicht wird. In anderen Geschäften führt einer der Socien selbst das Hauptbuch und macht auch den Abschluss ohne Mithülfe eines Comptoristen, allein auch hierdurch wird nichts erreicht, denn wenn Jemand von dem Personal sich dafür interessirt, wie gross das Geschäftsvermögen ist, und wieviel der erzielte Gewinn oder Verlust betrug, so kann er dies annähernd ohne viele Mühe ermitteln. Er braucht sich zu diesem Zwecke nur die Activa und Passiva zusammen zu stellen und dann mit der von ihm ebenfalls gemachten Zusammenstellung der Activa und Passiva des Vorjahres zu vergleichen. Diese Zusammenstellung ist aber für jeden Comptoristen sehr leicht, denn die Bestände an baarem Geld, Waaren, Effecten,

Wechsel etc. ersieht er aus dem Cassa-, Waaren-, Effecten-, Wechsel-Conto etc. Die Forderungen von und Schulden an Geschäftsfreunde stehen genau im Conto-Correntbuch, und da alle diese Bücher vom Personal des Geschäfts geführt werden, so sind sie auch einem jeden Comptoristen zugänglich. Ebenso lässt sich nun ferner der Werth der vorhandenen Mobilien und Immobilien sehr leicht ermitteln. Zieht er alle diese Beträge zusammen, so hat er den ungefähren Werth der Activa. Kürzt er davon die Summe der Passiven, also 1 alle noch im Umlauf befindlichen Accepte des Geschäfts (Verfallbuch); 2. die auf etwa vorhandenen Immobilien haftenden Hypotheken (deren Höhe leicht aus den bezahlten Hypothekenzinsen zu berechnen ist) und 3. die Forderungen der Gläubiger (Conto-Correntbuch), so muss die Differenz das annähernde Geschäftsvermögen ergeben. Auf dieselbe Weise macht der Betreffende die Zusammenstellung des vorhergegangenen Jahres und kann dann aus beiden das annähernde Geschäftsergebniss ersehen;

6. das Mobilien-Conto, auch häufig Utensilien-Conto, Inventarien-Conto genannt, das wir für alle gekauften Mobilien, als Geldspind, Pulte, Stühle, Tische, Einrichtungen etc. belasten, und falls wir hiervon wieder etwas verkaufen, creditiren;

7. das Haus-Conto, von Vielen auch „Immobilien-Conto“ genannt. Letztere Bezeichnung ist entschieden richtiger als Haus-Conto, wenn wir ausser Häusern auch noch Ländereien besitzen; wir belasten diese Conten für von uns gekaufte Häuser oder Ländereien, und creditiren sie, wenn wir wieder etwas verkaufen. Dagegen gehen dieses Conto die Miethseingänge sowie bezahlte Reparaturen etc. nichts an, für solche Eingänge und Zahlungen werden wir vielmehr ein anderes Conto, das wir Haus-Ertrags-Conto nennen können, belasten und creditiren, und wenn wir dann diesem Conto alle Einnahmen aus unserem Hause creditiren und dagegen alle für dasselbe gemachten Zahlungen für Reparaturen, Hypothekenzinsen etc. belasten, so können wir durch dieses Conto leicht sehen, welchen Nutzen oder welchen Verlust uns das Haus gebracht hat;

8. das Hypotheken-Conto, das wir beim Kauf von Häusern oder Ländereien für die auf denselben etwa haftenden Hypotheken, die wir mit übernehmen, oder für später neu aufgenommene Hypotheken creditiren, und wenn wir von diesen Hypotheken abstossen, also zurückzahlen, wieder mit dem

Betrage der Hypothek belasten. Die von uns gezahlten Hypotheken-Zinsen sind dagegen diesem Conto nicht zu belasten, denn da uns dieses Conto jeden Augenblick den Stand unserer Hypothekenschulden nachweisen soll, so dürfen wir es auch nur belasten, wenn wir Hypotheken abzahlen. Durch die Zahlung von Hypotheken-Zinsen verringert sich aber unsere Hypothekenschuld durchaus nicht, diese Zahlungen gehören somit auch nicht auf Hypotheken-Conto, sondern auf das unter Nr. 7 erwähnte Haus-Ertrags-Conto. In vielen Buchführungen finden wir das Hypotheken-Conto überhaupt nicht, sondern man giebt den Hypothekengläubigern einfach ein persönliches Conto wie jedem gewöhnlichen Geschäftsfreunde im Conto-Correntbuche*).

*) Hieran schliesst der Verfasser in der 2. Auflage seines Buches eine längere Polemik gegen eine wider seine Auffassung laut gewordene Zeitungsstimme, welche der Bearbeiter wegen ihrer unzweideutigen, nützlichen Klarheit glaubte in ihrem vollen Umfange hier aufnehmen zu sollen:

„In seiner Recension der 1. Auflage dieses Buches bemängelt sogar das „Literarische Centralblatt", nachdem es zunächst gesagt hat, dass dieses Buch — aus der Masse von literarischen Erzeugnissen auf dem Gebiete der Handelswissenschaft etc. vortheilhaft hervorragt, die von mir empfohlene Buchung der Immobilien und Hypotheken, indem es wörtlich schreibt:

„Ganz entschieden verwahren wir uns gegen die von Swoboda aufgestellte Buchungsform von Immobilien (Zinshäusern). Das Zinshaus muss so viel Miethe einbringen, um aus derselben nicht allein die Hypothekenzinsen, die Rente des eigenen in dem Hause angelegten Capitales, die sämmtlichen Steuern und Abgaben, sowie die laufenden, unumgänglich nothwendigen Reparaturauslagen des Tages bestreiten zu können, sondern es soll das Plus der Miethseinnahmen über die Gesammtsumme der Ausgaben hinaus auch noch dazu dienen, um in dem von Jahr zu Jahr mehr und mehr abzunutzenden Hausobjecte eine Art Reservefonds für bedeutende Neu- und Umbauten zu bilden, dergestalt, dass der zu Buche stehende Hauswerth sich jährlich entsprechend abmindere, und so fähig werde, im gegebenen Augenblicke eine grössere Belastungssumme für Bauzwecke zu vertragen, ohne deshalb den Buchwerth in Widerspruch mit dem reellen Verkaufswerth unverhältnissmässig zu steigern. Es ist dies allerdings eine von denjenigen wichtigen principiellen Fragen, welche früher oder später in eine systematische Form allgemein gültiger Grundsätze gebracht werden müssen, wenn dem kaufmännischen Handelsstande auch vom Standpunkte der Wissenschaft die ihm gebührende hervorragende Stellung im politischen Völkerleben eingeräumt werden soll, deren Erreichung die Gegenwart anstrebt. Die „Hypotheken", welche wir schuldig sind, wirft Herr Swoboda einfach zu den Todten, d. h. zu den todten Conten, was mit Rücksicht auf die einschlägigen Gesetzesbestimmungen aller Culturstaaten unzulässig erscheint; denn der Schuldner haftet nicht nur dinglich, durch das Object, sondern auch persönlich, also in doppelter Weise, und es ist seine Sache, dieses Doppelschuldverhältniss in Entsprechung der handelsgesetzlichen Bestimmungen in seinen Büchern in richtigen Contact zu stellen. In welche Kategorie von Conten würde Herr Swoboda Hypotheken-Forderungen einreihen? Man sieht hieraus, zu welchen

9. das Accepten-Conto, das wir für von uns gegebene Accepte creditiren, und wenn wir diese einlösen, belasten. Bekommen wir vielleicht von unseren Accepten wieder einige in Zahlung,

---

Fragen die einseitige Behandlung von höchst wichtigen Vermögensverhältnissen führt, und wir sind überzeugt, dass Herr Swoboda in einer neuen Auflage seines Buches diese Andeutungen im Interesse der Sache beherzigen werde."

Mit dieser Auffassung kann ich mich aber entschieden nicht einverstanden erklären, ich muss sie sogar, was das Hypotheken-Conto betrifft, als entschieden falsch bezeichnen. Richtig ist es allerdings, dass das Plus der Miethseinnahmen über die Gesammtsumme der Ausgaben hinaus auch noch dazu dienen soll, um in dem von Jahr zu Jahr mehr abzunutzenden Hausobjecte eine Art Reservefonds für bedeutende Neu- und Umbauten zu bilden etc. Das Literarische Centralblatt sagt recht bequem: „Das Zinshaus muss soviel Miethe einbringen" etc. Aber wer garantirt denn dem „Literarischen Centralblatt" ein solches Plus, — und sollen etwa in den Jahren, in denen gar kein Plus oder nur ein ganz geringes vorhanden ist, gar keine Abschreibungen auf den zu Buche stehenden Werth des Hauses gemacht werden? Das sehr oft gar kein Plus vorhanden ist, lehren ja zur Genüge die vielen Subhastationen von Häusern. Da sich das Hausobject abnutzt, ohne Rücksicht darauf, ob dasselbe ein bedeutendes Plus gebracht hat oder ein bedeutendes Minus, so ist es allein richtig, je nach der Beschaffenheit des Hausobjectes einen bestimmten Procentsatz festzustellen, den man alljährlich ohne Rücksicht auf das Plus oder Minus der Einnahmen vom Werthe des Hauses abschreibt. Ist das Haus noch neu und gut gebaut, so wird für diese Abschreibung pro Jahr $^1/_2$% vollständig genügen, ist es dagegen schon baufälliger, so schreibe man je nach der grösseren oder geringeren Baufälligkeit pro Jahr 1%, $1^1/_2$%, 2% oder noch mehr ab. Je nach der von uns gemachten Abschreibung wird dann das Haus in 200, resp. 100, $66^2/_3$ oder 50 Jahren oder noch früher mit nichts mehr zu Buche stehen. Durch diese nach einem bestimmten Principe gemachten Abschreibungen wird eben der gewünschte Reservefonds gebildet, um aus demselben bedeutende Neu- und Umbauten zu machen. Sind nun derartige grössere Bauten nothwendig, so wird man diese Kosten mit ruhigem Gewissen dem Haus-Conto zur Last schreiben können, da sich ja hierdurch der Werth des Hauses wieder vermehrt und für solche Fälle von dem Werthe desselben ja auch alljährlich abgeschrieben wurde. Dieser bestimmte, für Abnutzungen abzuschreibende Procentsatz verringert einfach unseren jährlichen Gewinn am Hause oder vermehrt unseren jährlichen Verlust an demselben. Da nun die doppelte Buchführung uns über Alles sofort klaren Aufschluss geben soll, so müssen wir auch ein Conto in unserem Hauptbuche haben, auf dem wir übersichtlich ersehen können, welchen Gewinn oder Verlust uns das Haus gebracht hat, und dieses Conto ist das von mir empfohlene Haus-Ertrags-Conto, welchem alle Einnahmen gutzubringen sind, und dagegen alle Ausgaben für das Haus, für Hypothekenzinsen, für kleine Reparaturen, durch die der Werth des Hauses nicht vermehrt wird, sowie die nothwendig befundenen Abschreibungen auf das Haus etc. zu belasten sind. Was dann diesem Conto mehr creditirt als belastet ist, bildet unseren wirklichen Gewinn am Hause, und falls ihm mehr belastet als creditirt wäre, so wäre dies der Verlust. Da man nun doch in der Regel in jedes Haus baares Geld hat stecken müssen, für Anzahlung, so ersieht man aus dem auf dem Haus-Ertrags-Conto nachgewiesenen Gewinn wieder, zu welchem Procentsatz sich das in dem Hause angelegte Capital rentirt hat. Gegen die Buchungsso kann man diese verschiedentlich buchen, entweder wir creditiren den betreffenden Geschäftsfreund, der uns unsere eigenen Accepte einsandte, für dieselben über Accepten-

form des „Literarischen Centralblattes" liesse sich nun noch sehr viel einwenden, doch würde uns dies zu weit führen, und jedenfalls genügt auch das vorstehend auseinandergesetzte, um zu beweisen, dass meine Buchungsform die allein richtige ist. Ehe sich daher das „Literarische Centralblatt" so ganz entschieden gegen eine ganz richtige Buchungsform verwahrt, sollte es sich in Zukunft solche Buchungen erst genauer ansehen und durchstudiren.

Ebenso falsch ist die von dem „Literarischen Centralblatte" verlangte Buchung der Hypothekenforderungen. Das Blatt wirft mir vor, „ich werfe die Hypotheken einfach zu den Todten". Ein solcher Unsinn ist mir aber nie eingefallen. Ein Jeder wird mir doch zugeben, dass eine Hypothekenschuld eine ganz andere Schuld ist, als eine gewöhnliche Buchschuld. Wie das „Literarische Centralblatt" ganz richtig sagt, haftet bei Hypotheken der Schuldner nicht nur dinglich, durch das Object, sondern auch persönlich, also in doppelter Weise, aber gerade deshalb darf man solche Schulden nicht einfach zu den Conto-Corrent-Schulden schlagen, denn bei diesen Schulden haftet man nur persönlich. Man muss deshalb auch schon äusserlich durch die Buchung zeigen, dass die Hypothekenschuld eine andere Schuld ist, als die Conto-Corrent-Schuld, und deshalb darf man die Hypothekengläubiger auch nicht im Conto-Corrent-Conto für ihre Forderungen creditiren, sondern in einem anderen Conto, und dieses Conto kann man natürlich nicht passender bezeichnen, als mit „Hypotheken-Conto". Würden wir die Hypotheken fälschlicher Weise dem Conto-Corrent-Conto gutschreiben, wie das „Literarische Centralblatt" dies wünscht, so würden wir auf dem Conto-Corrent-Conto diese 240000 M. mehr schuldig sein, und Niemand könnte daraus ersehen, dass wir für diese 240000 M. in doppelter Weise, also noch speciell durch das Haus haften. Wenn das „Literarische Centralblatt" diese Buchung bei den Hypotheken für so grundfalsch hält, dann hätte es doch consequenter Weise sich auch gegen das Accepten-Conto verwahren müssen, — oder was ist zwischen Beiden für ein Unterschied? Antwort: Keiner. In dem einen Falle creditiren wir die Personen auf Hypotheken-Conto für ihnen von uns eingeräumte Hypothekenforderungen, in dem anderen Falle creditiren wir sie auf Accepten-Conto für ihnen eingeräumte Acceptforderungen. In keiner geordneten Buchführung wird man die Accepte anders behandeln und weshalb soll man die Hypothenschulden nicht in ähnlicher Weise verbuchen? Mit demselben Rechte wie bei meiner Hypothekenbuchung hätte das „Literarische Centralblatt" auch von meinen Acceptbuchungen sagen können: „Herr Swoboda wirft die Accepte einfach zu den Todten". Hier wäre aber das Falsche der ganzen Behauptung zu klar zu Tage getreten, und deshalb hat es gegen die Buchung der Accepte gar nichts, sondern nur gegen die Buchung der Hypotheken, trotzdem beides ganz gleich ist, zu moniren. Das ganze falsche Monitum scheint mir nur dadurch entstanden zu sein, dass das „Literarische Centralblatt" keinen richtigen Begriff von einem „todten Conto" hat: und so möge es sich dann kurz belehren lassen, dass im Hauptbuch nur todte Conten existiren. Das eine todte Conto, „das Waaren-Conto", umfasst unsere Waarenbestände, das andere, „das Wechsel-Conto", unsere Wechselforderungen, das dritte, „das Accepten-Conto", unsere Acceptschulden, das vierte, „das Conto-Corrent-Conto", unsere Buchforderungen und Schulden, das fünfte, „das Hypotheken-Conto", unsere Hypothekenschulden etc. etc. Die lebenden

Conto, oder wir creditiren ihn über Wechsel-Conto und betrachten diese Accepte überhaupt bis zum Verfalltage als Wechsel, vereinnahmen dann also auch am Verfalltage den betreffenden Betrag in der Casse über Wechsel-Conto und verausgaben ihn in der Casse wieder über Accepten-Conto; die erstere Art ist natürlich einfacher, die letztere hat dagegen wieder den Vortheil, dass wir derartige Accepte eventuell von Neuem wieder, wie jeden anderen Wechsel, in Zahlung geben können. Manche Geschäfte pflegen sogar ihre eigenen Accepte, die sie entweder selbst discontirt oder anderweitig wieder in Zahlung bekommen haben, weiter zu discontiren. Sehr zu empfehlen ist es übrigens, dass bezahlte Accepte sorgfältig cassirt werden, d. h. dass sie derartig durchstrichen — dies geschieht am besten mit Siegellack, da sich derselbe nicht wieder ausradiren lässt, — und dann auch noch vielleicht mit einer Scheere einige Male eingeschnitten werden, dass mit denselben weiter kein Unfug getrieben werden kann;

10. das Zinsen-Conto, das wir für von uns bezahlte oder zu creditirende Zinsen belasten und für empfangene oder uns zu creditirende Zinsen, die wir also belasten, creditiren;

11. das Del credere-Conto, gleichbedeutend mit dem „Conto für zweifelhafte Forderungen", das wir für alle zweifelhaften

---

Conten befinden sich dagegen in dem von uns geführten Erläuterungsbuche zum todten Conto des Hauptbuches, dem Conto-Corrent-Conto, also in dem Conto-Corrent-Buch. In derselben Weise, wie das Conto-Corrent-Buch, würden wir nun müssen ein Hypothekenbuch führen als Erläutererungsbuch zu dem Hypotheken-Conto des Hauptbuches, falls wir derartig viele Hypothenschulden hätten, das wir sie ohne ein solches Buch nicht übersehen könnten. In diesem müssten wir dann einem jeden Hypothekengläubiger ein Conto geben. Auf die Frage des „Literarischen Centralblattes", in welche Kategorie von Conten ich Hypotheken-Forderungen von uns einreihen würde, erwidere ich noch, jedenfalls nicht in's Conto-Corrent-Conto, wie das „Literarische Centralblatt" dies fälschlicher Weise thun würde, denn die Hypotheken-Forderungen, die wir haben, sind keine gewöhnlichen Buchforderungen und gehören somit auch nicht ins Conto-Corrent-Conto. Ich würde für diese vielmehr ein besonderes Conto im Hauptbuch einrichten unter dem Namen „Werthschriften-Conto".

So dankbar ich sonst Jedem bin, der mich auf etwas wirklich Falsches in meinen Werken aufmerksam macht, so bedauere ich in vorliegendem Falle den guten Rath des „Literarischen Centralblattes", seine Andeutungen in einer neuen Auflage des Buches im Interesse der Sache zu beherzigen, nicht nachkommen zu können, da ich denn doch nicht an Stelle von etwas unbedingt Richtigem etwas ebenso unbedingt Falsches setzen möchte. Das ganze Monitum hätte bei etwas tieferem Nachdenken über den betreffenden Gegenstand seitens des „Literarischen Centralblattes" vermieden werden können und müssen.

Forderungen an Geschäftsfreunde zu Gunsten des Conto-Corrent-Contos, auf welch' letzterem Conto diese Forderungen bis jetzt standen, belasten; diese Forderungen nehmen wir dann in der Inventur bei der einfachen Buchführung nur mit dem Werthe an, den wir muthmasslich auf dieselben erhalten werden; in der doppelten Buchführung creditiren wir beim Abschlusse dieses Conto zu Lasten des Gewinn- und Verlust-Contos für den muthmasslichen Verlust, so dass nur noch der Betrag auf dem Conto stehen bleibt, der nach unserer besten Ueberzeugung als unbedingt gut anzunehmen ist. In Folge dessen kann es leicht vorkommen, dass das Dubiosen-Conto uns in einem Jahre Gewinn bringt, indem wir vielleicht in diesem Jahre den Werth der zweifelhaften Forderungen zu gering angenommen haben, sodass wir im nächsten Jahre mehr für die Forderungen erhalten, als wie sie bei uns zu Buche stehen. Diese Differenz ist dann natürlich im nächsten Jahre ein Gewinn für uns, weil wir in diesem Jahre zu viel Verlust auf dieselben verbucht hatten;

12. das Handlungs-Unkosten-Conto, das wir für alle durch das Geschäft verursachten Unkosten, als Salaire, Brennmaterialien, Beleuchtung, Porti etc. belasten;

13. das Gewinn- und Verlust-Conto. Genau genommen ist diese Bezeichnung des Contos keine ganz richtige; eigentlich müsste dasselbe Verlust- und Gewinn-Conto heissen, denn machen wir die Ueberschrift über das einzurichtende Conto, so schreiben wir auf die linke Seite — die Debet-Seite des Hauptbuches — „Gewinn- und“ und auf die rechte — die Credit-Seite — „Verlust-Conto“. Die linke Seite nimmt aber alle Verluste und die rechte Seite alle Gewinne auf und schreiben wir also auf die Verlustseite „Gewinn“ und auf die Gewinnseite „Verlust“ als Ueberschrift, während doch die umgekehrte Ueberschrift die entschieden richtigere wäre. Die meisten Kaufleute sträuben sich aber dem Worte „Verlust“ den Vorrang vor dem „Gewinn“ zu lassen, und so wollen wir denn auch nicht weiter an dieser alten Usance rütteln, vielmehr die gewohnheitsgemässe Bezeichnung „Gewinn- und Verlust-Conto“ beibehalten. Schon aus dem Namen dieses Contos geht hervor, dass dasselbe das wichtigste in der ganzen Buchführung ist, denn dieses erzählt uns genau, sobald wir mit dem Abschlusse fertig sind, ob und wie viel und woran wir in unserem Geschäfte verdient oder verloren haben; denn da wir dasselbe, um die einzelnen Conten des

Hauptbuches abschliessen zu können, d. h. um auf beiden Seiten jedes Contos im Hauptbuch die gleichen Additionen zu erhalten, für jeden Verlust, für die Geschäftsunkosten, sowie für Abschreibungen auf Mobilien etc. belasten, zu Gunsten der einzelnen Conten, also die betreffenden Beträge auf die Debet-Seite des Gewinn- und Verlust-Contos bringen, und für jeden Gewinn zu Lasten der einzelnen Conten creditiren, also die betreffenden Beträge auf die Credit-Seite des Gewinn- und Verlust-Contos bringen, so ist, wenn die Addition der Credit-Seite letzteren Contos grösser ist, als die der Debet-Seite, die Differenz zwischen beiden der reine Geschäftsgewinn — und umgekehrt, wenn die Addition der Debet-Seite grösser ist als die der Credit-Seite, so ist die Differenz zwischen beiden der gesammte Verlust;

14. das Bilanz-Conto dient nur zu dem Zwecke, um über dasselbe resp. mit Hülfe desselben die einzelnen vorstehenden Conten, auf denen ein Bestand verbleibt, abzuschliessen. Wir belasten dasselbe daher, wenn wir am 31. December Inventur machen, an diesem Tage für alle Bestände, die wir an Waaren, Wechseln, Effecten, Mobilien, Casse, Immobilien etc. haben und, wenn laut Conto-Corrent-Conto unsere Creditoren grösser sind als unsere Debitoren, für diese Differenz, während wir zu gleicher Zeit alle ebenerwähnten Conten für die gleichen Beträge erkennen. Dagegen creditiren wir das Bilanz-Conto für alle Conten, auf denen wir etwas schuldig sind, zunächst also für Hypotheken, die wir auf unseren Immobilien zu lasten haben, für Accepte, die von uns noch im Umlauf sind, und, falls unsere Debitoren grösser sind als unsere Creditoren, für den sich laut Conto-Corrent-Conto ergebenden Saldo. Ausser diesen Beträgen ist aber das Bilanz-Conto auch noch zu creditiren für die Beträge, die unsere beiden Geschäftsinhaber zuzüglich des Gewinnes oder abzüglich des Verlustes des soeben beendeten Geschäftsjahres gut haben; wogegen die betreffenden Conten für dieselben Beträge zu belasten sind. Die Addition der Summen, für die wir das Bilanz-Conto belasten, muss dann den gleichen Betrag ergeben, wie die Addition der Summen, für die wir es erkennen, denn die Geschäftseinlagen zuzüglich der Schulden, als Hypotheken, Accepte, Forderungen unserer Geschäftsfreunde an uns, müssen ja ganz genau vorhanden sein, in unseren Vorräthen, als Casse, Waaren, Wechsel, Effecten, Mobilien, Immobilien, sowie in den Forderungen, die wir an unsere Geschäftsfreunde haben. Ehe nicht auf dem Bilanz-Conto

die Addition der Debet-Seite mit der der Credit-Seite übereinstimmt, sind wir mit unserem Abschlusse nicht fertig, oder es sind Fehler in demselben enthalten, denn schliesslich müssen ja alle Schulden des Geschäftes zuzüglich der Capitalguthaben des oder der Chefs in den Vermögensobjecten des Geschäftes genau enthalten sein.

Sofort nach dem Abschlusse unserer Bücher haben wir dann zur Wiedereröffnung derselben die umgekehrten Buchungen vorzunehmen und das Bilanz-Conto für alle die Beträge, für die wir es creditirt hatten, zu belasten und ebenso haben wir es für alle Beträge, für die wir es belastet hatten, wieder zu erkennen. In derselben Weise müssen wir alle Conten, die wir über Bilanz-Conto creditirt hatten, jetzt wieder belasten und umgekehrt. Wir wollen nun mit der Besprechung der einzelnen Geschäftsvorfälle beginnen und dieselben der Reihe nach durchgehen, wobei es sich indess wiederum empfehlen dürfte, auch die Besprechungen zur einfachen Buchführung durchzulesen, da in denselben manche Erklärungen gegeben sind, die zwar mit der Buchführung selbst nichts zu thun haben, trotzdem aber für jeden Kaufmann von allgemeiner Wichtigkeit sind.

Die Bücher, die zu der doppelten Buchführung erforderlich sind, sind im I. Theil, A. S. 11 angegeben und näher erläutert.

2. Besprechung der im 1. Theil Seite 28—34 angeführten Geschäftsvorfälle behufs Buchung derselben in der doppelten Buchführung.

Zur Eröffnung. Wie bei der einfachen Buchführung müssen wir auch in der doppelten damit beginnen, August Lessing und Heinrich Blind für ihre Einlagen in's Geschäft zu creditiren, und zwar geschieht die Buchung dieses Postens durch die Casse fast ganz so wie in der einfachen Buchführung. Das Cassa-Conto wird die Beträge schuldig an Heinrich Blind Capital-Conto und an August Lessing Capital-Conto. Wäre nur ein Inhaber vorhanden, so würden wir die von ihm gemachte Capital-Einlage in der Casse über Capital-Conto vereinnahmen, da aber mehrere Inhaber sind, so müssen wir einem Jeden ein besonderes Capital-Conto geben.

Nachdem wir August Lessing und Heinrich Blind durch die Casse creditirt haben, müssen wir die gekauften und bezahlten

Einrichtungsgegenstände ebenfalls durch die Casse, und zwar gleich über das betreffende todte Conto, zu dem dieselben gehören, und welches mithin für denselben Betrag zu belasten ist, verausgaben; indem wir diesen Posten in der Casse verausgaben, ihn somit in das Credit, das Haben, der Casse bringen, creditiren wir diese hierfür. Das entsprechende todte Conto, das nun für denselben Betrag zu belasten ist, ist in diesem Falle das Mobilien-Conto, und ist mithin das Mobilien-Conto der Debitor und das Cassa-Conto der Creditor, denn das Mobilien-Conto wird das von dem Cassa-Conto bezahlte Geld an letzteres Conto schuldig, da es die gekauften Mobilien erhält. Der ganze Posten heisst also

Per Mobilien-Conto
An Cassa-Conto

wir müssen somit in das Cassa-Conto noch „Per Mobilien-Conto" schreiben.

Wir würden also die Casse folgendermassen einrichten:

1 *Debet.*	December	**Cassa-**			**Conto.**	1891.		1 *Credit.*	
1.	An Heinrich Blind, Capital-Conto dessen Einlage ins Geschäft . . . M.	75000	—	1.	Per Mobilien-Conto kauften u. bezahlten folgende Einrichtungsgegenstände				
	An August Lessing Capital-Conto desgleichen	75000	—		1 eisernes Geldspind . . . . M.	1200	—		
					4 Pulte à 75 M. . „	300	—		
					4 Sessel à 25 „ . „	100	—		
					etc.			3433	60

In Geschäften, in denen kein Journal geführt wird, werden nun diese Posten sofort in's Hauptbuch gebracht und müssten dann also in letzterem dem Heinrich Blind und August Lessing, sowie dem Mobilien-Conto je ein Conto eröffnet und die entsprechenden Beträge auf dieselben übertragen werden, mithin würden also die Geschäftseinlagen auf die rechte Seite — die Credit-Seite — und die angekauften Einrichtungsgegenstände auf die linke Seite — die Debet-Seite — zu bringen sein. Alle Posten, die in dem Cassa-Conto auf der Debet-Seite stehen, müssen, wenn sie in andere Bücher übertragen werden, stets auf die Credit-Seite kommen, denn wenn das Cassa-Conto Geld erhält, muss ja stets ein anderes Conto vorhanden sein, welches — wie das Conto-Corrent-Conto — entweder das baare Geld oder wie das Waaren-

Conto, Wechsel-Conto, Effecten-Conto etc. die gegen baares Geld verkauften Waaren, Wechsel oder Effecten hergegeben hat, und somit dafür zu creditiren ist. Aus demselben Grunde muss also auch jeder Posten, der in der Casse auf der Credit-Seite steht, wenn er in ein anderes Buch übertragen wird, stets auf die Debet-Seite kommen, denn wenn das Cassa-Conto Geld giebt, muss ja entweder das Conto-Corrent-Conto das baare Geld oder das Waaren-Conto, Wechsel-Conto, Effecten-Conto etc. die gegen baares Geld gekauften Waaren, Wechsel, Effecten etc. empfangen, und sind diese Conten dann zu belasten. Als Zeichen, dass die Uebertragung geschehen, ist dann bei jedem einzelnen Posten in der Casse das betreffende Folium des Hauptbuchs beizuschreiben. Da aber hierdurch, wenn jeder einzelne Posten einzeln in's Hauptbuch übertragen würde, eine grosse Menge Uebertragungen stattfinden müsste, durch welche die Uebersicht über die Geschäftsentwickelung, die man eigentlich durch das Hauptbuch haben soll, verloren ginge, so richten wir als Zwischenbuch das Journal ein, das am besten am Ende eines jeden Monats die zu jedem todten Conto gehörigen verschiedenen Posten des Monats zusammenstellt, und aus welchem man dann nur die Addition ins Hauptbuch überträgt. Auf diese Weise können auf jede Seite eines Contos des Hauptbuches für jeden Monat stets nur höchstens zwei Posten zu stehen kommen, der eine, der die sämmtlichen zu dem betreffenden todten Conto gehörigen Memorialposten und der andere, der die sämmtlichen entsprechenden Cassaposten enthält. Sobald wir auf diese Weise einen Posten in's Journal aufgenommen haben, schreiben wir bei demselben im Memorial oder Casse das Folium des Journals bei, auf dem derselbe zu finden ist; überhaupt muss man stets darauf bedacht sein, dass man bei dem Uebertragen aus einem Buche in das andere bei jedem Posten vermerkt, in welches Buch und auf welches Folium desselben er übertragen, und in dem Uebertragungsbuche, aus welchem Buche und von welchem Folium desselben er entnommen ist. Es ist dies unbedingt nöthig, erstens als Zeichen, dass die Uebertragung des Postens stattgefunden hat, und zweitens weil auf diese Weise das Nachschlagen von Posten bedeutend erleichtert wird. Ausser den monatlichen Uebertragungen aller Posten des Memorials und der Casse in's Hauptbuch übertragen wir noch aus dem Memorial und der Casse diejenigen Posten, die zu Conten gehören, für welche wir besondere Nebenbücher eingerichtet haben, es sind dies das Conto-Corrent-Conto, Waaren- und Wechsel-Conto, also alle die Posten, die Belastungen oder Creditirungen von Geschäftsfreunden betreffen, oder auf den Zu- und Abgang von Waaren und Wechseln, oder auf sonstige

Creditirungen oder Belastungen dieser letzteren Conten Bezug haben, und welche Posten in die besonders hierfür eingerichteten Conto-Corrent-, Waaren- und Wechselbücher zu übertragen sind. Diese Bücher führen wir noch zu dem in dem I. Theile S. 13 angegebenen Zwecke und sind uns dieselben, infolge ihrer Wichtigkeit, eine Erläuterung und Vervollständigung zu den betreffenden Conten im Hauptbuch.

November 20. Für die von H. M. Blydenstein in Amsterdam, Bauer & Golde in Hamburg etc. gekauften Waaren müssen wir, da letztere nicht sofort gegen baar regulirt werden, die Verkäufer im Memorial creditiren und zu gleicher Zeit das Waaren-Conto, das ja die Waaren empfängt, belasten. Wir hätten also im Memorial folgenden Posten zu machen:

	1.	Waaren-Conto				
		An H. M. Blydenstein, Amsterdam				
		creditiren demselben uns gesandte				
		1000 kg Java-Café ff. à 195 fl. p. 100 kg fl.	1950	—		
		1500 „ „ „ m. à 155 „ „ 100 „ „	2325	—		
		2000 „ Portor. „ ord. à 127 „ „ 100 „ „	2540	—		
		hfl.	6815	—		
		à M. $168^1/_2$ p. 100 fl. . . . . M.			11483	30

	1.	Waaren-Conto				
C C 2		An Bauer & Golde, Hamburg				
		desgl.				
		1000 kg Pfeffer à 98 M. p. 100 kg . . M.			980	—

Eigentlich hätten die Posten heissen müssen:

Waaren-Conto
An Conto-Corrent-Conto
H. M. Blydenstein, Amsterdam etc.,

da aber jeder Geschäftsfreund, bei dessen Namen nicht ausdrücklich beisteht, dass er zu einem anderen Conto als Conto-Corrent-Conto gehört, zu letzterem Conto gehören **muss**, so ist es auch nicht nöthig, bei jedem Geschäftsfreund noch besonders Conto-Corrent-Conto beizuschreiben.

Nachdem die Posten in obiger Weise im Memorial gebucht sind, haben wir, da wir ein besonderes Conto-Corrent- und Waarenbuch führen, H. M. Blydenstein, Amsterdam, Bauer & Golde, Hamburg etc. im Conto-Correntbuch ein Conto zu eröffnen und die betreffenden Beträge de fl. 11 483.30 — (vergl. auch die Besprechungen zur einfachen Buchführung S. 39) und M. 980.— ins Credit derselben zu bringen; sodann müssen wir das Waarenbuch zur Hand nehmen, in demselben dem Java-Café ff., Java-Café m. etc. je ein Conto errichten und auf die Debet-Seite eines jeden Contos die empfangenen Waaren mit Angabe des Verkäufers, der Quantität und des vereinbarten Preises bringen. Ebenso wie ein jeder Posten in der Casse, zeigt uns auch ein jeder Posten im Memorial, auf welche Seite derselbe in andere Bücher zu übertragen ist. Der erste Posten hiess eigentlich:

Per Waaren-Conto
An Conto-Corrent-Conto.

Wir haben also in unserem Waarenbuche bei jeder einzelnen Sorte unter dem Datum des 1. December einzutragen: „**An** Conto-Corrent-Conto“ resp. „**An** H. M. Blydenstein“, — u. z. muss der Posten auf die Debet-Seite kommen, da in allen Büchern **„An“** nur auf der Debet-Seite steht. Dagegen lautet unsere Buchung auf dem Conto H. M. Blydenstein im Conto-Correntbuch: „**Per** Waaren-Conto“ oder „**Per** von demselben erhaltene Waaren“. Da aber **„Per“** in allen Büchern nur auf der Credit-Seite steht, so haben wir auch diesen Posten daselbst einzutragen. Dass diese Uebertragungen stattgefunden haben, vermerken wir dann in vorerwähnter Weise kurz im Memorial wie „C C 1“ und „W C 1“ etc.

December 1. Für die in's Detailgeschäft gelegten diversen Waaren belasten wir im Memorial das Detailgeschäft zu Gunsten des Waaren-Contos, denn das Detailgeschäft empfängt ja die Waaren, und unser Geschäft resp. Waaren-Conto hat sie gegeben, — ersteres Conto, das Conto-Corrent-Conto, wird somit den Betrag dem Waaren-Conto schuldig.

1.	Detailgeschäft					
	An Waaren-Conto					
	belasten ersteres für in dasselbe gelegte					
	50 kg Java-Café ff. à 360 M. p. 100 kg	M.	180	—		
	100 kg Java-Café m. à 286 M. p. 100 kg	„	286	—		
	etc.				3900	50

Hierauf richten wir dem Detailgeschäft im Conto-Correntbuch ein Conto ein, haben in dasselbe „An Waaren-Conto" resp. „An in dasselbe gelegte diverse Waaren" zu schreiben und bringen also diesen Posten auf die Debet-Seite; sodann nehmen wir das Waarenbuch und übertragen jede einzelne in das Detailgeschäft gelegte Waare in den Ausgang — die Credit-Seite — des Waarenbuches, denn wir sollen in dasselbe schreiben „Per Detailgeschäft".

Trotz dieses Waarenbuches führt in grösseren Geschäften der Verwalter der Waaren noch das Waarenlagerbuch in derselben Weise, wie dies in der einfachen Buchführung angegeben ist. Wir hätten dem Detailgeschäft auch ebenso gut ein besonderes Conto im Hauptbuche einrichten können. Da aber ein jedes Conto des Hauptbuches uns mehr oder weniger Arbeit verursacht, so sollen wir im Hauptbuche nur dann weitere Conten anlegen, falls wir dieselben nicht mit bereits bestehenden vereinigen können. Wir haben uns also in solchen Fällen stets zu fragen, können wir das neue Conto nicht mit einem bereits bestehenden vereinigen, und dann sollen wir es thun; hat es aber einen Nutzen für uns, ein neues Conto anzulegen, dann sollen wir uns nicht durch die kleine Mehrarbeit davon abhalten lassen, denn der Zweck der doppelten Buchführung ist ja, uns über alles einen klaren Aufschluss zu geben. Wenn wir uns nun fragen, hat es einen Nutzen für uns, dem Detailgeschäft ein besonderes Conto im Hauptbuche zu geben, so müssen wir die Frage mit „nein" beantworten, denn wir erreichen ganz dasselbe, wenn wir dem Detailgeschäft ein Conto im Conto-Correntbuch geben, da ja auf das Conto im Conto-Correntbuch ganz dasselbe zu stehen kommt, als auf das etwa neu angelegte Conto im Hauptbuche zu stehen kommen würde. Da wir das Hauptbuch nur allmonatlich machen, so würden wir, wenn wir dem Detailgeschäft ein besonderes Conto im Hauptbuche gegeben hätten, dasselbe auch nur allmonatlich übertragen können und aus diesem Grunde ist es sogar richtiger, dem Detailgeschäft sein Conto im Conto-Correntbuch zu geben, da wir es dann alltäglich übertragen können.

December 1. Die auf die empfangenen Waaren bezahlten Frachten und Steuern verausgaben wir in der Casse über Waaren-Conto, denn da uns die gekauften Waaren um diesen Betrag theuerer werden, müssen wir auch das Waaren-Conto für denselben belasten.

Nov.	1.	Per Waaren-Conto bezahlten Fracht u. Steuer auf empfang.				
		Café aus Amsterdam	258	—		
		Pfeffer aus Hamburg	8	70		
		etc.			954	10

Da wir ein besonderes Waarenbuch führen und in dasselbe alle Posten, durch die das Waaren-Conto belastet oder creditirt wird, übertragen müssen, gleichviel ob durch dieselben eine Veränderung in den Beständen hervorgerufen wird oder nicht, so müssen wir auch diesen Posten noch in's Waarenbuch übertragen; da es aber umständlich wäre, zu ermitteln, welcher Theil der bezahlten Fracht und Steuer jeder einzelnen Sorte von aus Amsterdam empfangenem Café etc. zur Last fällt, so errichten wir im Waarenbuch ein besonderes gemeinsames Conto für Frachten und Steuer, und bringen auf dieses die M. 954.10 in die Debet-Seite, denn wie bereits weiter oben erwähnt, kommen alle Posten, die in der Casse auf der Debet-Seite stehen, in's Conto-Corrent-, Waaren-, Effecten-, Wechsel-Conto etc. auf die Credit-Seite und umgekehrt alle, die in der Casse auf der Credit-Seite stehen, kommen in die Debet-Seite der bezüglichen Bücher. Es geht ja dies auch schon genügend aus der Bezeichnung „An" und „Per" vor dem betreffenden Namen des Contos hervor. Der soeben in der Casse gebuchte Posten heisst doch eigentlich

Per Waaren-Conto
An Cassa-Conto
etc.

und müssen wir also den Uebertragungsposten im Waaren-Conto auch mit **„An"** beginnen; also denken wir uns im Waaren-Conto das Conto „Frachten und Steuer", so muss der Posten auf der Debet-Seite heissen:

December 1. An bezahlte Frachten u. Steuer Cassa-Fol. . . M. 954.10.

Auch bei diesem Posten hätten wir uns fragen können: hat es ein Interesse für uns, ein besonderes Conto hierfür im Hauptbuch, genannt „Fracht- und Steuer-Conto" anzulegen? Antwort „nein", denn der einzige Zweck dieses Contos würde darin bestehen, dass wir aus demselben sehen, was wir in Summa für Frachten und Steuern bezahlt haben. Denselben Zweck erreichen wir aber, wenn wir den Frachten und Steuern ein besonderes Conto im Waarenbuche eröffnen, und deshalb belasten wir also für diese Zahlungen direct das Waaren-Conto, und übertragen dann den

Posten in's Waarenbuch auf ein besonderes Folium, „Frachten und Steuern" genannt (siehe hierüber auch noch nächsten Posten „Decort").

December 1. Wir senden an Bauer & Golde in Hamburg baar M. 970.— und belasten dieselben für Decort mit 10 M. Für die 970 M. müssen wir Bauer & Golde durch die Casse belasten, und da dieselben zum Conto-Corrent-Conto gehören, über Conto-Corrent-Conto

									Per Conto-Corrent-Conto Bauer & Golde in Hamburg sandten dens. baar			970	—

und bringen diesen Posten, der wiederum genau

Per Conto-Corrent-Conto

An Cassa-Conto

etc.

heisst und demnach in's Conto-Corrent-Conto „**An** Cassa-Conto" oder genauer erklärt „**An** unsere Baarsendung" geschrieben werden sollte, auf die „An", die „Debet-Seite" des Contos Bauer & Golde im Conto-Corrent-Buch. Für die decortirten 10 M. belasten wir Bauer & Golde im Memorial über Waaren-Conto, denn wir ziehen diese 10 M. auf eine Forderung ab, die Bauer & Golde an uns für uns gesandte Waaren haben, und wodurch uns die Waaren billiger zu stehen kommen, als wir sie früher dem Waaren-Conto belasteten, übertragen dann diesen Posten zunächst in's Conto-Correntbuch und sodann in's Waarenbuch und errichten in letzterem aus demselben Grunde, wie bei den bezahlten Frachten und Steuer ein Conto, genannt „Decort-Conto", auf welches wir alle von uns gemachten Decorte auf die Credit-Seite — da das Waaren-Conto für dieselben Creditor ist — und alle von uns unseren Geschäftsfreunden bewilligten Decorte auf die Debet-Seite bringen. Ebenso wie für die bezahlten Frachten und Steuer konnten wir auch für die uns und von uns bewilligten Decorte im Hauptbuche ein „Decort-Conto" einrichten und gingen dann die betreffenden Beträge nicht über und durch das Waaren-Conto, sondern direct durch das Journal in's Hauptbuch auf Decort-Conto. Der Vortheil aber, wenn wir diese Beträge durch's Waaren-Conto nehmen, ist der, dass wir erstens zwei Conten im Hauptbuche sparen, und dass wir sodann auf diese

Weise aus dem Waaren-Conto des Hauptbuches und ebenfalls aus dem Waarenbuche den gesammten Bruttogewinn oder Verlust an unseren Waaren ersehen können, während wir im anderen Falle zu dem Bruttogewinn oder Verlust des Waaren-Contos erst noch die Salden des Frachten- und Steuer-Contos und des Decort-Contos zu- oder von demselben abziehen müssten, um den wirklich an den Waaren gehabten Gewinn oder Verlust ermitteln zu können.

December 1. An Orth & Co. senden wir baar M. 6500.— und ausserdem in unseren Accepten zusammen M. 11 500.— und decortiren 325 M. Wir belasten also Orth & Co. für die Baarsendung durch die Casse, ebenso wie vorstehend Bauer & Golde, mit M. 6500.— ferner durch das Memorial über Accepten-Conto mit M. 11 500.— und über Waaren-Conto mit M. 325.—. Wie bei der einfachen Buchführung belasten wir auch in der doppelten jeden Geschäftsfreund sofort für von uns gegebene Accepte, damit man, wenn man das Conto des Geschäftsfreundes im Conto-Correntbuche nachschlägt, sofort auf demselben die bereits gegebenen Accepte ersehen kann, und nicht etwa aus Versehen, wenn man es mit einem Betrüger zu thun hat, demselben nochmals baare Zahlung leistet oder zum zweiten Male Accepte giebt. Orth & Co. sind also zunächst zu belasten zu Gunsten des Accepten-Contos für die ihnen gegebenen Accepte, sodann in einem zweiten Posten zu Gunsten des Waaren-Contos für den Decort, oder wir combiniren diese zwei Posten in nachstehender Weise zu einem Posten, wie man überhaupt immer die Posten in einem Posten buchen kann, die entweder denselben Debitor oder denselben Creditor haben.

Der combinirte Posten im Memorial würde heissen:

	Orth & Co., Hamburg					
	An folgende 2 Creditores belasten erstere					
	An Accepten-Conto für denselben gegebene Accepte					
	per 30. December	M. 4000.—				
	„ 31. Januar	„ 7500.—	11500	—		
	An Waaren-Conto für denselben decortirte	M.	325	—	11825	—

Lösen wir nun die gegebenen Accepte wieder ein, zunächst also das am 30. December, so verausgaben wir an diesem Tage durch die Casse die 4000 M. über Accepten-Conto. Wir müssen in der doppelten Buchführung einen grossen Unterschied machen zwischen Accepte und Wechsel. Die von uns den Geschäftsfreunden gegebenen, und von uns acceptirten oder von denselben auf uns entnommenen Wechsel, gleichviel ob sie acceptirt sind oder nicht, sind für unsere Buchführung keine Wechsel, sondern Accepte, also Verbindlichkeiten, und ist somit für die gegebenen Accepte auch nicht das Wechsel-Conto, sondern das Accepten-Conto zu creditiren. Senden uns dagegen Geschäftsfreunde ihre Accepte, so sind diese für uns Wechsel, wie jedes andere uns von Geschäftsfreunden gesandte Accept auf einen Dritten — ebenso sind auch die an Orth & Co. gesandten Accepte für Orth & Co. Wechsel — denn die uns gesandten Wechsel sowohl wie Accepte legen wir in unser Wechselportefeuille und müssen somit das Wechsel-Conto hierfür belasten; nehmen wir nun von diesen einige, um sie entweder zu discontiren, zu verkaufen oder Geschäftsfreunden zu senden, so müssen wir auch das Wechsel-Conto wieder creditiren. Geben wir aber Geschäftsfreunden von uns acceptirte Wechsel, so nehmen wir diese nicht aus dem Wechselportefeuille und können somit auch nicht das Wechsel-Conto creditiren. Hieraus geht also hervor, dass wir stets das Wechsel-Conto zuerst für einen Wechsel belasten müssen, ehe wir es creditiren können, denn erst muss das Wechsel-Conto den Wechsel oder das Accept unseres Geschäftsfreundes empfangen, ehe es wieder weitergegeben werden kann; das Accepten-Conto dagegen muss stets erst erkannt werden, ehe wir es belasten können, denn erst müssen wir einen Wechsel acceptirt haben oder es muss ein Wechsel auf uns entnommen sein, ehe wir ihn wieder einlösen können. Für unsere Buchführung sind also Wechsel alle diejenigen Wechsel, die wir auf Andere besitzen und die Andere somit bezahlen sollen, und Accepte alle diejenigen Wechsel, die Andere auf uns besitzen und die wir somit bezahlen sollen, wobei es ganz gleich ist, ob die Wechsel, die wir auf Andere besitzen, oder die Accepte, die Andere auf uns besitzen, acceptirt sind oder nicht. Da Orth & Co. zum Conto-Correntbuch gehören, so müssen wir dieses auch aufschlagen und auf die Debet-Seite des Contos Orth & Co. schreiben: „An Accepten-Conto 11 500 M.“ und „An Waaren-Conto 325 M.“ resp. „An denselben gesandte Accepte 11 500 M.“ etc. Sodann müssen wir im Waarenbuch das Conto Decort aufschlagen und in dasselbe schreiben, da der Posten heisst:

Per Orth & Co., Hamburg
An Waaren-Conto,

„Per Orth & Co., Hamburg“, also auf die Haben-Seite. Da wir ein besonderes Acceptenbuch nach Art des Wechselbuches nicht haben, so brauchen wir die 11 500 M. vorläufig auch nicht weiter zu übertragen, wir thun dies vielmehr erst später durch's Journal in's Hauptbuch und tragen sie jetzt nur in das auf S. 15 erwähnte Acceptenbuch ein.

December 1. Wir senden an Hintze's Nachf., Magdeburg diverse Waaren; wir müssen also denselben für den Betrag von M. 1537.50 belasten und das Waaren-Conto dafür creditiren, denn Hintze's Nachf. empfängt die Waaren, und das Waaren-Conto giebt sie, und dann müssen wir in gewohnter Weise diesen Posten in's Conto-Correntbuch und Waarenbuch übertragen. Da aber diese Uebertragungen, die auf Conto-Corrent-, Waaren-, Wechsel- oder Effecten-Conto Bezug haben, stets selbstverständlich sind, so lasse ich in Zukunft diese besondere Erwähnung fort. Der Posten im Memorial würde folgendermassen aussehen:

	1.	Hintze's Nachf., Magdeburg					
		An Waaren-Conto					
		belasten denselben für ihm gesandte					
		400 kg Portor.-Café ord. à 258 M. p. 100 kg	M.	1032	—		
		300 „ Raffin.-Zuckerf. à $96\frac{1}{2}$ „ „ 100 „	„	289	50		
		200 „ Brodzucker à 108 „ „ 100 „	„	216	—	1537	50

December 2. Wir kaufen fl. 6000.— per Amsterdam für M. 10089.—, senden diese an H. M. Blydenstein, Amsterdam und zahlen M. 5.05 Courtage. Diesen Posten können wir auf zweierlei Arten buchen, erstens, indem wir H. M. Blydenstein direct durch die Casse über Conto-Corrent-Conto für gekaufte fl. 6000, für die wir M. 10089.— bezahlten, belasten, oder was in grösseren Geschäften entschieden richtiger ist, indem wir die bezahlten M. 10089.— durch die Casse über Wechsel-Conto verausgaben und H. M. Blydenstein durch's Memorial für die fl. 6000 über Wechsel-Conto belasten. Da der betreffende Buchhalter und Führer des Memorials wohl selten die Zeit haben dürfte, sich jedesmal erst beim Cassirer zu erkundigen, wie viel er für diese Wechsel bezahlt hat, so rechnet der Buchhalter sich dieselben zu einem ungefähren Course in Mark um, da es ja für H. M. Blydenstein ganz gleich ist, welche Beträge in Mark wir ihm belasten oder creditiren,

denn er verlangt von uns die Bezahlung der Schuld in Gulden. Wir wollen indessen in unserer vorliegenden Buchführung bei derartigen Posten stets diejenigen Markbeträge auswerfen, die wir bezahlt haben.

Unser Memorial-Posten würde also lauten:

2.	H. M. Blydenstein, Amsterdam An Wechsel-Conto belasten denselben für ihm gesandte fl. 4000.— per 29. Januar per dort „ 6000.— „ 6. Februar „ „ fl. 6000.— . . . . M.			10089	—

Hierauf übertragen wir diesen Posten in's Conto-Correntbuch und in's Wechselbuch, in welchem letzteren wir je ein Conto für Holländische Guldenwechsel, Markwechsel etc. einrichten und dasselbe im Uebrigen ebenso wie das Waarenbuch führen.

Die Courtage verausgaben wir in der Casse über Courtagen-Conto, hätten sie aber auch, da sie für angekaufte Wechsel bezahlt wird, über Wechsel-Conto buchen können.

December 4. Friedr. Gericke, Frankfurt a/O. sendet uns einen Wechsel per 28. December per hier; für diesen ist er im Memorial zu Lasten des Wechsel-Contos, das diesen Wechsel empfängt, zu creditiren.

December 5. Wir kaufen eine Gaskrone für 56 M., sechs Gaslampen für 120 M.; beides sind Mobilien und müssen wir daher die Beträge in der Casse zu Lasten des Mobilien-Contos verausgaben.

December 6. Für das uns von Urban & Sohn gesandte Accept sind dieselben im Memorial zu Lasten des Wechsel-Contos zu creditiren.

December 7. Das Detailgeschäft zahlt 1500 M., hierfür müssen wir dasselbe in der Casse über Conto-Corrent-Conto creditiren, da wir dem Detailgeschäft ein Conto im Conto-Correntbuch eröffnet haben.

December 10. Die für Eintragung der Firma in's Handelsregister bezahlten M. 57.50 sind Handlungsunkosten und müssen wir diese daher in der Casse über Handlungs-Unkosten-Conto

verausgaben; auf die Weise sehen wir auch, wenn wir alle Handlungsunkosten dem Handlungs-Unkosten-Conto zur Last schreiben, wie hoch stets unsere gesammten Unkosten gewesen sind.

December 13. Die für drei Arbeitswagen bezahlten 350 M. sind in der Casse über Mobilien-Conto zu verausgaben. Wir hätten auch für die Wagen ein besonderes Fuhrwerk-Conto im Hauptbuch einrichten können, und müssten dann die 350 M. in der Casse verausgaben „Per Fuhrwerk-Conto".

December 13. Wir kaufen zwei Pferde und müssen also den Betrag in der Casse über Pferde-Conto verausgaben. In einem grösseren Geschäfte, in dem man genau ersehen will, was Einem die Pferde gekostet resp. gebracht haben, müsste man ausser dem Pferde-Conto noch ein „Pferde-Ertrags-Conto" einrichten und dasselbe für angekauften Hafer, Heu, Stroh etc. belasten und dagegen für jede Fuhre, die die Pferde machen, zu dem ungefähren Werthe, den wir bei einem Fuhrunternehmer für dieselbe hätte zahlen müssen, creditiren. Liegt Einem an dieser Ermittlung wenig, so kann man auch alle durch die Pferde verursachten Unkosten mit über Handlungs-Unkosten-Conto nehmen.

December 15. Wir discontiren zwei Wechsel für zusammen 2874.80 M. (Ueber die Art der Berechnung siehe Seite 54.) Wir nehmen die beiden Appoints M. 900.— per 7. Februar und M. 2000.— per 15. März aus dem Wechselportefeuille heraus und vereinnahmen den Betrag dafür durch die Casse. Das Cassa-Conto wird somit an das Wechsel-Conto schuldig. Wir buchen also auf der Soll-Seite des Cassabuches: „An Wechsel-Conto" und tragen im Wechselbuch die beiden Appoints auf der Haben-Seite mit dem Hinweis „Per Cassa-Conto" aus.

December 20. Wir verkaufen an Herm. Klein, hier div. Raffinade gegen baare Bezahlung. Das Waaren-Conto giebt, — demnach lautet der Posten auf der Debet-Seite des Cassabuches „An Waaren-Conto". Bei der Uebertragung auf die entsprechenden Conten des Waarenbuches ist der gewährte Scontro von 2.10 M. auf die beiden Beträge sinngemäss zu vertheilen.

December 23. Wir kaufen von Rentier Kummerle das Haus Gr. Friedrichstrasse 119 und bezahlen von dem 300 000 M. betragenden Kaufpreise 120 000 M. baar nebst 3600 M. für Stempel und Notariatsspesen. Diese beiden Beträge verausgaben wir zu Lasten des Haus-Contos durch die Casse, schreiben also auf die Credit-Seite des Cassabuches „Per Haus-Conto". Ausser dieser Summe von M. 123 600.— sind wir (resp. ist unser Haus-Conto)

durch den Hauskauf 180000 M. für Hypotheken schuldig geworden, und muss für diesen Betrag zu Gunsten des Hypotheken-Contos durch das Memorial belastet werden: —

Per Haus-Conto

An Hypotheken-Conto

etc.

Diese Art der Buchung scheint mir allein richtig zu sein. Ganz verwerfen möchte ich den Vorschlag, dass man das Haus-Conto durch die Casse für den gesammten Kaufpreis von 300000 M. belaste und auf demselben Wege das Hypotheken-Conto für 180000 M. erkenne. Dabei müsste man annehmen, 300000 M. baar verausgabt und dagegen 180000 M. baar vereinnahmt zu haben. Buchungen im Cassabuch sollen aber grundsätzlich nicht auf Hypothesen, sondern einzig und allein auf Thatsachen basirt sein.

December 23. Wir trassiren auf Schauss & Co. 40000 M. per 23. März. Ebenso wie wir sofort einen Jeden für von uns gegebene Accepte oder für dessen Entnahmen auf uns, wenn wir sie als richtig anerkennen, über Accepten-Conto belasten, müssen wir Jeden, auf den wir trassiren, oder der uns sein Accept sendet, sofort für dasselbe über Wechsel-Conto creditiren. Wir creditiren daher Schauss & Co. im Memorial über Wechsel-Conto für die auf sie trassirten 40000 M. mit 40000 M. valuta per 23. März. Zahlen wir nun diesen Betrag früher als am 23. März, so haben uns Schauss & Co. hierfür Zinsen zu vergüten, und umgekehrt, würden wir den Betrag mit Einwilligung von Schauss & Co. erst später bezahlen, so hätten wir ihnen Zinsen zu vergüten.

December 23. Wir discontiren diese 40000 M. und vereinnahmen in Folge dessen den Erlös in der Casse über Wechsel-Conto mit M. 39725.— und verausgaben in der Casse über Courtagen-Conto die bezahlten 10 M. Courtage.

December 27. Die von August Lessing in Folge der Verheirathung in's Geschäft gegebene Mitgift seiner Frau vereinnahmen wir, indem wir Frau Emilie Lessing geb. Müller ein Conto „Emilie Lessing geb. Müller Illaten-Conto“ im Hauptbuch errichten, und dieselbe über dieses Conto für die 50000 M. durch die Casse creditiren.

December 27. Die von der neuen Zuckersiederei gegen baar gekauften 3000 kg Raffinade-Zucker f. und die dagegen bezahlten M. 2583.90 verausgaben wir in der Casse über Waaren-Conto und nicht über Conto-Corrent-Conto, denn mit der neuen Zuckersiederei selbst haben wir ja weiter gar nichts zu thun; letztere giebt uns den Zucker und erhält dagegen von uns den vereinbarten Preis, sodass keiner mehr von dem andern etwas zu fordern hat, da wir aber das Geld für angekaufte Waaren bezahlen, so ist das Waaren-Conto für den Betrag zu belasten. Das Conto-Corrent-Conto resp. die neue Zuckersiederei wäre nur dann zu belasten gewesen für die ihr baar bezahlten M. 2583.90, wenn wir sie vorher für denselben Betrag im Memorial zu Lasten des Waaren-Contos creditirt hätten.

December 30. Wir lösen unser fälliges Accept Lit. Orth & Co. ein, d. h. wir verausgaben den Betrag von 4000 M. durch die Casse zu Lasten des Accepten-Contos. Orth & Co. selbst haben wir schon am 1. December, als wir ihnen unsere div. Accepte sandten, für dies eine in Höhe von M. 4000.— mit belastet u. z. zu Gunsten des Accepten-Contos, so dass wir es jetzt nur noch mit diesem und nicht mehr mit dem Conto Orth & Co., Hamburg, zu thun haben.

December 30. August Lessing und Heinrich Blind entnehmen aus der Casse 550 und 375 M.; hierfür könnte man nun Beide durch die Casse auf ihrem Capital-Conto belasten, also

„Per August Lessing, Capital-Conto“
zahlten demselben 550 etc.

da sich derartige Entnahmen im Jahre aber häufiger wiederholen, so richten wir Beiden ebenso wie bei der einfachen Buchführung ausser ihrem Capital-Conto im Hauptbuch noch je ein Privat-Conto im Conto-Correntbuch ein und belasten sie also für ihre jedesmaligen Entnahmen über Conto-Corrent-Conto, um dann beim Bücherabschluss diese letzteren Conten wieder zu Lasten der resp. Capital-Conten im Hauptbuch auszugleichen, d. h. man creditirt dann das Privat-Conto im Conto-Corrent-Conto für den ganzen Saldo und belastet für denselben das Capital-Conto, sodass hierdurch die Bezüge des ganzen Jahres in einer einzigen Summe auf das Capital-Conto des Hauptbuches zu stehen kommen.

December 30. Die bezahlten Gehälter, Miethe, Brennmaterial, Beleuchtung etc. verausgaben wir auf der Credit-Seite des Cassabuches u. z. zu Lasten des Handlungs-Unkosten-Contos. Wir könnten diesen Posten auch mit Bezug auf unser Engros- und Endetailgeschäft trennen und müssten dann die auf das letztere entfallenden Unkosten über Conto-Corrent-Conto belasten, indem wir in der Casse buchen würden:

Per Handlungs-Unkosten-Conto
Gehälter etc. des Engrosgeschäftes . . .

Per Detailgeschäft
Gehälter etc. desselben . . . .

Bei Geschäften von grösserer Ausdehnung ist dieser Modus auch unbedingt empfehlenswerth. Wir wollen doch im Saldo seines Contos das wirkliche reine Ergebniss des Detailgeschäftes vor uns sehen und müssen, um dies zu erreichen, ohne Ausnahme alle Einnahmen und Ausgaben, welche das Detailgeschäft betreffen, darauf verbuchen.

In unserem Falle wollen wir jedoch der Geringfügigkeit des Betrages wegen eine genaue Trennung der Unkosten nicht vornehmen.

December 31. Die der Frau Emilie Lessing zu creditirenden M. 25.— Zinsen creditiren wir ihr im Memorial auf ihrem Conto „Emilie Lessing geb. Müller, Illaten-Conto“ über Zinsen-Conto. Wir hätten ihr auch die Zinsen auf einem besonderen Conto „Emilie Lessing geb. Müller, Privat-Conto“ im Conto-Correntbuch creditiren können, welchem Conto dann auch etwaige Entnahmen derselben zu belasten wären.

December 31. Für die Waarenbestände des Detailgeschäftes erkennen wir dasselbe behufs Abschlusses und Ermittelung des Gewinnes oder Verlustes im Memorial resp. Journal über Waaren-Conto mit zusammen M. 2894.50. Am 1. Januar haben wir dann natürlich sofort das Detailgeschäft zu Gunsten des Waaren-Contos für die verbliebenen Bestände mit demselben Betrage wieder zu belasten. Von der Einrichtung eines besonderen Contos im Waarenbuch mit der Ueberschrift „Diverse Bestände des Detailgeschäftes“ — wie es die zweite Auflage dieses Buches noch empfahl — kann man wohl billig absehen. Um die Uebereinstimmung des Waaren-Contos mit dem Waarenbuch zu prüfen, genügt es, wenn man diesen Hilfsposten von M. 2894.50 von dem Saldo des ersteren Contos einfach absetzt.

December 31. Die Zinsen der Capital-Einlagen der beiden Socien creditiren wir ihnen erst später durch's Journal auf ihrem Capital-Conto zu Lasten des Zinsen-Contos, wenn wir das Hauptbuch abschliessen, wie wir überhaupt alle Posten, die nur mit dem Abschlusse und der Wiedereröffnung des Hauptbuches zu thun haben, direct durch das Journal verbuchen, da dies einfacher ist, als wenn wir diese Posten erst im Memorial machen und dann wieder wörtlich in's Journal übertragen. Dagegen würden wir den beiden

Socien auf ihrem Privat-Conto zu Gunsten des Zinsen-Contos durch's Memorial die Zinsen auf ihre Entnahmen, wenn solche zu berechnen wären, sofort belasten, da ja diese Posten noch in das Conto-Correntbuch zu übertragen wären, und wir vom Journal in kein Nebenbuch, sondern nur in's Hauptbuch übertragen dürfen.

December 31. Schauss & Co. creditiren wir im Memorial für Provision zu Lasten des Courtage-Contos; da dies nur der einzigste Provisionsposten ist, den wir haben, so legen wir nicht erst ein besonderes Provisions-Conto an, sondern nehmen ihn der Einfachheit wegen mit über Courtagen-Conto.

December 31. Dagegen belasten wir ihnen die Zinsen über Zinsen-Conto und zwar ebenfalls im Memorial.

December 31. Die Uebertragungen der Salden der Privat-Conten beider Socien, auf ihre resp. Capital-Conten, machen wir durch das Memorial wie folgt:

Decbr.	31.	Heinrich Blind, Capital-Conto An Heinrich Blind, Privat-Conto übertragen den Saldo letzteren Contos auf ersteren mit . . . . M.			375	—
		August Lessing, Capital-Conto An August Lessing, Privat-Conto wie vor . . . . M.			550	—

Die zur doppelten Buchführung erforderlichen Bücher würden also in nachstehender Weise einzurichten, zu führen und abzuschliessen sein.

3.

Cassa-Buch.

1

Soll. December **Cassa-**

Journ. 3	1.	An *Heinrich Blind, Capital-Conto* dessen Einlage in's Geschäft . . . M.		75000	—
„ 3		„ *August Lessing, Capital-Conto* desgl. . . . . „		75000	—
„ 3	6.	„ *Conto-Corrent-Conto* Detailgeschäft bezahlt . . . . . . „		1500	—
		Transport M.		151500	—

1

Conto 1891. **Haben.**

Journ. 4	1.	Per *Mobilien-Conto*					
		Folgende Einrichtungsgegenstände:					
		1 eisernes Geldspind	M.	1200	—		
		4 Pulte à 75 M.	„	300	—		
		4 Sessel à 25 M.	„	100	—		
		1 Ladentisch	„	150	—		
		2 kleinere Spinde à 30 M.	„	60	—		
		1 Leistenspiegel	„	5	—		
		1 Wascheinrichtung	„	25	—		
		2 Schreibtische à 180 M.	„	360	—		
		6 Rohrstühle à 10 M.	„	60	—		
		1 Sopha	„	120	—		
		1 Sophatisch	„	75	—		
		1 Spiegel	„	60	—		
		Gardinen und Rouleaux	„	100	—		
		1 Decimalwage	„	40	—		
		1 kleinere Wage	„	10	—		
		Gewichte	„	10	—		
		Ladeneinrichtung des Detailgeschäftes	„	958	60	3633	60
„ 4	1.	„ *Waaren-Conto*					
		Fracht und Steuer:					
		auf Café von Amsterdam . . .	M.	258	—		
		„ Pfeffer „ Hamburg	„	8	70		
		„ Reis „ „	„	28	80		
		„ Café „ Rotterdam . . .	„	207	30		
		„ Raffinade „ Magdeburg . . .	„	56	50		
		„ Zucker „ Halle	„	89	70		
		„ Pflaumen „ Magdeburg . . .	„	21	—		
		„ Thee „ London	„	220	30		
		„ Heringe „ Hamburg	„	63	80	954	10
„ 5		„ *Conto-Corrent-Conto.*					
		Bauer & Golde, Hamburg					
		Baarsendung	M.			970	—
„ 5		*Orth & Co., Hamburg*					
		Desgl.	„			6500	—
„ 4	2.	„ *Wechsel-Conto*					
		kaufen durch Makler Goldstein					
		fl. 4000.— p. 29. Januar p. Amsterdam					
		„ 2000.— „ 6. Februar p. do.					
		fl. 6000.— à $168^{10}/3$ %	„			10089	—
„ 4		„ *Courtagen-Conto*					
		an Makler Goldstein bezahlen wir .	„			5	05
„ 5	3.	„ *Conto-Corrent-Conto.*					
		Werther & Co., Magdeburg					
		Baarsendung	„			4000	—
		Transport	M.			26151	75

2

Soll. December ***Cassa-***

		Transport M.			151500	—
Journ. 3	12.	An *Conto-Corrent-Conto* *Herm. Klein, Berlin* Baarzahlung . . . . „			520	—
„ 3	15.	„ *Wechsel-Conto* discontiren bei der Bank M. 900 p. 7. Februar „ 2000 „ 15. März M. 2900 abzüglich 4 % Discont . . „			2874	80
„ 3		„ *Conto-Corrent-Conto* Detailgeschäft bezahlt . . . . . . „			1800	—
„ 3	20.	„ *Waaren-Conto* an Herm. Klein, Berlin				
		100 kg Raffinade ff. . . . . . . „	111	—		
		100 „ do. f. . . . . . . „	100	—		
		M.	211	—		
		abzüglich 1 % Baarzahlung . . . „	2	10	208	90
„ 3	23.	„ *Conto-Corrent-Conto* Detailgeschäft bezahlt . . . . . . M.			1800	—
„ 3		„ *Wechsel-Conto* discontiren unsere Entnahme auf Schauss & Co. M. 40000.— per 23. März „ 275.— 2¾ % Zinsen . . . . „			39725	—
		ferner bei der Reichsbank: M. 800.— per 23. März „ 250.— „ 18. Februar „ 500.— „ 27. „ „ 500.— „ 18. März M. 2050.— „ 17.80 4 % Zinsen . . . . . „			2032	20
		Transport M.			200460	90

2

Conto 1891. *Haben.*

		Transport M.				26151	75
Journ. 4		Per *Waaren-Conto*					
		Fracht und Steuer auf div. Waaren von Livorno . . . . „				256	50
„ 4		„ *Wechsel-Conto*					
		kaufen durch Makler Goldstein					
		£ 250.—/— p. 15. Februar p. London					
		„ 500.—/— „ 29. „ „ „					
		£ 750.—/— à M. 20.29/3 % . . . „				15229	70
„ 4	3.	„ *Courtagen-Conto*					
		an Makler Goldstein bezahlen wir . „				7	60
„ 4	5.	„ *Mobilien-Conto*					
		kaufen 1 Gaskrone . . . . „	56	—			
		6 Gaslampen . . . . . . „	120	—		176	—
„ 5	8.	„ *Conto-Corrent-Conto.*					
		Berger & Sohn, Magdeburg					
		Baarsendung . . . . M.				6000	—
„ 4	10.	„ *Waaren-Conto*					
		Fracht und Steuer auf div. Cafés von Amsterdam . . . . „				265	70
„ 4		„ *Handlungs-Unkosten-Conto*					
		Eintragung der Firma . . . . . . „				57	50
„ 4	13.	„ *Waaren-Conto*					
		Fracht auf Reis von Hamburg . . „				18	50
„ 4		„ *Mobilien-Conto*					
		kaufen:					
		2 Arbeitswagen à 120 M. . . . „	240	—			
		1 do. à 110 M. . . . „	110	—		350	—
„ 4		„ *Pferde-Conto*					
		kaufen 2 Pferde à 620 M. . . . . . M.				1240	—
„ 4	16.	„ *Wechsel-Conto*					
		kaufen durch Makler Goldstein					
		fl. 5000.— p. 14. März a/Rotterdam					
		„ 6000.— „ 16. „ „ do.					
		fl. 11000.— à M. 168.35/3 % . . . „				18473	60
		Transport				68226	85

3

Haben. December **Cassa-**

			Transport	M.			200460	90
Journ. 3	27.	„	*Emilie Lessing, geb. Müller, Illaten-Conto* Dieselbe zahlt ihre Mitgift	„			50000	—
„ 3	29.	„	*Conto-Corrent-Conto. Oscar Zander, Grüneberg* Baarsendung	„			4500	—
„ 3	30.	„	*Conto-Corrent-Conto* Detailgeschäft bezahlt	„			2155	—
				M.			257115	90
1892 Januar	1.	An	Cassabestand	M.			59358	95

3

Conto 1891. *Soll.*

Journ.							
		Transport	M.			68226	85
Journ. 4		Per *Courtagen-Conto* an Makler Goldstein bezahlen wir .	„			9	20
„ 4	23.	„ *Haus-Conto* kaufen vom Rentier Kummerle das Haus Grosse Friedrichstrasse 119 .	„	300000	—		
		ab Hypotheken	„	180000	—		
				120000	—		
		Stempel und Notariatsspesen . . .	M.	3600	—	123600	—
„ 4		„ *Courtagen-Conto* an Makler Goldstein bezahlen wir .	M.			10	—
„ 4	30.	„ *Accepte-Conto* unser heute fälliges Accept Litt. Orth & Co.	„			4000	—
„ 5		„ *August Lessing, Privat-Conto* zahlen demselben	„			550	—
„ 5		„ *Heinrich Blind, Privat-Conto* Desgl.	„			375	—
„ 4		„ *Handlungs-Unkosten-Conto* zahlen für Gehälter, Miethe, Brennmaterial etc.	„			985	90
	31.	„ *Cassenbestand*	„			59358	95
						257115	90

4.

Memorial.

December 1891.

Journ. 1.	1.	Per *Waaren-Conto.*				
		An 8 Creditores:				
C.-C.-B. 1.		„ *H. M. Blydenstein, Amsterdam*				
		1000 kg Java-Café ff. à 195 fl. p. 100 kg. fl.	1950	—		
		1500 „ do. mittel à 155 „ „ 100 „ „	2325	—		
		2000 „ Portor.-Café ord. à 127 „ „ 100 „ „	2540	—		
		fl.	6815	—		
		à M. $168\frac{1}{2}$ für 100 fl. M.			11483	30
C.-C.-B. 2.		An *Bauer & Golde, Hamburg*				
		1000 kg Pfeffer à 98 M. p. 100 kg . . „			980	—
C.-C.-B. 3.		An *Orth & Co., Hamburg*				
		2000 kg Carolina-Reis f. à 92 M. p. 100 kg „	1840	—		
		2000 „ Ostindisch.-Reis f. à 82 „ „ 100 „ „	1640	—	3480	—
C.-C.-B. 4.		An *Lyden & Sohn, Rotterdam*				
		3000 kg Brasil-Café à 124 fl. p. 100 kg fl.	3720	—		
		2000 kg Cuba-Café à 148 fl. „ 100 „ „	2960	—		
		fl.	6680	—		
		à M. 168.70 für 100 fl. M.			11269	20
C.-C.-B. 5.		An *Werther & Co., Magdeburg*				
		4000 kg Raffinade-Zucker ff. à 96 M. p. 100 kg „	3840	—		
		4000 „ do. f. à 88 „ „ 100 „ „	3520	—		
		5000 „ do. mittel à 81 „ „ 100 „ „	4050	—	11410	—
C.-C.-B. 6.		An *Halle'sche Zuckersiederei in Halle a/S.*				
		5000 kg Melis f. à 86 M. p. 100 kg . „	4300	—		
		5000 „ „ ord. à 76 „ „ 100 „ . . „	3800	—		
		3000 „ Brodzucker à 95 M. „ 100 „ . . „	2850	—	10950	—
C.-C.-B. 7.		An *Berger & Sohn, Magdeburg*				
		5000 kg Catharinen-Pflaumen à 124 M. p. 100 kg . . . . „			6200	—
C.-C.-B. 8.		An *Blackworth & Sons, London*				
		500 kg Pecco-Thee à $91\frac{1}{4}$ £ p. 100 kg £	456	5/-		
		500 „ Congo-Thee à 68 £ p. 100 kg „	340	-/-		
		„	796	5/-		
		à M. 20.34 für 1 £ . . . M.			16195	70
					71968	20

2

December 1891.

Journ. 1.	1.	Per *Waaren-Conto.*				
C.-C.-B. 3.		An *Orth & Co., Hamburg*				
		500 To. Schottische Heringe à 30 M. . M.			15000	—
	1.	Per *Detailgeschäft.*				
Journ. 2.		An *Waaren-Conto*				
		50 kg Java-Café ff. à 360 M. p. 100 kg M.	180	—		
		100 „ „ „ m. à 286 „ „ 100 „ „	286	—		
		200 „ Portorico-Café ord. à 235 M. 100 „ „	470	—		
		100 „ Brasil- „ à 230 M. p. 100 „ „	230	—		
		50 „ Cuba „ à 278 „ „ 100 „ „	139	—		
		50 „ Pfeffer à 105 „ „ 100 „ „	52	50		
		100 „ Carolina-Reis f. à 97 „ „ 100 „ „	97	—		
		100 „ Ostind. „ à 88 „ „ 100 „ „	88	—		
		100 „ Raffin.-Zuck. ff. à 103 „ „ 100 „ „	103	—		
		100 „ „ „ f. à 93 „ „ 100 „ „	93	—		
		100 „ „ „ m. à 86 „ „ 100 „ „	86	—		
		100 „ Melis f. à 92 „ „ 100 „ „	92	—		
		100 „ Brodzucker à 102 „ „ 100 „ „	102	—		
		100 „ Cath.-Pflaumen à 132 „ „ 100 „ „	132	—		
		50 „ Pecco-Thee à 2000 „ „ 100 „ „	1000	—		
		50 „ Congo-Thee à 1500 „ „ 100 „ „	750	—	3900	50
C.-C.-B. 2.		Per *Bauer & Golde, Hamburg.*				
Journ. 2.		An *Waaren-Conto*				
		Decort auf unsere Baarsendung . . M.			10	—
C.-C.-B. 3.		Per *Orth & Co., Hamburg.*				
		An 2 Creditores				
Journ. 2.		„ *Accepte-Conto*				
		per 30. December 1891 M. 4500.—				
		„ 31. Januar 1892 „ 7000.—	11500	—		
Journ. 2.		„ *Waaren-Conto*				
		Decort auf unsere Baarsendung . . M.	325	—	11825	—
C.-C.-B. 10.		Per *Hintze's Nachf., Magdeburg.*				
Journ. 2.		An *Waaren-Conto*				
		400 kg Portor.-Café ord. à 258 M. p. 100 kg M.	1032	—		
		300 „ Raffin.-Zucker f. à $96^{1}/_{2}$ „ „ 100 „ „	289	50		
		200 „ Brodzucker à 108 „ „ 100 „ „	216	—	1537	50

December 1891.

C.-C.-B. 1.	2.	Per *H. M. Blydenstein, Amsterdam.*				
Journ. 2.		An *Wechsel-Conto*				
		fl. 4000.— per 29. Januar per dort				
		„ 2000.— „ 6. Februar „ „				
		fl. 6000.— à M. 168.10/3 % . . . M.			10089	—
C.-C.-B. 7.		Per *Berger & Sohn, Magdeburg.*				
Journ. 2.		An *Accepte-Conto*				
		Unser Accept p. 28. Februar . . M.			6000	—
C.-C.-B.11.		Per *F. Gericke, Frankfurt a/O.*				
Journ. 2.		An *Waaren-Conto*				
		200 kg Java-Café m. à 315 M. p. 100 kg M.	630	—		
		200 „ Portor.-Café ord. à 254 „ „ 100 „ „	508	—		
		200 „ Ostind. Reis à 96 „ „ 100 „ „	192	—	1330	—
C.-C.-B.12.	3.	Per *Urban & Sohn, Pasewalk.*				
Journ. 2.		An *Waaren-Conto*				
		500 kg Brasil-Café à 253 M. p. 100 kg M.	1265	—		
		500 „ Cuba- „ à 304 „ „ 100 „ „	1520	—	2785	—
C.-C.-B. 5.		Per *Werther & Co., Magdeburg.*				
Journ. 2.		An *Waaren-Conto*				
		Decort auf unsere Baarsendung . M.			60	—
Journ. 1.	4.	Per *Waaren-Conto.*				
C.-C.-B.13.		An *Frascatelli & Co., Livorno*				
		5000 kg Smyrna-Rosinen à 80 Frs. p. 100 kg Frs.	4000	—		
		3000 „ Corinthen à 50 „ „ 100 „ „	1500	—		
		2000 „ Sicil.-Mandeln à 155 „ „ 100 „ „	3100	—		
		Frs.	8600	—		
		à M. 81 für 100 Frs. . . . . M.			6966	—
		Per *Detailgeschäft.*				
Journ. 2.		An *Waaren-Conto*				
		50 kg Smyrna-Rosinen à 70 M. p. 100 kg M.	35	—		
		50 „ Corinthen à 44 „ „ 100 „ „	22	—		
		50 „ Sicilian-Mandeln à 140 „ „ 100 „ „	70	—		
		Transport	127	—		

4

December 1891.

		Transport M.				
		200 „ Java-Café m. à 286 „ „ 100 „ „	572	—		
		200 „ Cuba- „ f. à 278 „ „ 100 „ „	556	—		
		400 „ Carolina-Reis f. à 97 „ „ 100 „ „	388	—		
		200 „ Raffinade f. à 93 „ „ 100 „ „	186	—		
		100 „ Melis f. à 92 „ „ 100 „ „	92	—		
		100 To. Schott. Heringe à 32 „ „ Tonne „	3200	—	5121	—
C.-C.-B. 8.		Per *Blackworth & Sons, London.*				
Journ. 2.		An *Wechsel-Conto*				
		£ 250.—/— p. 15. Februar per dort				
		„ 500.—/— „ 29. „ „ „				
		£ 750.—/— à M. 20.29/3 %. . . . M.			15229	70
Journ. 1.		Per *Wechsel-Conto.*				
C.-C.-B.11.		An *F. Gericke, Frankfurt a/O.*				
		per 28. Januar auf hier . . . . . M.			1200	—
C.-C.-B.14.	5.	Per *Itzig Meyer, Felsberg.*				
Journ. 2.		An *Waaren-Conto*				
		500 kg Melis ord. à 84 M. p. 100 kg . M.			420	—
Journ. 1.	6.	Per *Wechsel-Conto.*				
C.-C.-B.12.		An *Urban & Sohn, Pasewalk*				
		deren Accept per 5. März . . . . M.			2500	—
		Per 2 Debitores				
Journ. 2.	8.	An *Waaren-Conto.*				
C.-C.-B.15.		*F. Ehrlich & Co., Brandenburg a/H.*				
		200 kg Carolina-Reis f. à 104 M. p. 100 kg M.	208	—		
		200 „ Ostind. „ à 97 „ „ 100 „ „	194	—		
		50 „ Pecco-Thee à 2160 „ „ 100 „ „	1080	—	1482	—
		Prang's Sne., Wittenberge				
		400 kg Cuba-Café à 304 M. p. 100 kg „			1216	—
					2698	—
C.-C.-B. 7.		Per *Berger & Sohu, Magdeburg.*				
Journ. 2.		An *Waaren-Conto*				
		Decort auf unsere Baarsendung . . M.			90	—

December 1891.

Journ. 1.	9.	Per *Waaren-Conto.*				
C.-C.-B. 1.		An *H. M. Blydenstein, Amsterdam*				
		3000 kg Java-Café m. à 156 fl. p. 100 kg fl.	4680	—		
		3500 „ Portor.-„ ord. à $127^1/_2$ „ „ 100 „ „	4462	50		
		fl.	9142	50		
		à M. $168^1/_4$ p. 100 fl. . . . M.			15382	25
C.-C.-B.17.		Per *Oscar Fraenzel, Cottbus.*				
Journ. 2.		An *Waaren-Conto*				
		100 kg Java-Café ff. à 390 M. p. 100 kg M.	390	—		
		100 „ „ „ m. à 312 „ „ 100 „ „	312	—		
		200 „ Raffinade f. à 101 „ „ 100 „ „	202	—	904	—
C.-C.-B.18.	10.	Per *Herm. Klein, Berlin.*				
Journ. 2.		An *Waaren-Conto*				
		300 kg Raffinade m. à 90 M. p. 100 kg M.	270	—		
		300 „ Melis ord. à 85 „ „ 100 „ „	255	—	525	—
C.-C.-B. 6.	11.	Per *Halle'sche Zuckersiederei, Halle a/S.*				
Journ. 2.		An *Accepte-Conto*				
		unsere Accepte per 10. Januar . . M.	4000	—		
		„ 10. Februar . . „	4000	—		
		„ 10. März . . . „	3000	—	11000	—
Journ. 1.		Per *Wechsel-Conto.*				
C.-C.-B.15.		An *F. Ehrlich & Co., Brandenbuzg a/H.*				
		deren Accepte p. 22. Januar . . . M.	500	—		
		„ 7. Februar . . . „	900	—	1400	—
C.-C.-B.10.	12.	Per *Hintze's Nachf., Frankfurt a/O.*				
Journ. 2.		An *Waaren-Conto*				
		200 kg. Java-Café ff. à 395 M. p. 100 kg M.	790	—		
		300 „ Carolina-Reis f. à 99 „ „ 100 „ „	297	—	1087	—
Journ. 1.		Per *Waaren-Conto.*				
C.-C.-B.18.		An *Herm. Klein, Berlin*				
		Decort auf dessen Baarzahlung . . M.			5	—

December 1891.

Journ. 2.	13.	Per 2 Debitores.				
C.-C.-B.19.		An *Waaren-Conto.*				
		Fetscherin & Pfeiffer, Bern				
		200 kg Java-Café ff. à 395 M. p. 100 kg M.	790	—		
		100 „ Congo-Thee à 1640 „ „ 100 „ „	1640	—	2430	—
C.-C.-B.20.		*Reinhardt & Co., Burg*				
		300 kg Java-Café m. à 314 M. p. 100 kg M.	942	—		
		400 „ Portor.-„ ord. à 255 „ „ 100 „ „	1020	—	1962	—
					4392	—
Journ. 1.		Per *Waaren-Conto.*				
C.-C.-B. 3.		An *Orth & Co., Hamburg*				
		2000 kg Carolina-Reis m. à 64 M. p. 100 kg M.			1280	—
C.-C.-B.11.	15.	Per *F. Gericke, Frankfurt a/O.*				
Journ. 2.		An *Waaren-Conto*				
		300 kg Rosinen à 76 M. p. 100 kg . . M.	228	—		
		200 „ Corinthen à 48½ M. p. 100 kg . „	97	—		
		200 „ Sicil.-Mandeln à 152 M. p. 100 kg „	304	—	629	—
Journ. 1.		Per *Wechsel-Conto.*				
C.-C.-B.19.		An *Fetscherin & Pfeiffer, Bern*				
		deren Accept per 15. März . . . M.			2000	—
C.-C.-B. 4.	16.	Per *Lyden & Sohn, Rotterdam.*				
Journ. 2.		An *Wechsel-Conto*				
		fl. 5000.— per 14. März per dort				
		„ 6000.— „ 16. „ „ „				
		fl. 11000.— à M. 168.35/3% . . . M.			18473	60
C.-C.-B.21.		Per *Heinr. Schwarz, Rixdorf.*				
Journ. 2.		An *Waaren-Conto*				
		200 kg Java-Café m. à 320 M. p. 100 kg M.	640	—		
		300 „ Portor.-„ ord. à 281 „ „ 100 „ „	843	—		
		200 „ Raffinade f. à 102 „ „ 100 „ „	204	—		
		200 „ Melis ord. à 84 „ „ 100 „ „	168	—	1855	—
C.-C.-B.22.		Per *Oscar Zander, Grüneberg.*				
Journ. 2.		An *Waaren-Conto*				
		1000 kg Brasil-Café à 252½ M. p. 100 kg M.			2525	—

December 1891. 7

Journ. 1. C.-C.-B.20.	16.	Per *Wechsel-Conto.* An *Reinhardt & Co., Burg* per 25. Januar auf hier . . . . . M.			1900	—
C.-C.-B.17. Journ. 2.	19.	Per *Oscar Fraenzel, Cottbus.* An *Waaren-Conto* 500 kg Raffinade f. à 101 M. p. 100 kg M. 200 „ Brodzucker à 111 „ „ 100 „ „	505 222	— —	727	—
C.-C.-B.22. Journ. 2.	20.	Per *Oscar Zander, Grüneberg.* An *Waaren-Conto* 250 kg Cathar.-Pflaumen à 143 M. p. 100 kg M. 100 „ Congo-Thee à 1640 M. p. 100 „ „	357 1640	50 —	1997	50
C.-C.-B.17. Journ. 2.	23.	Per *Oscar Fraenzel, Cottbus.* An *Waaren-Conto* 500 kg Melis f. à 101 M. p. 100 kg . . M. 20 „ Congo-Thee à 1640 M. p. 100 kg . „	505 328	— —	833	—
Journ. 3. Journ. 3.		Per *Haus-Conto.* An *Hypotheken-Conto* Hypotheken auf unserem Haus Gr. Friedrichstrasse 119 I. Stelle Mecklenb. Hyp.-Bank . . M. II. „ Rentier Kummerle . . . „	120000 60000	— —	180000	—
 Journ. 2. C.-C.-B.15.		Per 2 Debitores An *Waaren-Conto.* *F. Ehrlich & Co., Brandenburg a/H.* 100 kg Pfeffer à 114 M. p. 100 kg M. 300 „ Smyrna-Rosinen à 76 „ „ 100 „ „ 200 „ Corinthen à 50 „ „ 100 „ „	114 228 100	— — —	442	—
C.-C.-B.22.		*Reinhardt & Co., Burg* 500 kg Portor.-Café ord. à 255 M. p. 100 kg „			1275	—
					1717	—

December 1891.

Journ. 1.	23.	Per *Wechsel-Conto.*				
C.-C.-B.23.		An *Schauss & Co.,*				
		creditiren dieselben für uns. Entnahme				
		per 23. März 92 . . . . M.			40000	—
Journ. 1.		Per *Wechsel-Conto.*				
C.-C.-B.17.		An *Oscar Fraenzel, Cottbus*				
		dessen Accept per 23. März . . . M.			800	—
		div. Wechsel: „ 18. Februar . . „	250	—		
		„ 27. „ . . „	500	—		
		„ 18. März . . . „	500	—	1250	—
C.-C.-B.21.	27.	Per *Heinr. Schwarz, Rixdorf.*				
Journ. 2.		An *Waaren-Conto*				
		500 kg Portor.-Café ord. à 281 M. p. 100 kg M.	1405	—		
		500 „ Melis ord. à 84 M. p. 100 kg . „	420	—	1825	—
C.-C.-B.10.	29.	Per *Hintze's Nachf., Frankfurt a/O.*				
Journ. 2.		An *Waaren-Conto*				
		50 kg Pecco-Thee à 2150 M. p. 100 kg M.			1075	—
Journ. 1.		Per *Waaren-Conto.*				
C.-C.-B.22.		An *Oscar Zander*				
		Decort auf dessen Baarsendung . . M.			45	—
Journ. 1.	30.	Per *Waaren-Conto.*				
C.-C.-B. 4.		An *Lyden & Sohn, Rotterdam*				
		4000 kg Brasil-Café à 125 fl. p. 100 kg fl.	5000	—		
		3000 „ Cuba- „ à 149 1/2 fl. p. 100 „ „	4485	—		
		fl.	9485	—		
		à M. 167.90 für 100 fl. M.			15925	30
C.-C.-B.11.		Per *Fr. Gericke, Frankfurt a/O.*				
Journ. 2.		An *Waaren-Conto*				
		500 kg Java-Café m. à 315 M. p. 100 kg M.	1575	—		
		500 „ Portor.- „ ord. à 254 „ „ 100 „ „	1270	—	2845	—
		Per *August Lessing, Capital-Conto.*				
		An *August Lessing, Privat-Conto* . . . M.			550	—

December 1891.

	30.	Per *Heinrich Blind, Capital-Conto.* An *Heinrich Blind, Privat-Conto* . . . M.			375	—
Journ. 3.		Per *Zinsen-Conto.* An *Emilie Lessing, geb. Müller, Illaten-Conto* creditiren derselben 6 % Zinsen für 3 Tage . . . . M.			25	—
Journ. 1.		Per *Waaren-Conto.* An *Detailgeschäft* creditiren letzteres behufs Abschlusses für die am 31. December verbliebenen Bestände an Casse und Waaren . . M.			2894	50
Journ. 2.		Per *Detailgeschäft.* An *Mobilien-Conto* belasten ersteres Conto für Abschreibung auf die Ladeneinrichtung mit ca. 2% von M. 758.60 . M.			15	60
Journ. 1.	30.	Per *Courtagen-Conto.* An *Schauss & Co.,* creditiren letztere für Provision auf unsere Entnahme . . . . M.			133	30
Journ. 3.	31.	Per *Schauss & Co.* An *Zinsen-Conto* belasten erstere für Zinsen laut uns übergebenen Conto-Corrents . . . M.			322	80
Journ. 3.		Per 4 Debitores An *Gewinn- und Verlust-Conto* belasten nachstehende Conten für Valuta-Ausgleich				
		Per H. M. Blydenstein . . . . M.	47	95		
		„ Lyden & Sohn . . . . „	43	70		
		„ Blackworth & Sons . . . . . „	24	80		
		„ Frascatelli & Co. . . . . „	43	—	159	45
Journ. 3.		Per *Detailgeschäft.* An *Gewinn- und Verlust-Conto* übertragen den Gewinn des Detailgeschäfts mit . . . . M.			1112	40

5. Erklärungen zu den Uebertragungen aus dem Cassa-Conto und dem Memorial in das Journal und aus diesem in's Hauptbuch.

Wie schon früher gesagt, ist der Zweck des Journales der, eine summarische Uebertragung von Posten ein und derselben Gattung auf die entsprechenden Conten des Hauptbuches zu ermöglichen.

Nachdem wir die einzelnen Geschäftsvorfälle in vorstehender Weise in der Casse und im Memorial gebucht haben, stellen wir im Journal alle Posten am Ende des Monats zusammen, indem wir zunächst das Memorial zur Hand nehmen. Der erste Posten darin lautet:

Per Waaren-Conto
An Conto-Corrent-Conto,

d. h. das Waaren-Conto schuldet an Conto-Corrent-Conto, resp. an H. M. Blydenstein, Bauer & Golde etc., die ja alle zum Conto-Corrent-Conto gehören. In gleicher Weise wird das Waaren-Conto am 4. December schuldig an Frascatelli & Co. in Livorno, — am 9. December an H. M. Blydenstein, Amsterdam u. s. w. Ebenso wie das Waaren-Conto tritt nun auch das Wechsel-Conto mehrfach im Laufe des Monats in ein Schuldverhältniss zum Conto-Corrent-Conto, dadurch dass unsere Geschäftsfreunde ihre Accepte zur Gutschrift einsenden; so z. B. F. Gericke, Frankfurt a/M. am 4. December, Urban & Sohn, Pasewalk am 6. December etc.

Das Conto-Corrent-Conto unseres Hauptbuches erscheint somit wiederholt als Creditor einer ganzen Reihe von anderen Conten gegenüber.

Wir beginnen demnach unsere Eintragungen in das Journal mit den Worten:

Per . . . Debitores
An Conto-Corrent-Conto

und fügen daran, unter der gemeinsamen Ueberschrift „Per Waaren-Conto“, der Reihenfolge des Memorials folgend alle Schuldposten des Waaren-Contos an das Conto-Corrent-Conto. Wenn wir damit zu Ende sind, addiren wir die Beträge auf, werfen die Summe in der zweiten Colonne aus und finden nun, dass das Waaren-Conto im Laufe des ganzen Monats an das Conto-Corrent-Conto M. 129466.25 schuldig geworden ist.

Hierauf beginnen wir unter der gemeinsamen Ueberschrift „Per Wechsel-Conto“ die sämmtlichen Schuldposten dieses Contos an das Conto-Corrent-Conto aufzuzählen und verfahren ganz so wie vordem beim Waaren-Conto. Das Resultat ist eine Schuldsumme von M. 51050.— des Wechsel-Contos an das Conto-Corrent-Conto.

Die beiden nächsten Hauptbuch-Conten, welche hier in Betracht kommen, sind dann: „August Lessing, Capital-Conto“ und „Heinrich Blind, Capital-Conto“, welche beide in Folge der gemachten Ueberträge von den bezüglichen Privat-Conten in Höhe derselben Schuldner des Conto-Corrent-Contos geworden sind. Und endlich folgt noch das „Courtagen-Conto“, das wir für die an Schauss & Co. schuldige Provision von M. 133.30 durch das Memorial belastet hatten.

Da unser Memorial keinen weiteren Schuldposten irgend eines Contos an das Conto-Corrent-Conto aufweist, addiren wir nunmehr die einzelnen Summen in der zweiten Zahlencolonne des Journals auf und erhalten als Resultat M. 181574.55 als Gesammtforderung des Conto-Corrent-Contos an das Hauptbuch aus den Buchungsposten des Memorials.

Wir haben jetzt auch die Anzahl der Debitores an das Conto-Corrent-Conto auf fünf festgestellt und setzen somit die Ziffer 5 nach dem Wörtchen „Per“ an die Spitze unserer Eintragungen, die nun beginnen:

Per 5 Debitores
An Conto-Corrent-Conto
u. s. w.

Wir wissen aber aus dem Gange unseres Geschäftes, dass unser Conto-Corrent-Conto im Laufe des Monats auch mehrfach Debitor an andere Conten des Hauptbuches geworden ist. Wir wollen deshalb zunächst diese Verpflichtungen des Conto-Corrent-Contos feststellen und beginnen demnach unseren zweiten Journalposten mit den Worten:

Per Conto-Corrent-Conto
An . . . Creditores.

Durch die Uebergabe diverser Waaren an das Detailgeschäft am 1. December ist das Conto-Corrent-Conto zum ersten Mal in ein

Schuldverhältniss zum Waaren-Conto getreten. Unter der Ueberschrift „An Waaren-Conto“ fassen wir somit, chronologisch geordnet, die Schuldposten des Conto-Corrent-Contos an das Waaren-Conto zusammen und finden bei der Addition, dass die Gesammthöhe M. 41213.50 beträgt.

Das nächste Hauptbuch-Conto, welches Gläubiger des Conto-Corrent-Contos wird, ist das Accepte-Conto, u. z. durch die Zusendung unserer Accepte von M. 11500.— an Orth & Co., Hamburg am 1. December, M. 6000.— an Berger & Sohn, Magdeburg am 2. December und von M. 11000.— an die Halle'sche Zuckersiederei am 11. December, — in Summa M. 28500.—. In gleicher Weise wird das Conto-Corrent-Conto nach einander Schuldner des Wechsel-, Mobilien-, Zinsen- und Gewinn- und Verlust-Contos, — u. z. mit einer Gesammtschuld von M. 115116.05 an das Hauptbuch aus den Buchungsposten des Memorials.

Bei genauer Durchsicht des Memorials ergiebt es sich, dass zwei Posten noch offen geblieben sind, welche zu dem Conto-Corrent-Conto nicht in Beziehung stehen und sich deshalb unter die beiden bisher gemachten Journalbuchungen nicht einreihen liessen. Wir nehmen diese Posten unverändert in das Journal herüber und schreiben:

Per Haus-Conto

An Hypotheken-Conto . . . . M. 180000.—

und

Per Zinsen-Conto

An Emilie Lessing, geb. Müller, Illaten-Conto M. 25.—.

Damit haben wir den Inhalt des Memorials erschöpft. Es erübrigt noch die Zusammenfassung der im Cassabuch vorgenommenen Buchungen.

Wie vordem das Conto-Corrent-Conto, so bildet jetzt — nur noch in weit höherem Maasse — das Cassa-Conto den Schwerpunkt der zu construirenden Journalposten. Naturgemäss muss bei allen im Cassabuch vorhandenen Eintragungen das Cassa-Conto entweder als Debitor oder als Creditor figuriren. Beginnen wir mit der Debet-Seite, so erscheint daselbst als erster Gläubiger „Heinrich Blind, Capital-Conto“ mit seiner Einlage von M. 75000.—, — als zweiter „August Lessing, Capital-Conto“ mit seiner Einlage in gleicher Höhe. Diese beiden reihen wir also zunächst an die Ueberschrift:

Per Cassa-Conto

An . . Creditores.

An dritter Stelle erscheint das Conto-Corrent-Conto mit einer Baarzahlung des Detailgeschäftes von M. 1500.—, welcher von Seiten desselben, sowie zweier Geschäftsfreunde im Laufe des Monats noch mehrere mit verschiedenen Beträgen folgen. Wir schreiben diese einzelnen Schuldposten des Cassa-Contos an das Conto-Corrent-Conto unter einander und werfen die Summe von 12275 M. in der zweiten Zahlencolonne aus. Ebenso machen wir es dann mit den bezüglichen Schuldposten des Cassa-Contos an das Wechsel-Conto, Waaren-Conto etc.

Wir erhalten dann einen Betrag von M. 257115.90 als Gesammtschuld des Cassa-Contos an das Hauptbuch.

Diesem Vorgehen entsprechend stellen wir dann aus der Credit-Seite des Cassabuches unter der Aufschrift

Per 9 Debitores
An Cassa-Conto

die Gesammtforderung des Cassa-Contos an das Hauptbuch mit 197756.95 fest.

Nachdem wir also in vorstehender Weise sämmtliche Posten aus dem Memorial und aus der Casse im Journal zusammengestellt haben, müssen wir die Uebertragungen aus dem Journal in's Hauptbuch machen.

Der erste Posten im Journal lautet:

Per 5 Debitores
An Conto-Corrent-Conto;

wir richten deshalb im Hauptbuch ein Conto ein, das wir „Conto-Corrent-Conto" nennen, und schreiben — da „Per" nur auf der Credit-Seite stehen kann — auf die Credit-Seite desselben: Per 5 Debitores M. 181574.55. Hierauf etabliren wir jedem dieser fünf Debitores ein Conto im Hauptbuch und buchen — da „An" nur auf der Debet-Seite stehen kann — auf der Debet-Seite des Waaren-Contos: An Conto-Corrent-Conto M. 129466.25. — auf der Debet-Seite des Wechsel-Contos: An Conto-Corrent-Conto M. 51050.— u. s. w.

Der nächstfolgende Posten heisst:

Per Conto-Corrent-Conto
An 6 Creditores;

wir schreiben also zunächst in das Conto-Corrent-Conto im Hauptbuch: „An 6 Creditores M. 115116.05" auf die Debet-Seite, — sodann auf die Credit-Seite der entsprechenden Conten u. z. auf

Waaren-Conto „Per Conto-Corrent-Conto M. 41213.50“, — auf Wechsel-Conto „Per Conto-Corrent-Conto M. 43792.30 etc.

Jedem Creditor, für den im Hauptbuch noch kein Conto vorhanden ist, muss natürlich ein solches nunmehr errichtet werden. Auf diese Weise treten als neue Conten hinzu: das Accepte-Conto, das Mobilien-Conto, das Zinsen-Conto, das Gewinn- und Verlust-Conto, — und in weiterer Folge das Haus-Conto, Hypotheken-Conto etc.

Bei jedem Posten, der in's Hauptbuch übertragen ist, schreibt man dann im Journal dasjenige Folio bei, auf dem er im Hauptbuch steht, und im Hauptbuch dasjenige, auf dem er im Journal steht. —

Am Ende des Jahres, vor Herstellung der Bilanz, nimmt das Journal dann noch alle diejenigen Buchungsposten auf, welche zur Vervollständigung und zum Abschluss der Conten des Hauptbuches nöthig sind. Darüber geben wir die näheren Erläuterungen unter den Anmerkungen zum Abschluss des Hauptbuches (Seite 147).

6.

Journal.

1

December 1891.

		Per 5 Debitores.				
H.-B. 4.		**An Conto-Corrent-Conto.**				
„ 5.		Per *Waaren-Conto.*				
		H. M. Blydenstein, Amsterdam . . M.	11483	30		
		Bauer & Golde, Hamburg . . . . „	980	—		
		Orth & Co., Hamburg . . . . . „	3480	—		
		Lyden & Sohn, Rotterdam . . . . „	11269	20		
		Werther & Co., Magdeburg . . . „	11410	—		
		Halle'sche Zuckersiederei, Halle a/S. „	10950	—		
		Berger & Sohn, Magdeburg . . . „	6200	—		
		Blackworth & Sons, London . . . „	16195	70		
		Orth & Co., Hamburg . . . . . „	15000	—		
	4.	Frascatelli & Co., Livorno . . . . „	6966	—		
	9.	H. M. Blydenstein, Amsterdam . . „	15382	25		
	12.	Herm. Klein, Berlin . . . . . . „	5	—		
	13.	Orth & Co., Hamburg . . . . . „	1280	—		
	29.	Oscar Zander, Grüneberg . . . . „	45	—		
	30.	Lyden & Sohn, Rotterdam . . . . „	15925	30		
	31.	Detailgeschäft . . . . „	2894	50	129466	25
„ 6.		„ *Wechsel-Conto.*				
	4.	F. Gericke, Frankfurt a/O. . . . . „	1200	—		
	6.	Urban & Sohn, Pasewalk . . . . „	2500	—		
	11.	F. Ehrlich & Co., Brandenburg . . „	1400	—		
	15.	Fetscherin & Pfeiffer, Bern . . . „	2000	—		
	16.	Reinhardt & Co., Burg . . . . . „	1900	—		
	23.	Schauss & Co., Berlin . . . . . „	40000	—		
		Oscar Fraenzel, Cottbus . . . . . „	2050	—	51050	—
„ 2.		„ *August Lessing, Capital-Conto.*				
		August Lessing, Privat-Conto . . . „			550	—
„ 1.		„ *Heinrich Blind, Capital-Conto.*				
		Heinrich Blind, Privat-Conto . . . „			375	—
„ 12.		„ *Courtagen-Conto.*				
		Schauss & Co., hier . . . . . . „			133	30
					181574	55

2

December 1891.

H.-B. 4.		Per **Conto-Corrent-Conto.**					
		An 6 Creditores.					
„ 5.		„ *Waaren-Conto.*					
	1.	Detailgeschäft	M.	3900	50		
		Bauer & Golde, Hamburg	„	10	—		
		Orth & Co., Hamburg	„	325	—		
		Hintze's Nachfolger, Magdeburg . .	„	1537	50		
	2.	F. Gericke, Frankfürt a/O.	„	1330	—		
	3.	Urban & Sohn, Pasewalk	„	2785	—		
		Werther & Co., Magdeburg . . .	„	60	—		
	4.	Detailgeschäft	„	5121	—		
	5.	Itzig Meyer, Felsberg	„	420	—		
	8.	F. Ehrlich & Co., Brandenburg a/H.	„	1482	—		
		Prang's Sne., Wittenberge	„	1216	—		
		Berger & Sohn, Magdeburg . . .	„	90	—		
	9.	Oscar Fraenzel, Cottbus	„	904	—		
	10.	Herm. Klein, Berlin	„	525	—		
	12.	Hintze's Nachf., Frankfurt a/O. . .	„	1087	—		
	13.	Fetscherin & Pfeiffer, Bern . . .	„	2430	—		
		Reinhardt & Co., Burg	„	1962	—		
	15.	F. Gericke, Frankfurt a/O.	„	629	—		
	16.	Heinrich Schwarz, Rixdorf	„	1855	—		
		Oscar Zander, Grüneberg	„	2525	—		
	19.	Oscar Fraenzel, Cottbus	„	727	—		
	20.	Oscar Zander, Grüneberg	„	1997	50		
	23.	Oscar Fraenzel, Cottbus	„	833	—		
		F. Ehrlich & Co., Brandenburg a/H.	„	442	—		
		Reinhardt & Co., Burg	„	1275	—		
	27.	Heinrich Schwarz, Rixdorf	„	1825	—		
	29.	Hintze's Nachf., Frankfurt a/O. . .	„	1075	—		
	30.	F. Gericke, Frankfurt a/O.	„	2845	—	41213	50
„ 7.		„ *Accepte-Conto.*					
	2.	Orth & Co., Hamburg	„	11500	—		
	11.	Berger & Sohn, Magdeburg . . .	„	6000	—		
		Halle'sche Zuckersiederei, Halle . .	„	11000	—	28500	—
„ 6.		„ *Wechsel-Conto.*					
	2.	H. M. Blydenstein, Amsterdam . .	„	10089	—		
	4.	Blackworth & Sons, London . . .	„	15229	70		
	16.	Lyden & Sohn, Rotterdam	„	18473	60	43792	30
„ 11.		„ *Mobilien-Conto.*					
		Detailgeschäft	„	15	60	15	60
		Transport	M.			113521	40

3

December 1891.

		Transport			113521	40
H.-B.15.		An *Zinsen-Conto.*				
	16.	Schauss & Co. . . . . M.			322	80
„ 16.		„ *Gewinn- und Verlust-Conto.*				
		H. M. Blydenstein, Amsterdam . . „	47	95		
		Lyden & Sohn, Rotterdam . . . . „	43	70		
		Blackworth & Sons, London . . . „	24	80		
		Frascatelli & Co., Livorno . . . . „	43	—		
		Detailgeschäft . . . . „	1112	40	1271	85
					115116	05
„ 8.		Per *Haus-Conto.*				
„ 9.	23.	An *Hypotheken-Conto* . . . . „			180000	—
„ 15.		Per *Zinsen-Conto.*				
„ 3.	31.	An *Emilie Lessing, geb. Müller,* *Illaten-Conto* . . . . „			25	—
„ 10.		Per **Cassa-Conto.**				
		An 6 Creditores.				
„ 1.	1.	„ *Heinrich Blind, Capital-Conto* . . „			75000	—
„ 2.		„ *August Lessing, Capital-Conto* . . „			75000	—
„ 4.		„ *Conto-Corrent-Conto.*				
	6.	„ Detailgeschäft . . . . „	1500	—		
	12.	„ Hermann Klein, Berlin . . . . . „	520	—		
	15.	„ Detailgeschäft . . . . „	1800	—		
	23.	„ do. . . . . „	1800	—		
	29.	„ Oscar Zander, Grüneberg . . . . „	4500	—		
	30.	„ Detailgeschäft . . . . „	2155	—	12275	—
„ 6.		„ *Wechsel-Conto.*				
	15.	Bei der Bank discontirt . . . . „	2874	80		
	23.	Unsere Entnahme auf Schauss & Co. „	39725	—		
		Bei der Bank discontirt . . . . . „	2032	20	44632	—
„ 5.		„ *Waaren-Conto.*				
	20.	200 kg Raffinade . . . . „			208	90
„ 3.		„ *Emilie Lessing, geb. Müller,* *Illaten-Conto.*				
		Deren Mitgift . . . . „			50000	—
					257115	90

4

December 1891.

		Per 9 Debitores.				
H.-B.10.		An **Cassa-Conto.**				
„ 11.		Per *MobilienConto.*				
	1.	Diverse . . . . M.	3633	60		
	5.	do. . . . . „	176	—		
	13.	do. . . . . „	350	—	4159	60
„ 5.		„ *Waaren-Conto.*				
	1.	Frachten und Steuer . . . . „	954	10		
	3.	„ „ „ . . . . „	256	50		
	10.	„ „ „ . . . . „	265	70		
	13.	„ „ „ . . . . „	18	50	1494	80
„ 6.		„ *Wechsel-Conto.*				
	2.	fl. 6000.— per Amsterdam . . . . . „	10089	—		
	3.	£ 750.— „ London . . . . . . „	15229	70		
	16.	fl. 11000.— „ Amsterdam . . . . „	18473	60	43792	30
„ 12.		„ *Courtagen-Conto.*				
	2.	Makler Goldstein . . . . „	5	05		
	3.	„ „ . . . . „	7	60		
	16.	„ „ . . . . „	9	20		
	23.	„ „ . . . . „	10	—	31	85
„ 13.		„ *Handlungs-Unkosten-Conto.*				
	10.	Eintragung der Firma . . . . . . „	57	50		
	30.	Gehälter und Miethe etc. . . . . . „	985	90	1043	40
„ 14.		„ *Pferde-Conto.*				
	13.	2 Pferde . . . . „			1240	—
„ 8.		„ *Haus-Conto.*				
	23.	Kaufpreis abzüglich Hypotheken . . „			123600	—
„ 7.		„ *Accepte-Conto.*				
	30.	Unser heute fälliges Accept . . . „			4000	—
		Transport M.			179361	95

5

December 1891.

		Transport				179361	95
H.-B. 4.		Per *Conto-Corrent-Conto.*					
	1.	Bauer & Golde	M.	970	—		
		Orth & Co.	„	6500	—		
	3.	Werther & Co.	„	4000	—		
	8.	Berger & Sohn	„	6000	—		
	30.	August Lessing, Privat-Conto . . .	„	550	—		
		Heinrich Blind, Privat-Conto . . .	„	375	—	18395	—
						197756	95
„ 15.		Per *Zinsen-Conto.*					
		An 2 Creditores.					
		Wir creditiren nachstehenden Conten 5% Zinsen auf ihre Capital-Einlage vom 1.—31. December:					
„ 1.		„ *Heinrich Blind, Capital-Conto* . .	„			312	50
„ 2.		„ *August Lessing, Capital-Conto* . .	„			312	50
						625	—
„ 7.		Per *Accepte-Conto.*					
„ 15.		An *Zinsen-Conto.*					
		creditiren letzterem Conto zu Lasten des ersteren 4% Zinsen auf unsere im Umlauf befindlichen Accepte . . .	„			110	55
		Per 4 Debitores.					
„ 17.		An *Bilanz-Conto.*					
		belasten nachstehende Conten behufs Abschlusses derselben für ihre Forderungen an uns					
„ 3.		Per *Emilie Lessing, geb. Müller, Illaten-Conto*	„			50025	—
„ 4.		„ *Conto-Corrent-Conto*	„			60338	50
„ 7.		„ *Accepte-Conto*	„			24389	45
„ 9.		„ *Hypotheken-Conto*	„			180000	—
						314752	95

6

December 1891.

H.-B.17.		Per *Bilanz-Conto.*				
		An 6 Creditores				
		creditiren nachstehende Conten behufs Abschlusses derselben für den Werth der Bestände				
„ 5.	30.	„ *Waaren-Conto* . . . . M.			94313	80
„ 6.		„ *Wechsel-Conto* . . . . „			6071	45
„ 8.		„ *Haus-Conto* . . . . „			303600	—
„ 10.		„ *Cassa-Conto* . . . . „			59358	95
„ 11.		„ *Mobilien-Conto* . . . . „			4144	—
„ 14.		„ *Pferde-Conto* . . . . „			1215	—
					468703	20
„ 5.		Per *Waaren-Conto.*				
„ 16.		An *Gewinn- und Verlust-Conto.*				
		Erzielter Gewinn . . . . „			4775	15
„ 16.		Per *Gewinn- und Verlust-Conto.*				
		An 5 Creditores				
		creditiren nachstehende Conten behufs Abschlusses derselben für die gehabten Verluste resp. Abschreibungen				
„ 6.		An *Wechsel-Conto* . . . . „			346	55
„ 12.		„ *Courtagen-Conto* . . . . „			165	15
„ 13.		„ *Handlungs-Unkosten-Conto* . . . . „			1043	40
„ 14.		„ *Pferde-Conto* . . . . „			25	—
„ 15.		„ *Zinsen-Conto* . . . . „			216	65
					1796	75
„ 16.		Per *Gewinn- und Verlust-Conto.*				
		An 2 Creditores				
„ 1.		„ *Heinrich Blind, Capital-Conto* . . „	2125	15		
„ 2.		„ *August Lessing, Capital-Conto* . . „	2125	10	4250	25
		Per 2 Debitores.				
„ 17.		An *Bilanz-Conto.*				
„ 1.		*Heinrich Blind, Capital-Conto* . . „			77062	65
„ 2.		*August Lessing, Capital-Conto* . . „			76887	60
					153950	25

Januar 1892.

H.-B. 17.	1.	Per *Bilanz-Conto*				
		An 6 Creditores creditiren nachstehende Conten behufs Wiedereröffnung für ihre Forderungen an uns				
„ 1.		„ *Heinrich Blind, Capital-Conto* . . M.	77062	65		
„ 2.		„ *August Lessing, Capital-Conto* . . „	76887	60		
„ 3.		„ *Emilie Lessing, geb. Müller, Illaten-Conto* . . . . „	50025	—		
„ 4.		„ *Conto-Corrent-Conto* . . . . . . „	60338	50		
„ 7.		„ *Accepte-Conto* . . . . „	24389	45		
„ 9.		„ *Hypotheken-Conto* . . . . „	180000	—		
					468703	20
		Per 6 Debitores.				
„ 17.		An *Bilanz-Conto.* belasten nachstehende Conten behufs Wiedereröffnung derselben für den Werth der ihnen am 31. Decbr. 1891 verbliebenen Bestände				
„ 5.		Per *Waaren-Conto* . . . . „	94313	80		
„ 6.		„ *Wechsel-Conto* . . . . „	6071	45		
„ 8.		„ *Haus-Conto* . . . . „	303600	—		
„ 10.		„ *Cassa-Conto* . . . . „	59358	95		
„ 11.		„ *Mobilien-Conto* . . . . „	4144	—		
„ 14.		„ *Pferde-Conto* . . . . „	1215	—		
					468703	20
„ 15.		Per *Zinsen-Conto.*				
„ 7.		An *Accepte-Conto.* creditiren dem letzteren Conto die am 31. Decbr. 1891 belasteten Zinsen „			110	55

7.

Haupt-Buch.

1

Soll. ***Heinrich Blind,***

1891 December	30.	An denselben, Privat-Conto	M.		375	—
		„ Bilanz-Conto	M.		77062	65
					77437	65

2

Soll. ***August Lessing,***

1891 December	30.	An denselben Privat-Conto	M.		550	—
	31.	„ Bilanz-Conto	M.		76887	60
					77437	60

3

Soll. ***Emilie Lessing, geb. Müller,***

1891 December	31.	An Bilanz-Conto	M.		50025	—
					50025	—

1

Capital-Conto Haben.

1891 December	1.	Per Cassa-Conto	M.	75000	—
	30.	„ Zinsen-Conto	M.	312	50
	31.	„ Gewinn- und Verlust-Conto . . .	„	2125	15
				77437	65
1892 Januar	1.	Per Bilanz-Conto	M.	77062	65

2

Capital-Conto Haben.

1891 December	1.	Per Cassa-Conto	M.	75000	—
	30.	„ Zinsen-Conto	M.	312	50
	31.	„ Gewinn- und Verlust-Conto . . .	„	2125	10
				77437	60
1892 Januar	1.	Per Bilanz-Conto	M.	76887	60

3

Illaten-Conto Haben.

1891 December	30.	Per Zinsen-Conto	M.	25	—
	27.	„ Cassa-Conto	„	50000	—
				50025	—
1892 Januar	1.	Per Bilanz-Conto	M.	50025	—

4

Soll. *Conto-Corrent-*

1891 December	1.—31.	An 6 Creditores	M.		115116	05
		„ Cassa-Conto	„		18395	—
	31.	„ Bilanz-Conto	M.		60338	50
					193849	55

5

Soll. *Waaren-*

1891 December	1.—31.	An Conto-Corrent-Conto	M.		129466	25
		„ Cassa-Conto	„		1494	80
	31.	„ Gewinn- und Verlust-Conto . . .	M.		4775	15
					135736	20
1892 Januar	1.	An Bilanz-Conto	„		94313	80

6

Soll. *Wechsel-*

1891 December	1.—31.	An Conto-Corrent-Conto	M.		51050	—
		„ Cassa-Conto	„		43792	30
					94842	30
1892 Januar	1.	An Bilanz-Conto	M.		6071	45

4

Conto. Haben.

1891 December	1.—31.	Per 5 Debitores	M.	181574	55
		„ Cassa-Conto	„	12275	—
				193849	55
1892 Januar	1.	Per Bilanz-Conto	M.	60338	50

5

Conto. Haben.

1891 December	1.—31.	Per Conto-Corrent-Conto	M.	41213	50
		„ Cassa-Conto	„	208	90
		„ Bilanz-Conto	M.	94313	80
				135736	20

6

Conto. Haben.

1891 December	1.—31.	Per Conto-Corrent-Conto	M.	43792	30
		„ Cassa-Conto	„	44632	—
		„ Bilanz-Conto	M.	6071	45
	31.	„ Gewinn- und Verlust-Conto . .	„	346	55
				94842	30

7

Soll. ***Accepte-***

1891					
December	30.	An Cassa-Conto	M.	4000	—
		„ Zinsen-Conto	M.	110	55
	31.	„ Bilanz-Conto	„	24389	45
				28500	—

8

Soll. ***Haus-***

1891					
December	23.	An Hypotheken-Conto	M.	180000	—
		„ Cassa-Conto	„	123600	—
				303600	—
1892					
Januar	1.	An Bilanz-Conto	M.	303600	—

9

Soll. ***Hypotheken-***

1891					
December	31.	An Bilanz-Conto	M.	180000	—

7

Conto. **Haben.**

1891 December	1.—31.	Per Conto-Corrent-Conto	M.		28500	—
					28500	—
1892 Januar	1.	Per Bilanz-Conto	M.		24389	45
		„ Zinsen-Conto	„		110	55

8

Conto. **Haben.**

1891 December	23.	Per Bilanz-Conto	M.		303600	—
					303600	—

9

Conto. **Haben.**

1891 December	31.	Per Haus-Conto	M.		180000	—
1892 Januar	1.	Per Bilanz-Conto	M.		180000	—

10

Soll. ***Cassa-***

1891 December	1.—31.	An 6 Creditores . . . . M.		257115	90
				257115	90
1892 Januar	1.	An Bilanz-Conto . . . . M.		59358	95

11

Soll. ***Mobilien-***

1891 December	1.—31.	An Cassa-Conto . . . . M.		4159	60
				4159	60
1892 Januar	1.	An Bilanz-Conto . . . . M.		4144	—

12

Soll. ***Courtagen-***

1891 December	30.	An Conto-Corrent-Conto . . . . . M.		133	30
	1.—31.	„ Cassa-Conto . . . . „		31	85
				165	15

10

Conto. Haben.

1891					
December	1.—31.	Per 9 Debitores	M.	197756	95
	31.	„ Bilanz-Conto	M.	59358	95
				257115	90

11

Conto. Haben.

1891					
December	30.	Per Conto-Corrent-Conto	M.	15	60
	31.	„ Bilanz-Conto	M.	4144	—
				4159	60

12

Conto. Haben.

1891					
December	31.	Per Gewinn- und Verlust-Conto . . .	M.	165	15
				165	15

13

Soll. ***Handlungs-***

1891 December	1.—31.	An Cassa-Conto	M.	1043	40
				1043	40

14

Soll. ***Pferde-***

1891 December	1.—31.	An Cassa-Conto	M.	1240	—
				1240	—
1892 Januar	1.	An Bilanz-Conto	M.	1215	—

15

Soll. ***Zinsen-***

1891 December	30.	An Emilie Lessing, geb. Müller, Illaten-Conto	M.	25	—
		„ 2 Creditores	„	625	—
				650	—
1892 Januar	1.	An Accepten-Conto	M.	110	55

13

Unkosten-Sonto.

Haben.

1891 December	31.	Per Gewinn- und Verlust-Conto . . .	M.	1043	40
				1043	40

14

Conto.

Haben.

1891 December	31.	Per Bilanz-Conto	M.	1215	—
	31.	„ Gewinn- und Verlust-Conto . . .	„	25	—
				1240	—

15

Conto.

Haben.

1891 December	30.	Per Conto-Corrent-Conto	M.	322	80
		„ Accepten-Conto	M.	110	55
	31.	„ Gewinn- und Verlust-Conto . .	„	216	65
				650	—

16

Soll. ***Gewinn- und***

1891 December	31.	An 5 Creditores . . . . M.		1796	75
		„ 2 do. . . . . „		4250	25
				6047	—

17

Soll. ***Bilanz-***

1891 December	31.	An 6 Creditores . . . . M.		468703	20
				468703	20
1892 Januar	1.	An 6 Creditores . . . . M.		468703	20

16

Verlust-Conto. Haben.

1891 December	30.	Per Conto-Corrent-Conto . . . . . M.		1271	85
	31.	„ Waaren-Conto . . . . M.		4775	15
				6047	—

17

Conto. Haben.

1891 December	31.	Per 4 Debitores . . . . M.		314752	95
		„ 2 Debitores . . . . „		153950	25
				468703	20
1892 Januar	1.	Per 6 Debitores . . . . M.		468703	20

Register zum Hauptbuch.

8. Erklärung der rohen Bilanzen und der sonst am Ende eines jeden Monats vorzunehmenden Abstimmungen.

Sobald wir aus dem Journal einen Monat in's Hauptbuch übertragen haben, fertigen wir uns jedesmal eine rohe Monatsbilanz an, um uns zu überzeugen, ob wir auch alle Posten richtig in's Hauptbuch übertragen haben, denn da zu jedem Posten ein Debitor und ein Creditor vorhanden ist, mithin jeder Posten sowohl in's Debet als auch in's Credit des Hauptbuches kommen muss, so müssen auch die Additionen sämmtlicher Debetposten des Hauptbuches die gleiche Summe ergeben, wie die Additionen der sämmtlichen Creditposten. Ist dies nicht der Fall, so haben wir entweder beim Uebertragen aus dem Memorial und der Casse in's Journal, oder aus letzterem in's Hauptbuch Fehler gemacht und müssen wir solange suchen, bis uns die Debet- und Creditseiten unserer rohen Bilanz übereinstimmen. Um die rohe Bilanz anfertigen zu können, addiren wir im Hauptbuch bis zu dem Tage, an dem diese Bilanz angefertigt werden soll, zuerst von jedem Conto die Debet-, sodann die Creditposten, und stellen diese in nachstehender Weise zusammen. Um die Posten, die aus dem Memorial und der Casse stammen, von den Posten, die wir zum Zwecke des Abschlusses der einzelnen Conten machen müssen, unterscheiden zu können, ist unter dem jedesmaligen letzten Debet- und Creditposten eines jeden Contos ein kleiner Strich vor der Markcolonne gemacht worden.

Aus demselben Grunde, aus dem wir allmonatlich mit Hülfe der aufzunehmenden rohen Bilanzen unser Hauptbuch abstimmen, um uns nämlich zu überzeugen, dass wir alle Posten richtig übertragen haben, empfiehlt es sich auch für grössere Geschäfte, allmonatlich die geführten Nebenbücher abzustimmen, um sich zu überzeugen, dass keine Fehler in denselben enthalten sind, resp. um die etwa gemachten herauszusuchen. Bei unserer Buchführung haben wir noch drei Nebenbücher, das Conto-Correntbuch, Waarenbuch und Wechselbuch geführt. Wollen wir also unser Conto-

Correntbuch Ende December abstimmen, so addiren wir zunächst alle in demselben befindlichen Debetposten, bis Ende December und nachher alle Creditposten zusammen. Wie wir aus unserer ultimo December aufgenommenen rohen Bilanz ersehen, war das Conto-Corrent-Conto bis Ende December zusammen mit M. 133511.05 belastet und mit M. 193849.55 creditirt; da wir nun aber im Conto-Correntbuche ebenso wie im Conto-Corrent-Conto, alle unseren Geschäftsfreunden belasteten und creditirten Posten unseren einzelnen Geschäftsfreunden ebenfalls belastet und creditirt haben, so muss die Gesammtaddition sämmtlicher Debet- resp. Creditposten des Conto-Correntbuches dieselbe sein, wie die auf der Debet- resp. Credit-Seite des Conto-Corrent-Contos im Hauptbuch stehenden Beträge, also M. 133511.05 resp. M. 193849.55. Stimmen die Additionen des Conto-Corrent-Contos mit letzteren Summen nicht überein, so sind irgendwo Fehler enthalten, die herausgesucht werden müssen. Stimmen die Summen aber überein, so haben wir die Gewissheit, dass wir auch in's Conto-Correntbuch alles richtig übertragen haben, und wäre nur noch die einzige Möglichkeit vorhanden, dass wir einen Belastungs- oder Creditirungsposten auf ein falsches Conto, vielleicht statt auf Friedr. Gericke auf Urban & Sohn gebracht haben; indessen ist dies dann nicht mehr so gefährlich, denn falls auch Derjenige, dem wir irrthümlich etwas nicht belastet oder dem wir irrthümlich einen Posten in sein Credit geschrieben haben, vielleicht dies nicht monirt, so meldet sich der sicher, dem wir irrthümlich einen Posten belastet oder dem wir irrthümlich einen Posten nicht in sein Credit gebracht haben, und da wir unser Conto abgestimmt hatten, so haben wir dann einfach nachzusehen, welcher andere Geschäftsfreund für den betr. Posten nunmehr zu belasten ist, resp. welchem wir irrthümlich den betr. Posten in sein Credit gebracht haben. In derselben Weise wie das Conto-Correntbuch können wir dann auch das Waaren- und Wechselbuch abstimmen, denn da wir alle Posten, die dem Waaren- und Wechsel-Conto belastet oder creditirt sind, auch in's Waaren- und Wechselbuch übertragen, so müssen auch die betreffenden Debet- oder Creditadditionen stets mit den entsprechenden Debet- und Creditsummen des Hauptbuches übereinstimmen, falls keine Fehler gemacht worden sind, die event. dann herausgesucht werden müssten.

9.

Das Rohe Bilanzen-Buch.

Rohe Bilanz

per ultimo December 1891.

H.-B.-Fol.				Debet.		Credit.	
		Heinrich Blind, Capital-Conto . .	M.	375	—	75000	—
		August Lessing, Capital-Conto . .	„	550	—	75000	—
		Emilie Lessing, geb. Müller, Illaten-Conto	„	—	—	50025	—
		Conto-Corrent-Conto	„	133511	05	193849	55
		Waaren-Conto	„	130961	05	41422	40
		Wechsel-Conto	„	94842	30	88424	30
		Accepten-Conto	„	4000	—	28500	—
		Haus-Conto	„	303600	—	—	—
		Hypotheken-Conto	„	—	—	180000	—
		Cassa-Conto	„	257115	90	197756	95
		Mobilien-Conto	„	4149	60	15	60
		Courtagen-Conto	„	165	15	—	—
		Handlungs-Unkosten-Conto . . .	„	1043	40	—	—
		Pferde-Conto	„	1240	—	—	—
		Zinsen-Conto	„	25	—	322	80
		Gewinn- und Verlust-Conto . . .	„	—	—	1271	85
				931588	45	931588	45

10. Anmerkungen zum Abschluss des Hauptbuches.

Nachdem wir uns durch vorstehende rohe Bilanz überzeugt haben, dass wir alle Debetposten richtig in's Debet und alle Creditposten richtig in's Credit des Hauptbuches übertragen haben, schreiten wir zum Abschluss des Hauptbuches.

Wir beginnen also zunächst mit

Fol. 1. Heinrich Blind, Capital-Conto.
Um den wirklichen Reingewinn oder Verlust unseres Geschäftes ermitteln zu können, müssen wir Heinrich Blind sowohl wie

„ 2. August Lessing, Capital-Conto,
einem jeden der Socien also, Zinsen von ihrem Geschäftscapital creditiren, und zwar thun wir dies à 5 % p. a. mit je M. 312.50. Wir creditiren somit den beiden Capital-Conten über Zinsen-Conto diese je M. 312.50 und zwar direct im Journal und übertragen dann diese Posten in's Hauptbuch. Wir könnten diese sowie alle nachfolgenden Posten auch erst im Memorial buchen, müssten sie dann aber doch erst in's Journal übertragen, da wir, um Irrthümer zu vermeiden, keinen Posten vom Memorial oder der Casse direct in's Hauptbuch, sondern stets nur aus dem Journal in's Hauptbuch übertragen. Abschliessen können wir diese beiden Conten aber noch nicht, da wir zuerst den Gewinn oder Verlust ermittelt und die beiden Capital-Conten pro rata creditirt oder belastet haben müssen.

„ 3. Emilie Lessing, geb. Müller, Illaten-Conto.
Dieser haben wir schon im Memorial die 6 % Zinsen mit M. 25.— creditirt und können dieses Conto somit abschliessen, indem wir es im Journal über Bilanz-Conto mit M. 50025.— belasten und den Posten sodann in's Hauptbuch übertragen; am 1. Januar creditiren wir dann Emilie Lessing geb. Müller, Illaten-Conto zu Lasten des Bilanz-Contos durch das Journal behufs Wiedereröffnung unserer Conten im Hauptbuch für den gleichen Betrag

Fol. 4. Conto-Corrent-Conto.

Die Addition der Debetposten dieses Contos ergiebt M. 133511.05 — wir haben also an Geschäftsfreunde Waaren, Wechsel, Casse etc. im Werthe von M. 133511.05 gesandt — die der Creditposten M. 193849.55; wir haben also von unseren Geschäftsfreunden Waaren, Wechsel, Casse etc. in diesem Werthe empfangen, und da wir somit von unseren Geschäftsfreunden für M. 60338.50 mehr Waaren, Wechsel, Casse etc. empfingen, als wir versandten, so sind wir diesen im Ganzen auch letzteren Betrag mehr schuldig geblieben, als wir zu fordern haben, d. h. wir haben also für M. 60338.50 mehr Creditoren als Debitoren, und nachdem wir uns überzeugt haben, dass dieser Betrag mit dem Saldo, den der Auszug unseres Conto-Correntbuches ergiebt, übereinstimmt, debitiren wir das Conto-Corrent-Conto behufs Abschluss desselben im Journal über Bilanz-Conto mit diesem Saldo, um es dann am 1. Januar hierfür behufs Wiedereröffnung desselben wieder zu creditiren. Wir hätten aber auch am 31. December das Conto-Corrent-Conto belasten können zu Gunsten des Bilanz-Contos mit der Gesammtsumme unserer Creditoren, also mit M. 81888.— und mussten es dann creditiren zu Lasten des Bilanz-Contos mit der Gesammtsumme unserer Debitoren, also mit M. 21549.50, wodurch wir dem Conto-Corrent-Conto in Wirklichkeit auch nur wie zuerst die Differenz mit M. 60338.50 debitirten. In diesem Falle müssten wir dann natürlich am 1. Januar das Conto-Corrent-Conto wieder debitiren mit M. 81888.— und creditiren mit M. 21549.50.

„ 5. Waaren-Conto.

Die Addition der Debetposten ergiebt M. 130961.05, die der Creditposten M. 41422.40 und da der Bestand an Waaren laut der Zusammenstellung der Bestände in unserem Waarenbuche einen Werth von M. 94313.80 hat, und wir für diesen Betrag das Waaren-Conto durch's Journal über Bilanz-Conto zu creditiren haben, so ergiebt die Addition der Creditposten M. 135736.20, oder sie übersteigt die der Debet-Seite um M. 4775.15; wir haben also unsere Waaren für M. 130961.05 gekauft und für M. 135736.20 verkauft, resp. mit diesem heutigen Werthe theilweise noch im Bestande behalten, haben also die differirenden M. 4775.15 an Waaren im Engrosgeschäft

— unser Gewinn im Detailgeschäft ist bereits früher mit M. 1112.40 ausgerechnet und im Memorial verbucht worden — verdient, und da dieser Betrag mit dem im Waarenbuche herausgerechneten Gewinn übereinstimmt, so belasten wir jetzt das Waaren-Conto durch's Journal über Gewinn- und Verlust-Conto mit dem Gewinn von M. 4775.15, wodurch Debet- und Credit-Seite die gleichen Additionen mit M. 135736.20 ergeben. Am 1. Januar belasten wir dann dieses Conto wieder für den Werth unserer Waarenbestände mit M. 94313.80.

Fol. 6. Wechsel-Conto.

Dieses Conto schliessen wir ganz in derselben Weise ab wie das Waaren-Conto; wir creditiren dasselbe somit zuerst im Journal über Bilanz-Conto für den Werth der laut Wechselbuch Fol. — verbliebenen Bestände an Markwechseln mit M. 6071.45, dann betragen die Additionen der Debetposten M. 51050.—, die der Creditposten M. 50703.45, oder letztere M. 346.55 weniger als erstere. Diese M. 346.55, die mit dem im Wechselbuche herausgerechneten Verluste übereinstimmen, sind somit unser Verlust an Wechseln, und erkennen wir das Wechsel-Conto behufs Abschluss desselben durch's Journal zu Lasten des Gewinn- und Verlust-Contos für diesen Betrag, wodurch dann Debet-Seite sowohl wie Credit-Seite des Wechsel-Contos die gleichen Additionen von M. 51050.— ergeben. Am 1. Januar belasten wir dann diesem Conto wieder den Werth der Wechselbestände mit M. 6071.45.

„ 7. Accepten-Conto.

Das Accepten-Conto ergiebt auf der Debet-Seite M. 4000.—, auf der Credit-Seite M. 28500.—; da wir also im Ganzen Wechsel im Betrage von M. 28500.— acceptirt, resp. so viel Wechsel auf uns ausgestellt wurden, und wir hiervon M. 4000.— wieder eingelöst haben, so befinden sich von unseren Accepten noch M. 24500.— im Umlauf; nachdem wir uns im Verfallbuche oder Terminkalender überzeugt haben, dass diese Summe die richtige ist, belasten wir das Accepten-Conto zu Gunsten des Bilanz-Contos durch's Journal für diese M. 24500.—, und da wir diese Summe nicht heute schuldig sind, sondern erst in der Zeit vom 31. Januar bis 10. März, so belasten wir das Accepten-Conto zu Gunsten des Bilanz-Contos nur mit M. 24389.45 — d. h. abzüglich M. 110.55 Zinsen à 4% für die Zeit vom 31. December bis zu den resp. Verfalltagen — während wir es ferner belasten zu Gunsten des Zinsen-Contos für vorstehende M. 110.55. Am 1. Januar creditiren wir dann das Conto durch das Journal zunächst wieder über Bilanz-Conto für den Werth der im Umlauf gebliebenen Accepte von uns resp. Entnahmen auf uns mit M. 24389.45, da nun aber diese Wechsel über M. 24500.— lauten und das Accepten-Conto uns die Controle über die noch im Umlauf befindlichen Wechsel auf uns liefern soll, so creditiren wir dieses Conto ferner noch zu Lasten des Zinsen-Contos für die Zinsen, die wir am 31. December belastet hatten, als mit M. 110.55.

Fol. 8. Haus-Conto.

Unser Haus kostete uns M. 300000.—, hierzu kommen die Stempel und Notariatsspesen mit M. 3600.—, sodass das Haus uns jetzt zu Buche steht mit M. 303600.—; da wir dasselbe erst wenige Tage haben, so schreiben wir auf dasselbe in diesem Jahre auch noch nichts ab, creditiren somit das Haus-Conto über Bilanz-Conto durch's Journal mit dem ganzen Betrage von M. 303600.— und belasten es am 1. Januar dann wieder mit der gleichen Summe.

„ 9. Hypotheken-Conto.

Da wir weder neue Hypotheken aufgenommen, noch alte abbezahlt haben, unser Hypothekenverhältniss vielmehr dasselbe geblieben ist, wir also immer noch M. 180000.— auf Hypotheken schuldig sind, so belasten wir das Hypotheken-Conto behufs Abschluss desselben im Journal über Bilanz-Conto für diese M. 180000.— und creditiren es dann am 1. Januar wieder für denselben Betrag.

„ 10. Cassa-Conto.

Die Addition der Debetposten beträgt M. 257115.90, die der Creditposten M. 197756.95, wir haben laut diesem Conto baares Geld in Höhe von M. 257115.90 eingenommen, dagegen in Höhe von M. 197756.95 verausgabt, müssen mithin noch einen baaren Cassenbestand behalten von M. 59358.95, und da dies mit unserem Cassenbuche übereinstimmt, so creditiren wir das Cassa-Conto durch's Journal über Bilanz-Conto für diesen Betrag und belasten es dann am 1. Januar wieder für den gleichen Betrag.

Fol. 11. Mobilien-Conto.

Unsere Mobilien stehen uns mit M. 4159.60 zu Buche, hiervon sind M. 758.60 für Ladeneinrichtung gewesen, es verbleiben somit für das Engrosgeschäft M. 3401.—. Von diesen M. 3401.— müssten wir, da wir jährlich circa 10% auf Mobilien, Pferde etc. abschreiben wollen, pro rata temporis einen minimalen Betrag zu Lasten des Gewinn- und Verlust-Contos dem Mobilien-Conto creditiren, wie wir demselben bereits unter dem 31. December durch das Memorial M. 15.60 für Abschreibung zu Lasten des Detailgeschäftes creditirt haben. Wir können indessen der Geringfügigkeit des Gegenstandes wegen diesmal noch Abstand davon nehmen, in der Absicht, bei der nächstjährigen Bilanz die 10% Abschreibung vielleicht auf rund 350 M. zu erhöhen. Somit stehen unsere gesammten Mobilien jetzt noch mit M. 4144.— zu Buche. Um das Conto abschliessen zu können, creditiren wir es über Bilanz-Conto für diesen Betrag und debitiren es zur Wiedereröffnung am 1. Januar gleichfalls für M. 4144.—.

„ 12. Courtagen-Conto.

Wir finden auf der Debet-Seite im Ganzen M. 165.15 für bezahlte Courtagen und uns belastete Provisionen; da dieser Betrag für uns vollständig verloren ist, so übertragen wir ihn auch auf's Gewinn- und Verlust-Conto, indem wir das Courtagen-Conto im Journal zu Lasten des Gewinn- und Verlust-Contos für M. 165.15 creditiren.

„ 13. Handlungs-Unkosten-Conto.

Mit diesem Conto verhält es sich ebenso wie mit dem Courtagen-Conto, und creditiren wir dasselbe daher im Journal über Gewinn- und Verlust-Conto mit M. 1043.40.

„ 14. Pferde-Conto.

Wir creditiren dasselbe zunächst für ca. 2% Abschreibung mit M. 25.— im Journal über Gewinn- und Verlust-Conto und, da unsere Pferde dann noch mit M. 1215.— zu Buche stehen bleiben, so creditiren wir es im Journal über Bilanz-Conto für diesen Betrag, und debitiren es am 1. Januar für die gleiche Summe. Bei derartigem lebenden Inventar, wie Pferde, Ochsen, Kühe, Schafe etc. ist es, und zwar namentlich, wenn grössere Bestände an lebendem Inventar vorhanden sind, empfehlenswerther, den Werth derselben abschätzen zu lassen, denn man kann beispielsweise junges oder entkräftetes Vieh gekauft haben, das bei Aufnahme der Inventur in Folge guter Pflege und kräftigen Futters bereits bedeutend werthvoller ist, sodass wir an demselben nicht nur nichts abzuschreiben, sondern sogar noch einen Gewinn erzielt hätten; und ebenso kann der Verlust in Folge schlechten Futters und schlechter Pflege oder in Folge Absterbens ein bedeutend grösserer sein. Da nun die Inventur die genaue Ermittelung der Werthe aller unserer Vermögensobjecte ergeben soll, so ist die letztere Aufnahme und Abschätzung des lebenden Inventars die entschieden richtigere.

„ 15. Zinsen-Conto.

Nachdem dasselbe noch für M. 625.— Capitalzinsen des Heinr. Blind und August Lessing — belastet und für M. 110.55 — Zinsen auf erst später fällige Accepte — erkannt ist, ergiebt die Addition der Debet-Seite dieses Contos M. 650.—, die der Credit-Seite M. 433.35, wir haben also M. 216.65 mehr bezahlt resp. zu creditiren gehabt, als wir empfingen resp. belasteten, und creditiren deshalb das Zinsen-Conto, behufs Abschluss desselben, im Journal über Gewinn- und Verlust-Conto mit M. 216.65.

„ 16. Gewinn- und Verlust-Conto.

Ehe wir dieses Conto abschliessen, a.so unseren wirklichen Gewinn oder Verlust am Geschäfte ermitteln können, müssen wir erst die sämmtlichen vorstehenden Buchungen im Journal gemacht und in's Hauptbuch übertragen haben, wobei wir selbstredend, wie wir dies auch im Journal gemacht haben, alle zu einem Conto gehörenden Posten zusammenfassen. Nachdem also diese Uebertragungen geschehen sind, ergiebt die Addition der Debetposten M. 1796.75, die der Creditposten M. 6047.— und da erstere Summe unsere sämmtlichen Verluste incl. der Abschreibungen, und letztere unsere sämmtlichen Gewinne am Geschäfte enthalten, letztere aber um M. 4250.25 grösser sind als erstere, so beträgt der Reingewinn des Geschäftes M. 4250.25, und da an demselben August Lessing und Heinrich Blind je zur Hälfte Antheil haben, so creditiren wir ersterem M. 2125.10 und letzterem M. 2125.15 durch's Journal zu Lasten des Gewinn- und Verlust-Contos, wodurch dann auch letzteres Conto abgeschlossen ist; dasselbe ergiebt auf jeder Seite eine Addition von M. 6047.—.

Nunmehr können wir auch die Capital-Conten abschliessen, zunächst also:

Fol. 1. Heinrich Blind, Capital-Conto.

Dieses Conto finden wir creditirt mit M. 77437.65, belastet mit M. 375.—, die Differenz von M. 77062.65 ist das Capital, welches Heinrich Blind am 31. December 1891 im Geschäfte hatte. Behufs Abschluss des Contos belasten wir dasselbe durch's Journal zu Gunsten des Bilanz-Contos mit diesen M. 77062.65, und erkennen es am 1. Januar mit der gleichen Summe. In derselben Weise schliessen wir

„ 2. August Lessing, Capital-Conto
ab; wir belasten dasselbe für die Differenz, um die die Credit-Seite grösser als die Debet-Seite ist, also mit M. 76887.60 zu Gunsten des Bilanz-Contos durch's Journal und erkennen es dann am 1. Januar mit demselben Betrage.

Das Capital des Heinrich Blind beträgt wie oben angegeben	M. 77062.65
und das des August Lessing	„ 76887.60
es beträgt somit das ganze im Geschäft eingeschossene Capital	M. 153950.25.

Wir haben nun noch das letzte

„ 17. Bilanz-Conto
abzuschliessen. Die Additionen der Debet- und Credit-Seiten ergeben gleichmässig M. 468703.20, und haben wir hierdurch den Beweis, dass wir alle Conten richtig abgeschlossen haben. Würden die beiden Summen nicht übereinstimmen, so befänden sich in unserem Abschlusse Fehler, die unter allen Umständen herausgesucht werden müssten.

Nachdem wir nunmehr alle Conten abgeschlossen haben, nehmen wir die gesetzlich vorgeschriebene Inventur in nachstehender Weise auf und lassen dieselbe von beiden Socien unterschreiben. Darauf eröffnen wir unsere Bücher wieder, indem wir im Journal alle die Conten, die wir am 31. December behufs Abschluss derselben über Bilanz-Conto belasteten, unterm 1. Januar 1892 über Bilanz-Conto creditiren, und diejenigen Conten, die wir unterm 31. December über Bilanz-Conto creditirten, jetzt über Bilanz-Conto belasten. Ebenso müssen wir im Memorial das Detailgeschäft, welches wir am 31. December über Waaren-Conto behufs Ermittelung des Gewinnes an ersterem für den Werth der ihm verbliebenen Bestände creditirt hatten, jetzt für den gleichen Betrag über Waaren-Conto belasten. Und schliesslich tragen wir im Waaren-, Wechsel-, Cassa- und Conto-Correntbuch alle die Salden, die wir am 31. December auf die Credit-Seite gebracht hatten, unterm 1. Januar 1892 auf die Debet-Seite wieder vor und umgekehrt.

Verständlicher für den Laien werden wir uns den Abschluss des Hauptbuches auf folgende bildliche Weise veranschaulichen können. Die einzelnen Zweige des Geschäftsbesitzthumes haben wir doch in der doppelten Buchführung streng von einander getrennt; wollen wir nun unsere Inventur aufnehmen, so muss das Geschäft auch mit allen diesen Zweigen, also mit sämmtlichen Conten im Hauptbuche abrechnen, zu welchem Zwecke wir uns des Bilanz-Contos bedienen, welches Conto somit die Stelle des Geschäftes vertritt. Damit das Geschäft wieder in den Besitz der den einzelnen Zweigen desselben verbliebenen Bestände gelangt, muss es sich dieselben zunächst von den einzelnen Conten wiedergeben lassen. Es würde also bildlich genommen zunächst zum Waaren-Conto sagen: „Du Waaren-Conto gieb mir mal Deine sämmtlichen Bestände wieder“, und nachdem dies geschehen ist, muss das Geschäft resp. das an dessen Stelle tretende Bilanz-Conto dem Waaren-Conto die übergebenen Bestände zu dem ermittelten Werthe gutschreiben; aus diesem Grunde machten wir im Journal den Posten

Bilanz-Conto
An Waaren-Conto
etc.

da ja das Bilanz-Conto die Waaren empfangen und das Waaren-Conto sie gegeben hat, und mithin das Bilanz-Conto den Werth derselben an das Waaren-Conto schuldig wurde. In derselben Weise rechnet nun das Bilanz-Conto mit allen anderen Conten ab, die noch Bestände haben; das Bilanz-Conto lässt sich also bei uns vom Wechsel-Conto dessen Bestände geben und creditirt es für dieselben zu ihren resp. wirklichen Werthen am Tage der Inventuraufnahme. Ebenso lässt es sich vom Haus-Conto das Haus wiedergeben, vom Cassa-Conto den demselben verbliebenen baaren Bestand, vom Mobilien-Conto die angeschafften Mobilien, vom Pferde-Conto die Pferde und creditirt diesen Conten dafür den effectiven Werth aller dieser Bestände, wie dies auch im Journal Fol. 6 geschehen ist. Auf diese Weise gelangt also das Bilanz-Conto resp. das Geschäft wieder in den Besitz sämmtlicher Bestände, für die es den einzelnen Conten zusammen M. 468 703.20

creditiren musste und die also auch genau diesen Werth hatten. Ist nun dies geschehen, so muss das Geschäft, also das Bilanz-Conto, ebenso mit allen den Conten abrechnen, die noch etwas zu fordern haben; dies wären nun zunächst Heinrich Blind, Capital-Conto und August Lessing, Capital-Conto; da aber diese ausser den Beträgen, die auf ihrem Conto stehen, den etwaigen Geschäftsgewinn noch mehr oder den Verlust weniger zu fordern haben, so kann das Bilanz-Conto mit diesen zwei Conten noch nicht abrechnen; dagegen kann diese Abrechnung aber mit Emilie Lessing, geb. Müller, Illaten-Conto, mit dem Conto-Corrent-Conto, dem Accepten-Conto und dem Hypotheken-Conto geschehen; das Geschäft, also das Bilanz-Conto, übernimmt an Stelle dieser vier Conten die Schulden derselben, in Folge dessen ist das Bilanz-Conto für den genauen Werth der Schulden dieser vier Conten zu deren Lasten zu erkennen, wie das ebenfalls im Journal Fol. 5 geschehen ist; durch diese Belastung übernimmt das Bilanz-Conto, also das Geschäft, wieder die sämmtlichen Schulden in Höhe von M. 314752.95. Da das Bilanz-Conto jetzt im Besitze der sämmtlichen Bestände ist im Werthe von M. 468703.20, und ebenfalls die sämmtlichen Schulden im Werthe von M. 314752.95 übernommen hat, so ergiebt sich hieraus, dass das gesammte Vermögen des Bilanz-Contos, also das Geschäftvermögen M. 468703.20

abzüglich „ 314752.95

also M. 153950.25

beträgt. Haben also, nachdem der Gesammtgewinn oder Verlust den Geschäftsinhabern zu Gut oder zu Last geschrieben ist, beide vom Geschäfte zusammen M. 153950.25 zu fordern, so ist unser Abschluss richtig. Wir können aber auch jetzt schon, ehe wir den Gewinn oder den Verlust der einzelnen Conten ermittelt haben, ersehen, wie gross der Gesammtgewinn oder Verlust im December gewesen ist. Die zwei Geschäftsinhaber sollen am Geschäfte zu fordern haben laut Bilanz-Conto — das Geschäftsvermögen ist doch der Betrag, den die Geschäftsinhaber zu fordern haben — M. 153950,25

es hatten aber am Ende December vor dem Abschlusse zu fordern laut ihren resp. Capital-Conten

Heinrich Blind	M. 74937.50	
August Lessing	„ 74762.50	
beide zusammen also		„ 149700.—
die Mehrdifferenz des jetzigen Geschäftsvermögens von		M. 4250.25

muss also der Reingewinn sein. Ergiebt somit später die Zusammenstellung sämmtlicher Gewinne abzüglich etwaiger Verluste denselben Betrag, so haben wir wiederum den Beweis, dass unsere

Inventur und Bilanz richtig ist. Solange dies nicht stimmt, muss gesucht werden. Nachdem sich nun das Bilanz-Conto alle Bestände hat geben lassen und alle Schulden übernommen hat, — mit denjenigen Conten, wie Courtagen-Conto, Handlungs-Unkosten-Conto, Zinsen-Conto und Haus-Ertrags-Conto, die weder Bestände, die sie übergeben konnten, noch Forderungen hatten, kann das Bilanz-Conto, also das Geschäft, auch nicht abrechnen — kann auf jedem einzelnen Conto ermittelt werden, wieviel dasselbe gewonnen oder verloren hat, und wäre dann, da bei unserem Geschäfte beide Socien je zur Hälfte am Gewinn und Verlust participiren, eigentlich sofort einem jeden Socius der halbe Gewinn oder Verlust eines jeden Contos auf den resp. Capital-Conten zu Gut oder zur Last zu schreiben; da man aber auf diese Weise stets zu jedem Conto zwei Posten machen müsste, was doch sehr umständlich wäre, so ist als Zwischen-Conto noch das Gewinn- und Verlust-Conto eingerichtet, das, statt der Socien, für den Gewinn und Verlust eines jeden einzelnen Contos zu creditiren oder zu belasten ist. Nachdem das Bilanz-Conto sämmtliche Activa und Passiva übernommen hat und nun kein Conto, mit Ausnahme der zwei Capital-Conten, dem Bilanz-Conto und dem Gewinn- und Verlust-Conto, irgend welche Activ- und Passivbestände mehr hat, sehen wir zu, welche Conten uns Gewinn und welche Conten uns Verlust gebracht haben. Alle Conten, bei denen jetzt die Credit-Seite grösser ist als die Debet-Seite, haben uns die Differenz als Gewinn gebracht, und sollten den Gewinn nunmehr an's Gewinn- und Verlust-Conto abliefern, da sie aber nichts mehr besitzen, so können sie dies nicht und creditiren wir in Folge dessen das Gewinn- und Verlust-Conto zu Lasten der betreffenden Conten für die einzelnen Gewinne, wie dies auch im Journal, Fol. 6 geschehen ist. Alle Conten, bei denen dagegen die Debet-Seite grösser ist als die Credit-Seite, haben uns die Differenz als Verlust gebracht; dieser Verlust sollte ihnen nun vom Gewinn- und Verlust-Conto zurückerstattet werden, da dasselbe aber nichts besitzt, so kann es dies nicht, und in Folge dessen belasten wir es zu Gunsten der betreffenden Conten für die einzelnen Verluste, wie dies ebenfalls im Journal Fol. 6 geschehen ist. Nachdem hierdurch auf dieses Gewinn- und Verlust-Conto die sämmtlichen Gewinne und Verluste übertragen sind, finden wir, dass die Credit-Seite desselben M. 6047.—, die Debet-Seite M. 1796.75 beträgt; da somit dem Gewinn- und Verlust-Conto im Ganzen M. 4250.25 mehr creditirt als belastet sind, so ist diese Differenz unser reiner Geschäftsgewinn, und da derselbe mit dem weiter oben berechneten Gewinn genau übereinstimmt, so haben wir hierdurch den unbedingten Beweis, dass unser Abschluss richtig ist. Dieser Gewinn gehört natürlich den zwei Geschäftsinhabern und sollte in Folge dessen auch denselben vom Gewinn- und Verlust-Conto abgeliefert werden. Da das Gewinn- und Verlust-Conto dies aber nicht kann, so belasten wir es dafür zu Gunsten der zwei Geschäftsinhaber, und zwar creditiren wir einem Jeden die Hälfte, da laut Societäts-Vertrag ein Jeder zur Hälfte am Geschäftsgewinn und -Verlust participirt. Ebenso hätten wir dieselben je zur Hälfte zu belasten gehabt, wenn die Debet-Seite des Gewinn- und Verlust-Contos grösser als die Credit-Seite gewesen wäre und das Geschäft somit einen Verlust gebracht hätte. Ist nun diese letzte Buchung geschehen, so wissen wir auch genau, wieviel jeder der Socien im Geschäfte zu fordern hat, und kann nunmehr das Bilanz-Conto auch mit diesen letzten zwei Conten abrechnen, indem es die Schulden dieser zwei Conten an die Socien ebenso wie bereits früher die anderen Conten übernimmt, indem wir das Bilanz-Conto zu Lasten der beiden Capital-Conten für die resp. Salden erkennen, durch welchen letzten Posten dann auch das Bilanz-Conto vollständig ausgeglichen sein muss; denn da das Bilanz-Conto auf der Debet-Seite unsere Activa und auf der Credit-Seite unsere Passiva enthielt, so musste eben die Differenz, um die die Debet-Seite grösser als die Credit-Seite des Bilanz-Contos ist, unser Geschäftsvermögen sein; und da die Salden auf den zwei Capital-Conten ebenfalls das Geschäftsvermögen repräsentiren, so muss, falls im Hauptbuch kein Fehler enthalten ist, das Bilanz-Conto dadurch ausgeglichen werden, dass wir auf dasselbe die Salden der zwei Capital-Conten übertragen.

Sind wir nun mit unserem Abschlusse fertig, so muss das Geschäft resp. das Bilanz-Conto den einzelnen Zweigen des Geschäftes die von denselben übernommenen Bestände wiedergeben und muss somit das Waaren-, Wechsel-, Haus-, Cassa-, Mobilien- und Pferde-Conto auch wieder für den am Tage zuvor ermittelten und creditirten Werth der Bestände zu Gunsten des Bilanz-Contos belastet werden und ebenso müssen die Conten, die Forderungen an's Geschäft hatten, also August Lessing, Capital-Conto, Heinrich Blind, Capital-Conto, Emilie Lessing, geb. Müller, Illaten-Conto, das Conto-Corrent-, Accepten- und Hypotheken-Conto diese Forderungen an's Geschäft jetzt wieder selbst übernehmen, d. h. alle diese Conten müssen wieder zu Lasten des Bilanz-Contos mit derselben Summe, mit der sie am Tage zuvor belastet worden waren, jetzt creditirt werden, wie dies auch durch die Buchung im Journal Fol. 7 geschehen ist.

11.

Inventuren-Buch.

Eröffnungs-Bilanz vom 1. December 1891.

Activa:					
Das heute baar in's Geschäft gelegte Vermögen beträgt					
von Heinrich Blind	M.	75000	—		
„ August Lessing	„	75000	—		
und da hierauf keine Schulden haften, so beträgt das reine Geschäftsvermögen am 1. December 1891	M.			150000	—

Berlin, den 1. December 1891.

gez. Heinrich Blind.

gez. August Lessing.

Iste Inventur, aufgenommen am 31. December 1891.

Activa:			
Waaren-Conto			
Bestand laut Zusammenstellung im Waaren-Buch	M.	94313	80
Wechsel-Conto			
Bestand laut Zusammenstellung im Wechsel-Buch	„	6071	45
Conto-Corrent-Conto			
Buch-Debitoren laut Zusammenstellung im Conto-Corrent-Buch	„	21549	50
Haus-Conto			
Werth unseres Hauses Gr. Friedrichstr. 119 laut Haupt-Buch	„	303600	—
Cassa-Conto			
Bestand laut Cassa-Buch	„	59358	95
Mobilien-Conto			
Bestand laut Haupt-Buch	„	4144	—
Pferde-Conto			
Werth unserer beiden Pferde laut Haupt-Buch	„	1215	—
		490252	70
Passiva:			
Emilie Lessing, geb. Müller, Illaten-Conto			
Deren Guthaben laut Haupt-Buch	„	50025	—
Accepte-Conto			
Laufende Accepte abzüglich der Zinsen zu 4% vom 31. December 1891 bis Verfall, — laut Haupt-Buch	„	24389	45
Hypotheken-Conto			
Betrag der auf unserem Hause lastenden Hypotheken	„	180000	—
Conto-Corrent-Conto			
Buch-Creditoren laut Zusammenstellung im Conto-Corrent-Buch	„	81888	—
		336302	45
Bilanz:			
Gesammt-Activa	„	490252	70
Gesammt-Passiva	„	336302	45
Mithin reines Handlungsvermögen	„	153950	25
Heinrich Blind hat auf Capital-Conto gut M. 74937.50			
Desgl. August Lessing . . . . „ 74762.50			
Mithin beide zusammen	M.	149700	—
Das Plus ist der reine Gewinn	„	4250	25

		Nachweis des Gewinnes.					
		Der Gewinn beträgt auf:					
		Waaren-Conto	M.	4775	15		
		Detailgeschäft	„	1128	—		
		Conto-Corrent-Conto für Valuten-Ausgleich	„	159	45	6062	60
		Hiervon ab Verlust auf:					
		Mobilien-Conto	M.	15	60		
		Wechsel-Conto	„	346	55		
		Courtagen-Conto	„	165	15		
		Handlungs-Unkosten-Conto	„	1043	40		
		Pferde-Conto (Abschreibung)	„	25	—		
		Zinsen-Conto	„	216	65	1812	35
		bleibt wie oben Gewinn . . .	„			4250	25
		Vertheilung des Gewinnes auf:					
		Heinrich Blind, Capital-Conto . . .	„			2125	15
		August Lessing, Capital-Conto . . .	„			2125	10
						4250	25
		Haupt-Buch-Bilanz.		*Debet.*		*Credit.*	
Fol.	1.	Heinrich Blind, Capital-Conto . . .	„	—	—	77062	65
„	2.	August Lessing, Capital-Conto . . .	„	—	—	76887	60
„	3.	Emilie Lessing, geb. Müller, Illaten-Conto	„	—	—	50025	—
„	4.	Conto-Corrent-Conto	„	—	—	60338	50
„	5.	Waaren-Conto	„	94313	80	—	—
„	6.	Wechsel-Conto	„	6071	45	—	—
„	7.	Accepte-Conto	„	—	—	24389	45
„	8.	Haus-Conto	„	303600	—	—	—
„	9.	Hypotheken-Conto	„	—	—	180000	—
„	10.	Cassa-Conto	„	59358	95	—	—
„	11.	Mobilien-Conto	„	4144	—	—	—
„	14.	Pferde-Conto	„	1215	—	—	—
				468703	20	468703	20

Vorstehende Inventur und Bilanz erkennen wir hiermit durch unsere Unterschrift für richtig an.

Berlin, den 31. December 1891.

gez. Heinrich Blind.

gez. August Lessing.

12.

Conto-Corrent-Buch.

1

Soll. ***H. M. Blydenstein,***

				holl. Gulden.		Mark.	
1891 December	2.	An Wechsel-Conto	3.	6000	—	10089	—
	31.	„ Saldo		9957	50	16728	60
		„ Gewinn- u. Verlust-Conto .				47	95
				15957	50	26865	55

2

Sollen. ***Bauer & Golde,***

1891 December	1.	An Decort auf Baarsendung	2.	10	—
		„ Baarsendung	C 1.	970	—
				980	—

3

Sollen. ***Orth & Co.,***

1891 December	1.	An Accepte und Decort	2.	11825	—
		„ Baarsendung	C 1.	6500	—
	31.	„ Saldo		1435	—
				19760	—

1

Amsterdam **Haben.**

				holl. Gulden.		Mark.	
1891							
December	1.	Per diverse Café's	1.	6815	—	11483	30
	9.	„ diverse Café's	5.	9142	50	15382	25
	31.						
				15957	50	26865	55
1892							
Januar	1.	Per Saldo-Vortrag		9957	50	16728	60

2

Hamburg **Haben.**

1891					
December	1.	Per 1000 kg Pfeffer	1.	980	—
				980	—

3

Hamburg **Haben.**

1891					
December	1.	Per 4000 kg Reis, div.	1.	3480	—
		„ 500 To. Schottische Heringe	2.	15000	—
	13.	„ 2000 kg Reis	6.	1280	—
				19760	
1892					
Januar	1.	Per Saldo-Vortrag		1435	—

4

Sollen. ***Lyden & Sohn,***

				holl. Gulden.		Mark.	
1891 December	16.	An Wechsel-Conto	6.	11000	—	18473	60
	31.	„ Saldo		5165	—	8677	20
		„ Gewinn- und Verlust-Conto Valuta-Ausgleich				43	70
				16165	—	27194	50

5

Sollen. ***Werther & Co.,***

1891 December	3.	An Decort auf unsere Baarsendung . . .	3.	60	—
		„ Baarsendung	C1.	4000	—
	31.	„ Saldo		7350	—
				11410	—

6

Soll. ***Halle'sche Zuckersiederei,***

1891 December	11.	An unsere Accepte	5.	11000	—
				11000	—
1892 Januar	1.	An Saldo-Vortrag		50	—

4

Rotterdam Haben.

				holl. Gulden.		Mark.	
1891 December	1.	Per diverse Cafés	1.	6680	—	11269	20
	30.	„ diverse Cafés	8.	9485	—	15925	30
				16165	—	27194	50
1892 Januar	1.	Per Saldo-Vortrag		5165	—	8677	20

5

Magdeburg Haben.

1891 December	1.	Per diverse Raffinade	1.	11410	—
				11410	—
1892 Januar	1.	Per Saldo-Vortrag		7350	—

6

Halle a. S. Haben.

1891 December	1.	An diverse Zucker	1.	10950	—
	31.	Per Saldo		50	—
				11000	—

7

Sollen. ***Berger & Sohn,***

1891					
December	2.	An unsere Accepte	3.	6000	—
	8.	„ Decort auf unsere Baarsendung . . .	4.	90	—
		„ Baarsendung	C2.	6000	—
				12090	—
1892					
Januar	1.	An Saldo-Vortrag		5890	—

8

Sollen. ***Blackworth & Sons,***

				£		Mark.	
1891							
December	4.	An diverse Wechsel	4.	750	-/-	15229	70
	31.	„ Saldo		46	5/-	941	20
		„ Valuta-Ausgleich				24	80
				796	5/-	16195	70

7

Magdeburg **Haben.**

1891					
December	1.	An 5000 kg Catharinen-Pflaumen	1.	6200	—
	31.	Per Saldo		5890	—
				12090	—

8

London **Haben.**

				£		Mark.	
1891							
December	1.	An diverse Thee's	1.	796	5/-	16195	70
				796	5/-	16195	70
1892							
Januar	1.	An Saldo-Vortrag		46	5/-	941	20

9

Soll. ***Detail-***

1891					
December	1.	An diverse Waaren	2.	3900	50
	4.	„ „ „	4.	5121	—
	31.	„ Abschreibung auf Mobilien		15	60
		„ Gewinn		1112	40
				10149	50
1892					
Januar	1.	An Waaren-Conto		2894	50

10

Soll. ***Hintze's Nachf.,***

1891					
December	1.	An diverse Waaren	2.	1537	50
	12.	„ „ „	5.	1087	—
	29.	„ 50 kg Pecco-Thee	8.	1075	—
				3699	50
1892					
Januar	1.	An Saldo-Vortrag		3699	50

9

Geschäft Haben.

1891					
December	6.	Per Baarzahlung	C 1.	1500	—
	15.	„ Baarzahlung	2.	1800	—
	23.	„ Baarzahlung	2.	1800	—
	30.	„ Baarzahlung	3.	2155	—
	31.	„ Waaren-Conto		2894	50
				10149	50

10

Magdeburg Haben.

1891					
December	31.	Per Saldo		3699	50
				3699	50

11

Soll. *F. Gericke,*

1891					
December	2.	An diverse Waaren	3.	1330	—
	15.	" " "	6.	629	—
	30.	" " "	8.	2845	—
				4804	—
1892					
Januar	1.	An Saldo-Vortrag		3604	—

12

Sollen. *Urban & Sohn,*

1891					
December	3.	An diverse Waaren	3.	2785	—
				2785	—
1892					
Januar	1.	An Saldo-Vortrag		285	—

13

Sollen. *Frascatelli & Co.,*

				Francs.		Mark.	
1891							
December	31.	An Saldo		8600	—	6923	—
		" Valuta-Ausgleich				43	—
				8600	—	6966	—

11

Frankfurt a. O. Haben.

1891 December	4.	Per Wechsel p. 28. Januar 1892	4.	1200 —
	31.	„ Saldo		3604 —
				4804 —

12

Pasewalk Haben.

1891 December	6.	Per deren Accept p. 5. März 1892	4.	2500 —
	31.	„ Saldo		285 —
				2785 —

13

Livorno Haben.

				Francs.	Mark.
1891 December	4.	Per diverse Waaren	3.	8600 —	6966 —
				8600 —	6966 —
1892 Januar	1.	Per Saldo-Vortrag		8600 —	6923 —

14

Soll. *Itzig Meyer,*

1891 December	5.	An Waaren-Conto	4.	420	—
1892 Januar	1.	An Saldo-Vortrag		420	—

15

Sollen. *F. Ehrlich & Co.,*

1891 December	8.	An diverse Waaren	4.	1482	—
	23.	„ „ „	7.	442	—
				1924	—
1892 Januar	1.	An Saldo-Vortrag		524	—

16

Sollen. *Prang's Sne.,*

1891 December	8.	An 400 kg Cuba-Café	4.	1216	—
				1216	—
1892 Januar	1.	An Saldo-Vortrag		1216	—

14

Felsberg Haben.

1891 December	31.	Per Saldo		420	—

15

Brandenburg a. H. Haben.

1891 December	11.	Per deren Accepte	5.	1400	—
	31.	„ Saldo		524	—
				1924	—

16

Wittenberge Haben.

1891 December	31.	Per Saldo		1216	—
				1216	—

17

Soll. *Oscar Fraenzel,*

1891 December	9.	An diverse Waaren	5.	904	—
	19.	" " "	7.	727	—
	23.	" " "	7.	833	—
				2464	—
1892 Januar	1.	An Saldo-Vortrag		414	—

18

Soll. *Hermann Klein,*

1891 December	10.	An diverse Zucker	5.	525	—
				525	—

19

Soll. *Fetscherin & Pfeiffer,*

1891 December	13.	An diverse Waaren	6.	2430	—
				2430	—
1892 Januar	1.	An Saldo-Vortrag		430	—

17

Cottbus Haben.

1891 December	23.	Per deren Accepte und diverse Wechsel .	8.	2050	—
	31.	„ Saldo		414	—
				2464	—

18

Berlin Haben.

1891 December	12.	Per Decort auf Baarzahlung	5.	5	—
		„ Baarzahlung	C 2.	520	—
				525	—

19

Bern Haben.

1891 December	15.	Per deren Accept p. 15. März 1892	6.	2000	—
	31.	„ Saldo		430	—
				2430	—

20

Sollen. *Reinhardt & Co.,*

1891					
December	13.	An diverse Waaren	6.	1962	—
	23.	„ 500 kg Portorico-Café	7.	1275	—
				3237	—
1892					
Januar	1.	An Saldo-Vortrag		1337	—

21

Soll. *Heinrich Schwarz,*

1891					
December	16.	An diverse Waaren	6.	1855	—
	27.	„ „ „	8.	1825	
				3680	—
1892					
Januar	1.	An Saldo-Vortrag		3680	—

22

Soll. *Oscar Zander,*

1891					
December	16.	An 1000 kg Brasil-Café	6.	2525	—
	20.	„ diverse Waaren	7.	1997	50
	31.	„ Saldo		22	50
				4545	—

20

Burg **Haben.**

1891 December	16.	Per Wechsel p. 25. Januar 1892	7.	1900	—
	31.	„ Saldo		1337	—
				3237	—

21

Rixdorf **Haben.**

1891 December	31.	Per Saldo		3680	—
				3680	—

22

Grüneberg **Haben.**

1891 December	29.	Per Decort auf Baarsendung	8.	45	—
		„ Baarsendung	C3.	4500	—
				4545	—
1892 Januar	1.	Per Saldo-Vortrag		22	50

23

Soll. ***August Lessing,***

1891 December	30.	An Cassa-Conto	C 3.	550	—
				550	—

24

Soll. ***Heinrich Blind,***

1891 December	30.	An Cassa-Conto	C 3.	375	—
				375	—

25

Sollen. ***Schauss & Co.,***

1891 December	31.	An Zinsen laut Abrechnung	9.	322	80
		„ Saldo		39810	50
				40133	30

23

Privat-Conto Haben.

1891 December	31.	Per denselben Capital-Conto	8.	550	—
				550	—

24

Privat-Conto Haben.

1891 December	31.	Per denselben Capital-Conto	9.	375	—
				375	—

25

Berlin Haben.

1891 December	23.	Per unsere Entnahme p. 23. Januar 1892 .	8.	40000	—
		„ $^1/_3\%$ Provision	9.	133	30
				40133	30
1892 Januar	1.	Per Saldo-Vortrag		39810	—

Register zum Conto-Corrent-Buch.

13. Auszug aus dem Conto-Corrent-Buche.

				Mark	
a. Creditores.					
H. M. Blydenstein, Amsterdam	hfl. (à 168)	9957	50	16728	60
Orth & Co., Hamburg				1435	—
Lyden & Sohn, Rotterdam	hfl. (à 168)	5165	—	8677	20
Werther & Co., Magdeburg				7350	—
Blackworth & Sons	£ (à 20.35)	46	5/-	941	20
Oscar Zander, Grüneberg				22	50
Schauss & Co., Berlin				39810	50
Frascatelli & Co., Livorno	frcs. (à 80.50)	8600	—	6923	—
				81888	—
b. Debitores.					
Halle'sche Zuckersiederei, Halle	M.	50	—		
Berger & Sohn, Magdeburg	"	5890	—		
Hintze's Nachf., Magdeburg	"	3699	50		
F. Gericke, Frankfurt a/O.	"	3604	—		
Urban & Sohn, Pasewalk	"	285	—		
Itzig Meyer, Felsberg	"	420	—		
F. Ehrlich & Co., Brandenburg a/H.	"	524	—		
Prang's Sne., Wittenberge	"	1216	—		
Oscar Fraenzel, Cottbus	"	414	—		
Fetscherin & Pfeiffer, Bern	"	430	—		
Reinhardt & Co., Burg	"	1337	—		
Heinrich Schwarz, Rixdorf	"	3680	—	21549	50
mithin mehr Creditores:				60338	50

(Denselben Betrag müssen wir auf dem Conto-Corrent-Conto des Haupt-Buches schuldig sein.)

14. Anmerkungen zum Abschluss des Conto-Corrent-Buches.

Da uns H. M. Blydenstein, Amsterdam, Lyden & Sohn, Rotterdam, Blackworth & Sons, London und Frascatelli & Co., Livorno alle Facturen über die von ihnen bezogenen Waaren in ihrer resp. Landeswährung ertheilt haben, so müssen wir beim Abschluss dieser Conten zunächst ermitteln, wieviel wir ihnen noch in ihrer Währung schuldig geblieben sind. Da wir aber gleichzeitig in unsere Inventur alle Forderungen, Schulden etc. nur mit ihrem Markwerthe aufnehmen können, so müssen wir die verbliebenen Salden zu demjenigen Course in Mark umrechnen, den wir am Tage der Inventuraufnahme für Anschaffung entsprechender Rimessen bezahlen müssten.

Nachdem wir auf diese Weise bei H. M. Blydenstein den Saldo von hfl. 9957^{50} à $168\,^0/_0$ = M. 16728.60 auf die Debet-Seite geschrieben haben, schliessen die Guldencolonnen auf beiden Seiten gleichmässig mit hfl. 15957^{50} ab. Dagegen ergiebt die Addition der Markcolonne auf der Credit-Seite M. 26865.55, auf der Debet-Seite nur M. 26817.60. Die Differenz von M. 47.95 ist ein sog. imaginärer Gewinn, den wir dadurch erzielt haben, dass der Cours für holländische Gulden-Wechsel am Tage des Bücherabschlusses billiger ist, als er an denjenigen Tagen war, an denen wir die uns von Blydenstein ertheilten Facturen, zu ihrem Markwerth berechnet, in's Credit schrieben.

Da unsere sämmtlichen Bücher zum Abschluss im Debet und Credit dieselben Beträge ergeben müssen, gleichen wir die Differenz von M. 47.95 durch das Memorial dadurch aus, dass wir H. M. Blydenstein zu Gunsten irgend eines Contos — am passendsten des Gewinn- und Verlust-Contos — für Valutenausgleich mit M. 47.95 belasten.

In unserem Schuldverhältniss zu Blydenstein selbst ändert dieser Posten natürlich gar nichts.

In ganz derselben Weise schliessen wir die Conten von Lyden & Sohn in Rotterdam, Blackworth & Sons in London und

Frascatelli & Co. in Livorno ab und belasten dieselben durch das Memorial zu Gunsten des Gewinn- und Verlust-Contos mit resp.: M. 43.70, M. 24.80 und M. 43.—.

Nachdem wir das Detailgeschäft für den Bestand an Waaren und baarem Gelde, den es am 31. December hat, zu Lasten des Waaren-Contos durch das Memorial mit M. 2894.50 creditirt, sowie für Abnützung seiner Einrichtungsgegenstände mit M. 15.60 zu Gunsten des Mobilien-Contos belastet haben, ergiebt die Addition der Credit-Seite M. 10149.50, die der Debet-Seite nur M. 9037.10. Letztere Summe repräsentirt den Werth der von uns an das Detailgeschäft gelieferten Waaren, erstere die von dem Detailgeschäft an uns gezahlten Beträge sowie den Werth der noch vorhandenen Bestände. Da nun diese Summe grösser ist als jene, — das Detailgeschäft also mehr für seine Waaren erlöst hat, als deren von uns berechneter Werth betrug, so ist die Differenz zwischen Debet- und Credit-Seite, also M. 1112.40, der Gewinn des Detailgeschäftes.

Um das Conto „Detailgeschäft" abschliessen zu können, — zu welchem Zwecke, wie wiederholt erwähnt, beide Seiten dieselben Additionen ergeben müssen — belasten wir dasselbe durch das Memorial zu Gunsten des Gewinn- und Verlust-Contos mit M. 1112.40.

Es mag im ersten Moment, namentlich für den Anfänger in der Buchführung, befremdlich erscheinen, dass wir Jemanden für seinen erzielten Gewinn belasten, — und doch ist es richtig! Das Detailgeschäft z. B. hat seinen Gewinn doch nur dem Umstande zu verdanken, dass wir ihm die Waaren, die es brauchte, billiger berechneten und belasteten, als wie es dieselben verkaufen konnte und verkauft hat. Somit ist uns das Detailgeschäft, das einem Commissionär von uns gleich zu achten ist, den Mehrerlös an Waaren schuldig geworden, und wir belasten ihm denselben ordnungsmässig zu Gunsten des Gewinn- und Verlust-Contos.

Alle anderen Conten sind ganz einfach in der Weise abzuschliessen, dass man den Betrag, um den die eine Seite kleiner ist als die andere, auf die kleinere Seite als Saldo setzt; diese Differenz repräsentirt dann den Betrag, den wir entweder unseren Geschäftsfreunden schuldig sind — falls die Debet-Seite kleiner ist — oder den diese uns schuldig sind — falls die Credit-Seite kleiner ist. Nach geschehenem Abschlusse sind dann alle Salden auf die entgegengesetzte Seite wieder als Saldo-Vortrag vorzutragen, also auf die Seite, die vor dem Abschlusse die grössere war, so dass nunmehr auf dieser nur noch der Mehrbetrag gegen die kleinere Seite steht.

15.

Waaren-Buch.

1

Eingang ***Java-***

1891			Fol.	Kilo	Preis		
December	1.	An H. M. Blydenstein	1	1000	328^{57}	3285	75
	31.	„ Gewinn				342	80
				1000		3628	55
1892 Januar	1.	An Bestand		450	328^{57}	1478	55

2

Eingang ***Java-***

1891			Fol.	Kilo	Preis		
December	1.	An H. M. Blydenstein	1	1500	261^{17}	3917	60
	9.	„ do.	5	3000	262^{47}	7874	10
	31.	„ Gewinn				776	95
				4500		12568	65
1892 Januar	1.	An Bestand		2900	262^{47}	7611	65

1

Café ff. Ausgang

1891			Fol.	Kilo	Preis		
December	1.	Per Detailgeschäft	2	50	360	180	—
	9.	„ Oscar Fraenzel	5	100	390	390	—
	12.	„ Hintze's Nachf.	5	200	395	790	—
	13.	„ Fetscherin & Pfeiffer	6	200	395	790	—
	31.	„ Saldo		450	328^{57}	1478	55
				1000		3628	55

2

Café m. Ausgang

1891			Fol.	Kilo	Preis		
December	1.	Per Detailgeschäft	2	100	286	286	—
	2.	„ F. Gericke	3	200	315	630	—
	4.	„ Detailgeschäft	4	200	286	572	—
	9.	„ Oscar Fraenzel	5	100	312	312	—
	13.	„ Reinhardt & Co.	6	300	314	942	—
	16.	„ Heinrich Schwarz	6	200	320	640	—
	30.	„ F. Gericke	8	500	315	1575	—
	31.	„ Saldo		2900	262^{47}	7611	65
				4500		12568	65

3

Eingang *Portorico-*

1891			Fol.	Kilo	Preis		
December	1.	An H. M. Blydenstein	1	2000	214	4279	95
	9.	„ do.	5	3500	214^{52}	7508	15
	31.	„ Gewinn				1397	40
				5500		13185	50
1892 Januar	1.	An Bestand		2500	214^{50}	5362	50

4

Eingang *Pfeffer*

1891			Fol.	Kilo	Preis		
December	1.	An Bauer & Golde	1	1000	98	980	—
	31.	„ Gewinn				19	50
				1000		999	50
1892 Januar	1.	An Bestand		850	98	833	—

3

Café ord.

Ausgang

1891			Fol.	Kilo	Preis		
December	1.	Per Detailgeschäft	2	200	235	470	—
		„ Hintze's Nachf.	2	400	258	1032	—
	2.	„ F. Gericke	3	200	254	508	—
	13.	„ Reinhardt & Co.	6	400	255	1020	—
	16.	„ Heinrich Schwarz	6	300	281	843	—
	23.	„ Reinhardt & Co.	7	500	255	1275	—
	27.	„ Heinrich Schwarz	8	500	281	1405	—
	30.	„ F. Gericke	8	500	254	1270	—
	31.	„ Saldo		2500	214^{50}	5362	50
				5500		13185	50

4

Pfeffer

Ausgang

1891			Fol.	Kilo	Preis		
December	1.	Per Detailgeschäft	2	50	105	52	50
	23.	„ F. Ehrlich & Co.	7	100	114	114	—
	31.	„ Saldo		850	98	833	—
				1000		999	50

5

Eingang ***Carolina-***

1891			Fol.	Kilo	Preis		
December	1.	An Orth & Co.	1	2000	92	1840	—
	31.	„ Gewinn				70	—
				2000		1910	—
1892 Januar	1.	An Bestand		1000	92	920	—

6

Eingang ***Ostindischer***

1891			Fol.	Kilo	Preis		
December	1.	An Orth & Co.	1	2000	82	1640	—
	31.	„ Gewinn				64	—
				2000		1704	—
1892 Januar	1.	An Bestand		1500	82	1230	—

5

Reis f. Ausgang

1891			Fol.	Kilo	Preis		
December	1.	Per Detailgeschäft	2	100	97	97	—
	4.	„ do.	4	400	97	388	—
	8.	„ F. Ehrlich & Co.	4	200	104	208	—
	12.	„ Hintze's Nachf.	5	300	99	297	—
	31.	„ Saldo		1000	92	920	—
				2000		1910	—

6

Reis Ausgang

1891			Fol.	Kilo	Preis		
December	1.	Per Detailgeschäft	2	100	88	88	—
	2.	„ F. Gericke	3	200	96	192	—
	8.	„ F. Ehrlich & Co.	4	200	97	194	—
	31.	„ Saldo		1500	82	1230	—
				2000		1704	—

7

Eingang ***Brasil-***

1891			Fol.	Kilo	Preis		
December	1.	An Lyden & Sohn	1	3000	209^{18}	6275	40
	30.	„ do.	8	4000	287^{87}	8394	85
	31.	„ Gewinn				678	95
				7000		15349	20
1892 Januar	1.	An Bestand		5400	209^{80}	11329	20

8

Eingang ***Cuba-***

1891			Fol.	Kilo	Preis		
December	1.	An Lyden & Sohn	1	2000	249^{69}	4993	80
	30.	„ do.	8	3000	251^{02}	7530	45
	31.	„ Gewinn				570	25
				5000		13094	50
1892 Januar	1.	An Bestand		3850	251	9663	50

7

Café **Ausgang**

1891			Fol.	Kilo	Preis		
December	1.	Per Detailgeschäft	2	100	230	230	—
	3.	„ Urban & Sohn	3	500	253	1265	—
	16.	„ Oscar Zander	6	1000	252[50]	2525	—
	31.	„ Saldo		5400	209[80]	11329	20
				7000		15349	20

8

Café **Ausgang**

1891			Fol.	Kilo	Preis		
December	1.	Per Detailgeschäft	2	50	278	139	—
	3.	„ Urban & Sohn	3	500	304	1520	—
	4.	„ Detailgeschäft	4	200	278	556	—
	8.	„ Prang's Sne.	4	400	304	1216	—
	31.	„ Saldo		3850	251	9663	50
				5000		13094	50

9

Eingang ***Raffinade-***

1891			Fol.	Kilo	Preis		
December	1.	An Werther & Co.	1	4000	96	3840	—
	31.	„ Gewinn				22	—
				4000		3862	—
1892							
Januar	1.	An Bestand		3800	96	3648	—

10

Eingang ***Raffinade-***

1891			Fol.	Kilo	Preis		
December	1.	An Werther & Co.	1	4000	88	3520	—
		„ Gewinn				169	40
				4000		3689	40
1892							
Januar	1.	An Bestand		2400	88	2112	—

9

Zucker ff. Ausgang

1891			Fol.	Kilo	Preis		
December	1.	Per Detailgeschäft	2	100	103	103	—
	20.	„ Hermann Klein	C 2	100	111	111	—
	31.	„ Saldo		3800	96	3648	—
				4000		3862	—

10

Zucker f. Ausgang

1891			Fol.	Kilo	Preis		
December	1.	Per Detailgeschäft	2	100	93	93	—
		„ Hintze's Nachf.	2	300	96⁵⁰	289	50
	4.	„ Detailgeschäft	4	200	93	186	—
	9.	„ Oscar Fraenzel	5	200	101	202	—
	16.	„ Heinrich Schwarz	6	200	102	204	—
	19.	„ Oscar Fraenzel	7	500	101	505	—
	20.	„ Hermann Klein	C 2	100	97⁹⁰	97	90
	31.	„ Saldo		2400	88	2112	—
				4000		3689	40

11

Eingang ***Raffinade-***

1891			Fol.	Kilo	Preis		
December	1.	An Werther & Co.	1	5000	81	4050	—
	31.	„ Gewinn				32	—
				5000		4082	—
1892							
Januar	1.	An Bestand		4600	81	3726	—

12

Eingang ***Melis-***

1891			Fol.	Kilo	Preis		
December	1.	An Halle'sche Zuckersiederei	1	5000	86	4300	—
	31.	„ Gewinn				87	—
				5000		4387	—
1892							
Januar	1.	An Bestand		4300	86	3698	—

11

Zucker m. Ausgang

1891			Fol.	Kilo	Preis		
December	1.	Per Detailgeschäft	2	100	86	86	—
	10.	„ Hermann Klein	5	300	90	270	—
	31.	„ Saldo		4600	81	3726	—
				5000		4082	—

12

Zucker f. Ausgang

1891			Fol.	Kilo	Preis		
December	1.	Per Detailgeschäft	2	100	92	92	—
	4.	„ do.	4	100	92	92	—
	23.	„ Oscar Fraenzel	7	500	101	505	—
	31.	„ Saldo		4300	86	3698	—
				5000		4387	—

13

Eingang ***Melis-***

1891			Fol.	Kilo	Preis		
December	1.	An Halle'sche Zuckersiederei	1	5000	76	3800	—
	31.	„ Gewinn				123	—
				5000		3923	—
1892 Januar	1.	An Bestand		3500	76	2660	—

14

Eingang ***Brod-***

1891			Fol.	Kilo	Preis		
December	1.	An Halle'sche Zuckersiederei	1	3000	95	2850	—
	31.	„ Gewinn				65	—
				3000		2915	—
1892 Januar	1.	An Bestand		2500	95	2375	—

13

Zucker ord.

Ausgang

1891			Fol.	Kilo	Preis		
December	5.	Per Itzig Meyer	4	500	84	420	—
	10.	„ Hermann Klein	5	300	85	255	—
	16.	„ Heinrich Schwarz	6	200	84	168	—
	27.	„ do.	8	500	84	420	—
	31.	„ Saldo		3500	76	2660	—
				3000		3923	—

14

Zucker

Ausgang

1891			Fol.	Kilo	Preis		
December	1.	Per Detailgeschäft	2	100	102	102	—
		„ Hintze's Nachf.	2	200	108	216	—
	19.	„ Oscar Fraenzel	7	200	111	222	—
	31.	„ Saldo		2500	95	2375	—
				3000		2915	—

15

Eingang ***Catharinen-***

1891			Fol.	Kilo	Preis		
December	1.	An Berger & Sohn	1	5000	124	6200	—
	31.	„ Gewinn				55	50
				5000		6255	50
1892							
Januar	1.	An Bestand		4650	124	5766	—

16

Eingang ***Pecco-***

1891			Fol.	Kilo	Preis		
December	1.	An Blackworth & Sons	1	500	1856^02	9280	10
	31.	„ Gewinn				370	90
				500		9651	—
1892							
Januar	1.	An Bestand		350	1856	6496	—

15

Pflaumen — Ausgang

1891			Fol.	Kilo	Preis		
December	1.	Per Detailgeschäft	2	100	132	132	—
	20.	„ Oscar Zander	7	250	143	357	50
	31.	„ Saldo		4650	124	5766	—
				5000		6255	50

16

Thee — Ausgang

1891			Fol.	Kilo	Preis		
December	1.	Per Detailgeschäft	2	50	2000	1000	—
	8.	„ F. Fhrlich & Co.	4	50	2160	1080	—
	29.	„ Hintze's Nachf.	8	50	2150	1075	—
	31.	„ Saldo		350	1856	6496	—
				500		9651	—

17

Eingang ***Congo-***

1891			Fol.	Kilo	Preis		
December	1.	An Blackworth & Sons	1	500	1383[12]	6915	60
	31.	„ Gewinn				623	60
				500		7539	20
1892							
Januar	1.	An Bestand		230	1383[12]	3181	20

18

Eingang ***Schottische***

1891			Fol.	To.	Preis		
December	1.	An Orth & Co.	2	500	30	15000	—
	31.	„ Gewinn				200	—
				500		15200	
1892							
Januar	1.	An Bestand		400	30	12000	—

17

Thee

Ausgang

1891			Fol.	Kilo	Preis		
December	1.	Per Detailgeschäft	2	50	1500	750	—
	13.	„ Fetscherin & Pfeiffer	6	100	1640	1640	—
	20.	„ Oscar Zander	7	100	1640	1640	—
	23.	„ Oscar Fraenzel	7	20	1640	328	—
	31.	„ Saldo		230	1383[12]	3181	20
				500		7539	20

18

Heringe

Ausgang

1891			Fol.	To.	Preis		
December	4.	Per Detailgeschäft	4	100	32	3200	—
	31.	„ Saldo		400	30	12000	—
				500		15200	—

19

Eingang *Smyrna-*

1891			Fol.	Kilo	Preis		
December	4.	An Frascatelli & Co.	3	5000	64^{80}	3240	—
	31.	„ Gewinn				69	80
				5000		3309	80
1891							
Januar	1.	An Bestand		4350	64^{80}	2818	80

20

Eingang *Corin-*

1891			Fol.	Kilo	Preis		
December	4.	An Frascatelli & Co.	3	3000	40^{50}	1215	—
	31.	„ Gewinn				36	75
				3000		1251	75
1892							
Januar	1.	An Bestand		2550	40^{50}	1032	75

19

Rosinen **Ausgang**

1891			Fol.	Kilo	Preis		
December	4.	Per Detailgeschäft	4	50	70	35	—
	15.	„ F. Gericke	6	300	76	228	—
	23.	„ F. Ehrlich & Co.	7	300	76	228	—
	31.	„ Saldo		4350	64^{80}	2818	80
				5000		3309	80

20

then **Ausgang**

1891			Fol.	Kilo	Preis		
December	4.	Per Detailgeschäft	4	50	44	22	—
	15.	„ F. Gericke	6	200	48^{50}	97	—
	23.	„ F. Ehrlich & Co.	7	200	50	100	—
	31.	„ Saldo		2550	40^{50}	1032	75
				3000		1251	75

21

Eingang *Sicilianische*

1891			Fol.	Kilo	Preis		
December	4.	An Frascatelli & Co.	3	2000	125[55]	2511	—
	31.	„ Gewinn				60	15
				2000		2571	15
1892							
Januar	1.	An Bestand		1750	125[45]	2197	15

22

Eingang *Carolina-*

1891			Fol.	Kilo	Preis		
December	13.	An Orth & Co.	6	2000	64	1280	—
				2000		1280	—
1892							
Januar	1.	An Bestand		2000	64	1280	—

21

Mandeln — Ausgang

1891			Fol.	Kilo	Preis		
December	4.	Per Detailgeschäft	3	50	140	70	—
	15.	„ F. Gericke	6	200	152	304	—
	31.	„ Saldo		1750	125^{55}	2197	15
				2000		2571	15

22

Reis m. — Ausgang

1891			Fol.	Kilo	Preis		
December	31.	Per Saldo		2000	64	1280	—
				2000		1280	—

23

Eingang ***Frachten- und***

1891			Fol.		
December	1.	An Cassa-Conto	C 1	954	10
	3.	„ do.	C 2	256	50
	10.	„ do.	C 2	265	70
	13.	„ do.	C 2	18	50
				1494	80

24

Eingang ***Decort-***

1891			Fol.		
December	12.	An Hermann Klein	5	5	—
	29.	„ Oscar Zander	8	45	—
	31.	„ Gewinn		435	—
				485	—

23

Steuer-Conto **Ausgang**

1891			Fol.			
December	31.	Per Verlust			1494	80
					1494	80

24

Conto **Ausgang**

1891			Fol.			
December	1.	Per Bauer & Golde	2		10	—
		„ Orth & Co.	2		325	—
	3.	„ Werther & Co.	3		60	—
	8.	„ Berger & Sohn	4		90	—
					485	—

16. Zusammenstellung des Gewinnes an Waaren.

Java-Café ff.	M.	342	80
Java-Café m.	"	776	95
Portorico-Café	"	1397	40
Pfeffer	"	19	50
Carolina-Reis f.	"	70	—
Ostindischer Reis	"	64	—
Brasil-Café	"	678	95
Cuba-Café	"	570	25
Raffinade ff.	"	22	—
Raffinade f.	"	169	40
Raffinade m.	"	32	—
Melis f.	"	87	—
Melis ord.	"	123	—
Brodzucker	"	65	—
Catharinen-Pflaumen	"	55	50
Pecco-Thee	"	370	90
Congo-Thee	"	623	60
Schottische Heringe	"	200	—
Smyrna-Rosinen	"	69	80
Corinthen	"	36	75
Sicilian. Mandeln	"	60	15
Decorte	"	435	—
	M.	6269	95
ab für Frachten und Steuer	"	1494	80
	M.	4775	15

17. Zusammenstellung der Bestände an Waaren.

		Preis		
450 kg	Java-Café ff.	328.57	1478	55
2900 „	Java-Café m.	262.47	7611	65
2500 „	Portorico-Café ord.	214.50	5362	50
850 „	Pfeffer	98	833	—
1000 „	Carolina-Reis f.	92	920	—
1500 „	Ostindischer Reis	82	1230	—
5400 „	Brasil-Café	209.80	11329	20
3850 „	Cuba-Café	251	9663	50
3800 „	Raffinade ff.	96	3648	—
2400 „	Raffinade f.	88	2112	—
4600 „	Raffinade m.	81	3726	—
4300 „	Melis f.	86	3698	—
3500 „	Melis ord.	76	2660	—
2500 „	Brodzucker	95	2375	—
4650 „	Catharinen-Pflaumen	124	5766	—
350 „	Pecco-Thee	1856	6496	—
230 „	Congo-Thee	1383.12	3181	20
400 To.	Schottische Heringe	30	12000	—
4350 kg	Smirna-Rosinen	64.80	2818	80
2550 „	Corinthen	40.50	1032	75
1750 „	Sicilianische Mandeln	125.55	2197	15
2000 „	Carolina-Reis m.	64	1280	—
Diverse	Bestände des Detailgeschäfts		2894	50
Gesammtwerth	der Waaren		94313	80

Register zum Waaren-Buch.

18. Anmerkungen zum Abschluss des Waarenbuches.

Wir müssen, um das Waarenbuch abschliessen zu können, bei jedem einzelnen Conto ermitteln, ob der Saldo desselben mit dem wirklich vorhandenen Bestande der betreffenden Waarengattung übereinstimmt.

Auf dem Conto Java-Café ff. stehen im Eingang kg 1000 mit einem Werthe von M. 3285.75; verkauft haben wir im Laufe des Monats kg 550 für zusammen M. 2150.—. Wir müssen demnach noch kg 450 Java-Café ff. auf Lager haben, die wir zum Ausgleich des Contos mit demjenigen Werthe, den sie am Tage der Inventur repräsentiren — M. 1478.55 —, in den Ausgang schreiben. Dann ergiebt die Addition des Einganges M. 3285.75, die des Ausganges dagegen M. 3628.55. Somit haben die von uns verkauften 550 kg Java-Café ff. und die noch in unserem Bestande verbliebenen 450 kg einen Ertrag gebracht, der um M. 342.80 ihren Einkaufswerth übersteigt. Diese M. 342.80 sind also der an Java-Café ff. erzielte Gewinn. Um nun auch die Markcolonne unseres Contos abschliessen zu können, schreiben wir diese Differenz auf die kleinere Seite — in den Eingang — und addiren dann hier wie dort beide Colonnen auf.

Würde z. B. die Effectiv-Aufnahme unserer Lagerbestände ergeben haben, dass wir statt der ausgewiesenen 450 kg Java-Café ff. in Wirklichkeit nur noch 400 kg auf Lager hätten, dass also 50 kg auf irgend eine Weise abhanden gekommen wären, so müssten wir zunächst in den Ausgang des Contos schreiben:

December 31. Bei der Inventur weniger
vorgefunden . . . . kg 50.

ohne natürlich einen Markwerth hinzuzusetzen. Dann erst könnten wir den nun verbliebenen Saldo von kg 400 mit M. 1314.25 und den entsprechend niedrigeren Gewinn — M. 178.50 — wie früher verbuchen. In ganz derselben Weise schliessen wir dann ein Conto nach dem anderen ab. Die ermittelten wirklichen Waarenbestände schreiben wir wie in der vorstehenden Zusammenstellung mit denjenigen Werthen, zu welchen wir die Saldi auf den entsprechenden Conten eingesetzt haben, übersichtlich unter einander. Wir sehen daraus, dass unsere noch vorhandenen Lagerbestände — zuzüglich der diversen Bestände des Detailgeschäftes — einen Gesammtwerth von M. 94313.80 darstellen. Ebenso vereinigen wir auf einer zweiten Zusammenstellung, dem Waarenbuch folgend, die auf den einzelnen Conten ermittelten Gewinne, kürzen von der Summe alle eventuellen Verluste — in unserem Falle nur die Ausgaben für Frachten und Steuer — und erhalten so den reinen Gewinn an Waaren: M. 4775.15. Denselben Betrag muss das Waaren-Conto im Hauptbuche als Saldo ergeben.

Sollte dies nicht der Fall sein, sollte also der sich laut Hauptbuch auf Waaren-Conto ergebende Gewinn mit dem Gewinne unseres Waarenbuches nicht übereinstimmen, dann müssen wir so lange suchen, bis wir die Differenz, die nur auf einem Buchungsfehler beruhen kann, gefunden haben.

19.

Wechsel-Buch.

1

Eingang ***Deutsche***

1891			Fol.	Wechsel-Betrag		Cours		
December	4.	An F. Gericke	4	1200	—		1200	—
	6.	„ Urban & Sohn	4	2500	—		2500	—
	11.	„ F. Ehrlich & Co.	5	500	—			
		„ F. Ehrlich & Co.	5	900	—		1400	—
	15.	„ Fetscherin & Pfeiffer	6	2000	—		2000	—
	16.	„ Reinhardt & Co.	7	1900	—		1900	—
	23.	„ Oscar Fraenzel	8	800	—			
		„ Oscar Fraenzel	8	250	—			
		„ Oscar Fraenzel	8	500	—			
		„ Oscar Fraenzel	8	500	—		2050	—
		„ Schauss & Co.	8	40000	—		40000	—
				51050	—		51050	—
1892 Januar	1.	An Saldo-Vortrag		6100	—		6071	45

1

Mark-Wechsel **Ausgang**

1891			Fol.	Wechsel-Betrag		Cours		
December	15.	Per Cassa-Conto	C 2	900	—			
		„ do.	C 2	2000	—		2874	80
	23.	„ do.	C 2	40000	—		39725	—
		„ do.	C 2	800	—			
		„ do.	C 2	250	—			
		„ do.	C 2	500	—			
		„ do.	C 2	500	—		2032	20
	31.	„ Saldo		1200	—			
		„ do.		2500	—			
		„ do.		500	—			
		„ do.		1900	—		6071	45
		„ Gewinn- u. Verlust-Conto					346	55
				51050			51050	—

2

Eingang ***Holländische***

1891			Fol.	Wechsel-Betrag		Cours		
December	1.	An Cassa-Conto	C 1	4000	—	168^{10}		
		„ do.	C 1	2000	—		10089	—
	16.	„ do.	C 2	5000	—	168^{35}		
		„ do.	C 2	6000	—		18473	60
				17000	—		28562	60

3

Eingang ***Englische Pfund-***

1891			Fol.	Wechsel-Betrag		Cours		
December	3.	An Cassa-Conto	C 2	250	-/-	20^{29}		
		„ do.	C 2	500	-/-		15229	70
				750	-/-		15229	70

2

Gulden-Wechsel **Ausgang**

1891			Fol.	Wechsel-Betrag		Cours		
December	2.	Per H. M. Blydenstein	3	4000	—	168^{10}		
		„ H. M. Blydenstein	3	2000	—		10089	—
	16.	„ Lyden & Sohn	6	5000	—	168^{35}		
		„ Lyden & Sohn	6	6000	—		18473	60
				17000	—		28562	60

3

Sterling-Wechsel **Ausgang**

1891			Fol.	Wechsel-Betrag		Cours		
December	4.	Per Blackworth & Sons	4	250	-/-	20^{29}		
		„ Blackworth & Sons	4	500	-/-		15229	70
				750	-/-		15229	70

Register zum Wechsel-Buch.

---

20. Anmerkungen zum Abschluss des Wechsel-Buches.

Von holländischen Gulden- und englischen Pfund-Sterling-Wechseln haben wir keine im Depot behalten; und da wir die Wechsel, welche wir unseren Geschäftsfreunden sandten, mit demselben Markbetrage, den wir dafür bezahlt hatten, auswarfen: so müssen die Additionen der Markbeträge ebenso wie diejenigen der Pfund- und Guldenbeträge auf der Credit-Seite — Ausgang — dieselben Summen ergeben wie auf der Debet-Seite — Eingang —. Hätten wir indessen die diversen Wechsel mehrere Tage bei uns liegen lassen, so würde uns vielleicht eine grössere Coursdifferenz am Tage der Absendung gegen den Tag des Einkaufs veranlasst haben, entsprechend berichtigte Markbeträge in den Ausgang zu schreiben. Dann hätten natürlich die Additionen der beiden Seiten von einander abweichen müssen. Wir würden in diesem Falle die Differenz auf dem Conto durch das Memorial über Gewinn- und Verlust-Conto zu verbuchen haben, und zwar als Gewinn, wenn die Credit-Seite, — als Verlust, wenn die Debet-Seite grösser wäre.

Von Markwechseln haben wir vier Stück mit einem Nominalbetrage von M. 6100.— im Portefeuille behalten. Da diese Wechsel indessen nicht heute, sondern erst an resp. späteren Terminen zahlbar sind, so können wir sie auch nicht mit ihrem vollen Werthe in die Bilanz aufnehmen, sondern müssen davon so viel an Zinsen kürzen, als uns die Reichsbank z. B. beim sofortigen Verkauf der Appoints berechnen würde. Das sind zu 4% = M. 28.55. Um diesen Betrag ist der Werth unseres Wechselbestandes am 31. December geringer; — wir können demnach als Saldo des Contos nur M. 6071.45 annehmen und schreiben denselben auf die Credit-Seite, — Ausgang. Die Additionen der beiden Seiten ergeben nunmehr in der ersten (Nominal-) Colonne natürlich die gleiche Summe. Dagegen weist die Markcolonne im Eingange ein Plus von M. 346.55 gegenüber dem Ausgange auf. Diese Differenz ist dadurch entstanden, dass wir eine Anzahl von Wechseln discontirt und dadurch Zinsen verloren haben. Es ist dieser Betrag also unser Verlust — freilich nur ein imaginärer Verlust! — auf Wechsel-Conto, den wir zu Lasten des Gewinn- und Verlust-Contos durch das Memorial verbucht haben.

Sind diese M. 346.55 in den Ausgang geschrieben, dann müssen je beide Colonnen auf der Debet- und Credit-Seite des Markwechsel-Contos mit der Summe M. 51050.— abschliessen.

Das Wechsel-Conto im Hauptbuch muss denselben Bestand von M. 6071.45 und denselben Verlust von M. 346.55 ergeben.

Vierter Theil.

Die Buchführung im Bankgeschäft.

Eine Darstellung derselben in Anlehnung an das bisher Besprochene.

Da es im Bankgeschäft, das oft in grossen Beträgen Credite gewährt und in Anspruch nimmt, — das überdies mit einer ungleich grösseren Anzahl von Geschäftsfreunden und Kunden in laufender Rechnung steht, wichtiger ist, über den Status und die gesammten Operationen beständig einen klaren Ueberblick zu behalten, als in irgend einem Geschäfte anderer Branche: so kann für das Bankgeschäft natürlich nur die doppelte Buchführung in Betracht kommen.

Und da wir es bei derselben mit festen, unveränderlichen Normen zu thun haben, so ergiebt sich ihre Anwendung auf das Bankgeschäft aus dem, was wir in Betreff des Waarengeschäftes von Blind & Lessing darüber gesagt haben, ganz von selbst. Wir müssen nur das Eine im Auge behalten, dass die Waare des Bankiers in erster Reihe das Geld selbst ist, dass also der Schwerpunkt seiner Thätigkeit nicht sowohl im billigen Einkauf und theueren Verkauf liegt, als vielmehr in raschen und zahlreichen Umsätzen: im Zinsgewinn und in seiner Gebühr als Commissionär (Provision). Der zweite Band dieses Werkes, welcher sich ausschliesslich mit dem Bankgeschäft befasst, wird ein klares Bild davon geben.

An die Stelle des Waarenbuches treten im Bankgeschäft:

1. das Effectenbuch;
2. das Wechselbuch;
3. das Sortenbuch, — und dem entsprechend im Hauptbuch an Stelle des Waaren-Contos

1. das Effecten-Conto;
2. das Wechsel-Conto;
3. das Sorten-Conto.

Wie wir beim Waarenbuch jeder einzelnen Waarengattung, — also Java-Café ff., Pfeffer, Raffinade-Zucker f. etc., — ein besonderes Conto errichtet und auf demselben alle Umsätze in dem betreffenden Artikel vermerkt haben: so müssen wir im Effectenbuch für jede Art von Effecten, die wir kaufen oder verkaufen — z. B. Preussische 4% Consols, Deutsche 3% Reichsanleihe, Ungarische 4% Goldrente u. s. w. — je ein Conto eröffnen. Ganz dasselbe gilt vom Wechsel- und Sortenbuch bezüglich der verschiedenen Wechsel — Mark-, Oesterreichische Gulden-, Holländische Gulden-, Englische Pfund-Wechsel etc. — und der verschiedenen Geldsorten — Französische Noten, Napoléonsd'or, Sovereigns, Dukaten, Holländische Noten u. s. w. Alle diese Conten werden natürlich doppelseitig geführt.

Angenommen, wir kaufen am 6. Januar 1892 im Auftrage unseres Kunden Fritz Hering M. 5000.— Preussische $3\frac{1}{2}$% consol. Staatsanleihe zum Course von M. 98.75.

Wir erhalten zunächst am Abend desjenigen Tages, an dem wir diese Ordre zur Börse gegeben haben, von dem betreffenden Makler einen Schlussschein des Inhaltes:

Von der Deutschen Genossenschaftsbank
Soergel, Parrisius & Co.

An X. Y. (unsere Firma)
M. 5000.— $3\frac{1}{2}$% Preussische Consols à M. $98\frac{3}{4}$.

Berlin, 6. Januar 1892.

Wir tragen diesen Schlussschein in unser Börsenbuch (siehe später) ein und machen die Abrechnung für Fritz Hering fertig. Dazu bedarf es abermals eines Schlussscheines, der — in der Mitte vertikal durchlocht — auf beiden Seiten in nachstehender Weise — also doppelt — ausgefüllt wird:

Von X. Y. (unsere Firma)

An Herrn Fritz Hering, Berlin.

Berlin, den 6. Januar 1892.
M. 5000.— $3\frac{1}{2}$% Preuss. Consols à M. $98\frac{3}{4}$ = M. 4937.50.

Die eine Seite des Schlussscheines bleibt, nachdem wir die vorgeschriebene Stempelmarke von 40 Pf. aufgeklebt und cassirt haben, in unserem Besitz, während wir den anderen Theil nebst folgender anhängender Rechnung unserem Kunden zusenden:

Rechnung
von X. Y. . . . .
an Herrn Fritz Hering, Berlin.
Berlin, den 6. Januar 1892.

		Debet.	
Die laut unserer Schlussnota von heute für Sie gekauften			
M. 5000.— $3^1/_2$% Preuss. Consols à $98^3/_4$	M.	4937	50
Zinsen $3^1/_2$% für 96 Tage . .	„	46	70
	M.	4984	20
Courtage, Provision u. Stempel	„	9	35
Werth heute zu Ihren Lasten	M.	4993	55

Am nächsten Morgen liefert uns die Deutsche Genossenschaftsbank die gekauften Effecten direct nebst ihrer Abrechnung, welche wir sofort baar bezahlen und auf der Credit-Seite unseres Cassabuches austragen:

Januar 7. Per Effecten-Conto
Von der D. Genoss.-Bank empfangene
M. 5000.— $3^1/_2$% Pr. Consols à M. $98^3/_4$ M. 4984.20.

Dagegen construiren wir in unserem Memorial, da wir mit Fritz Hering im Conto-Corrent stehen, folgenden Posten:

Per Fritz Hering . . . . M. 4993.55
An Effecten-Conto . . . . „ 4984.20
„ Provisions-Conto . . . . „ 9.35.
gek. M. 5000.— $3^1/_2$% Preuss. Consols . .

Diese beiden Posten sind nun zunächst auf das entsprechende Conto des Effectenbuches zu übertragen, welches sich beiläufig in dieser Weise darstellt:

Eingang **Preuss. $3^1/_2$% consol. Staatsanleihe.** *Ausgang*

1892			Fol.	Nominal	Cours			1892			Fol.	Nominal	Cours		
Jan.	7	An Soergelbank p. Casse		5000	$98^3/_4$	4984	20	Jan.	6	Per Fr. Hering		5000	$98^3/_4$	4984	20

Im Conto-Correntbuch wird Fritz Hering auf der Debet-Seite für M. 4993.55 belastet, und zwar unter genauer Hinzufügung des

Datums, da wir als Bankiers, in deren Händen das Geld die Waare ist, nicht in der Lage sind, auch nur einen Tag Zinsen zu verlieren.

Hat Fritz Hering auf seinem Conto trotz dieses Debetpostens noch ein Guthaben, so werden wir die gekauften M. 5000.— $3^1/_2{}^0/_0$ Preuss. Consols auf Verlangen natürlich an ihn ausfolgen. Das werden wir auch thun, wenn er uns selbst Geld schuldig ist, aber andere Werthpapiere in entsprechender Höhe als Sicherheit bei uns hinterlegt hat. Wünscht er hingegen die Auslieferung der Effecten nicht, oder müssen wir ihm dieselbe aus einem oder dem anderen Grunde verweigern, dann bemerken wir uns den Besitz dieser M. 5000.— $3^1/_2{}^0/_0$ Consols und das Anrecht des Fritz Hering darauf im

Depot-Conto.

Das Depot-Conto ist ein Hilfsbuch, welches zur Aufnahme aller Posten von Effecten bestimmt ist, welche von Kunden des Bankiers als ihr Eigenthum diesem in Pfand oder Verwahrung gegeben sind. Es empfiehlt sich, das Depotbuch in zwei getrennten Theilen zu führen, und zwar

1. das lebende Depotbuch,
2. das todte Depotbuch.

In jenem werden die Zu- und Abgänge von Effecten nach den Namen der Depositäre gruppirt, in diesem stehen die Bezeichnungen der einzelnen Effecten obenan, und die Namen der Depositäre dienen nur dazu, die Gesammtsumme, auf die es eigentlich ankommt, zu zergliedern. Von allen Einrichtungen der Depotbücher gewährt wohl die in dem folgenden Schema veranschaulichte die weitaus grösste Uebersichtlichkeit und verdient deshalb unbedingt den Vorzug.

1. Das lebende Depotbuch:

Fritz Hering, Berlin.

Preuss. $3^1/_2{}^0/_0$ Consols.			Italienische $3^0/_0$ Eisenb.-Prior.			$6^0/_0$ Mexicanische alte Anleihe.				
1891			1891			1891				
Septbr.	12	E. 4000	Septbr.	12	E. 25	Octbr.	15	E. 200		
"	25	A. 3600	Octbr.	7	A. 20	Novbr.	11	E. 420		
		7600			5			620		
Octbr.	9	A. 2500	Decbr.	20	E. 10	1892				
		5100			15	Jan.	2	A. 620		
Decbr.	3	A. 2100								
		3000								
1892										
Jan.	6	E. 5000								
		8000								

2. Das todte Depotbuch:

Preussische $3^1/_2$ % consol. Staatsanleihe.

Fritz Hering			Ernst Köhler			Adolf Magnus			Albert Werner			Ernst Burmann		
1891			1891			1891			1891			1891		
Septbr.	12	E. 4000	Septbr.	20	E. 3000	Octbr.	1	E. 20000	Octbr.	1	E. 5000	Octbr.	3	E. 50000
„	25	E. 3600	Novbr.	2	E. 5000	Decbr.	20	A. 20000	Novbr.	2	E. 3000	Novbr.	23	E. 28000
		7600			8000						8000			78000
Octbr.	9	A. 2500	Decbr.	10	E. 4500							Decbr.	28	E. 12000
		5100			12500									90000
Decbr.	3	A. 2100												
		3000												
1892														
Jan.	6	E. 5000												
		8000												

Wie aus dieser Darstellung unschwer zu ersehen ist, wird im lebenden Depotbuch für jeden Depositär, im todten für jede Effectengattung ein Conto eingerichtet. Man ist danach jederzeit in der Lage, schnell und sicher das Depot jeder einzelnen Person sowohl als auch die Summe der Depots in jedem einzelnen Effect — sei es behufs der Controlle oder aus einem anderen Grunde — festzustellen.

Der Buchstabe E, welcher einzelnen Eintragungen vorgesetzt ist, bedeutet „Eingang“ — der Buchstabe A dagegen „Ausgang“. Man kann noch weiter gehen und auch die Art des Ein- oder Ausganges bei jedem Posten genauer bezeichnen, indem man noch die Buchstaben K und V hinzunimmt. Dann heisst E = „Einlieferung“, — A = „Auslieferung“, — K = „Kauf“ (Ankauf) und V = „Verkauf“. —

Zur Unterstützung seiner Commissionsthätigkeit an der Börse führt der Bankier noch mehrere Hilfsbücher, — zunächst das Limitenbuch, welches zur Vormerkung aller An- und Verkaufsaufträge von Seiten der Kundschaft bestimmt ist. Alle darin vorgemerkten Aufträge übermittelt der Bankier von Tag zu Tag dem Makler und streicht dieselben, sobald sie ihre Erledigung gefunden haben, wieder aus.

Es ist zu bemerken, dass die limitirten Ordres, also solche, die nur zu einem ganz bestimmten Cours effectuirt werden sollen, von den Maklern nur immer für den laufenden Monat in Auftrag genommen werden. Mit dem letzten Tage des Monats erlöschen alle Aufträge, die bis dahin nicht ausgeführt werden konnten. Daher empfiehlt es sich für den Bankier sehr, auch seinerseits der Kundschaft gegenüber nur für den laufenden Monat Limite zu übernehmen und sich dahin ausdrücklich zu erklären. Anderenfalls kann er durch ein geringes Versehen leicht zu empfindlichen Verlusten kommen. Auch Aufträge, welche die Kundschaft bis auf Widerruf ertheilt, sollen von dieser Regel nicht ausgenommen sein. Es ist dann Sache jedes Einzelnen und wenig mühevoll, seine dem Bankier gegebenen Limite nach Ablauf des Monats rechtzeitig wieder zu erneuern.

Die an jedem Börsentage effectuirten An- und Verkäufe trägt der Bankier sofort nach Schluss der Börse in das sog. Börsenbuch ein. Dieses wird in kleineren Geschäften am besten doppelseitig eingerichtet, — links für Ankäufe, rechts für Verkäufe; in grösseren Bankgeschäften empfiehlt es sich, An- und Verkäufe in zwei verschiedene Bücher zu trennen.

Das Schema ist folgendes:

Ankauf: 2. Februar 1892.

5000 5000	Tietz Goldstein	10000	$3^1/_2$% Preuss. Consols	$98^1/_2$	Albert Krüger.
20000 10000	Nationalbk. Dresdner Bk.	30000	Berliner 1890er Stadt-Anl.	$96^1/_2$	Ernst Burmann.
50 20 5	Disconto Ges. Deutsche Bk. Delbrück, Leo & Co.	75	3% Italien. Eisenb. Priorit.	55	B. Kaiser.
10000	Deutsche Bk.	10000	Anilin $4^1/_2$% Obligat.	102	Werner Fürst.
			u. s. w.		

Die Eintragungen des Bankiers beginnen zunächst in der dritten Colonne und umfassen:

1. den Nominalbetrag } des gehandelten Effectes;
2. die genaue Bezeichnung }

3. den Cours, zu welchem dasselbe umgesetzt wurde;
4. den Namen des Auftraggebers.

Sobald die von den Maklern ausgestellten Schlussscheine im Comptoir angelangt sind, werden sie sortirt, mit dem Börsenbuch verglichen und dann gleichfalls und zwar in die beiden bis dahin leer gebliebenen Colonnen eingetragen. Wir sehen nun, dass wir z. B. die gekauften M. 30000.— Berliner 1890er Stadtanleihe in zwei Posten zu empfangen haben: 20000 M. von der Nationalbank für Deutschland, — 10000 M. von der Dresdner Bank etc.

Hat ein Makler uns zu viel Schlussscheine geschickt oder über einen grösseren Betrag, als wir gehandelt haben, so geben wir ihm dieselben zurück und verlangen von neuem richtige Aufgabe.

Oft kommt es vor, dass ein Makler sich selbst als Gegencontrahenten nennt und erst nach mehreren Tagen — sogar Wochen! — eine andere kaufmännische Firma als Abnehmer oder Lieferer namhaft macht. Solchen Ungehörigkeiten, die leider schon zu sehr eingerissen sind und fast allgemein geduldet werden, liegt natürlich stets eine Privatspeculation des betreffenden Maklers zu Grunde. Gewinne, die aus solchen Schiebungen in Folge von Coursdifferenzen entstehen, zieht er an unserer Casse einfach ein; wegen eventueller Verluste, die oft gar nicht so unbedeutend sind, müssen wir uns nicht selten wochenlang bemühen.

Die jetzt tagende Börsenenquête wird sich auch mit dieser Frage beschäftigen und den Maklern dieses lästige und uncorrecte sog. „An-Aufgabe- oder Von-Aufgabestellen" durch geeignete Vorschläge erschweren. Dies steht wenigstens im Interesse der Bankiers sehr zu hoffen. —

Genau in derselben Weise, wie wir das bei den Ankäufen gezeigt haben, werden auch die Verkäufe in das dafür bestimmte Buch eingetragen. Sobald uns ein gekaufter Effectenposten direct gegen baar oder durch den Cassenverein geliefert wird, überzeugen wir uns erst im Börsenbuch, ob wir denselben auch wirklich zu empfangen haben, und streichen, wenn dies der Fall ist, die betreffende Schlussscheinnotiz mit Rothstift durch. Wir sehen dann genau, welche Posten erledigt sind und welche wir noch von unseren Gegencontrahenten zu fordern haben.

Ebenso durchstreichen wir in dem für die Verkäufe bestimmten Theile des Börsenbuches von Fall zu Fall die bezüglichen Schlussscheinnotizen, sobald wir einen verkauften Effectenposten zur Ablieferung bringen, und können so jederzeit feststellen, mit welchen Lieferungen wir uns noch im Rückstande befinden.

Die per Ultimo eines Monats abgeschlossenen Geschäfte (siehe darüber Band II, Seite 149) können entweder in dasselbe Börsenbuch eingetragen werden und müssen dann, vielleicht durch ein rothes Kreuzchen, besonders kenntlich gemacht werden, — oder aber, von den Cassageschäften getrennt, in einem besonderen Börsenbuche Aufnahme finden. Der letztere Modus ist für grössere Bankgeschäfte entschieden vorzuziehen.

Alle per Ultimo gehandelten Effectenposten übertragen wir in zwei sog. Ultimo-Engagements-Bücher, von denen wir das eine wieder als das „lebende", das andere als das „todte" bezeichnen können. Sie werden beide doppelseitig geführt, — links die Ankäufe, — rechts die Verkäufe. In dem lebenden Ultimo-Engagementsbuche richten wir jedem unserer Kunden, der Termingeschäfte durch unsere Vermittelung gemacht hat, ein Conto ein; in dem todten eröffnen wir ein solches für jede Effectengattung, in der wir Ultimo-Geschäfte vermittelt haben.

Eine Darstellung des Schemas wird das Verständniss am besten fördern:

1. Das lebende Ultimo-Engagementsbuch.

Per Ultimo Januar 1892.

Ankauf **Fritz Kühn.** *Verkauf*

Lombarden			Italien. 5 % Rte.			Credit-Actien			Lombarden			Italien. 5 % Rte.			Credit-Actien		
2./1.	50	$44^3/_8$	3./1.	10000	$87^1/_4$	16./1.	25	168	10./1. 20./1.	25 25	44 $45^1/_2$	15./1.	10000	88	29./1.	25	172

2. Das todte Ultimo-Engagementsbuch.

Per Ultimo Januar 1892.

Ankauf **Lombarden Actien.** *Verkauf*

Fritz Kühn			Ernst Burmann			Carl Mayer			Fritz Kühn			Ernst Burmann			Carl Mayer		
2./1.	50	$44^3/_8$	3./1.	100	44	20./12. 1891	50	$47^1/_4$	10./1. 20./1.	25 25	44 $45^1/_2$	20./1. 22./1. 25./1.	25 25 50	$45^1/_2$ $45^3/_4$ 46	3./1. 20./1.	25 25	44 $45^1/_2$

In derselben Weise müssen wir natürlich in dem lebenden Ultimo-Engagementsbuch je ein Conto für Ernst Burmann, Carl Mayer etc., — in dem todten dagegen je ein Conto für Italienische 5 % Rente, Credit-Actien etc. einrichten. Wir können dann mit Hilfe dieser beiden Bücher jederzeit feststellen, welche Engagements für jeden einzelnen unserer Kunden und welche Engagements überhaupt in jedem einzelnen Effect per Ultimo abgeschlossen wurden und somit am Ende des Monats abzurechnen sind. Dann geben wir unseren Geschäftsfreunden sogenannte Liquidationsnoten, durch welche wir sie für alle gekauften oder hereingenommenen Effecten belasten, für alle verkauften oder hineingegebenen erkennen.

Wegen alles Näheren verweise ich auf die ausführlichen Besprechungen der Ultimo-Geschäfte im zweiten Band dieses Werkes.

Das Wechselbuch, welches der Bankier sich einrichtet, entspricht ganz dem früher besprochenen bei Blind & Lessing. Für jede Gattung von Wechseln, also Mark-, Francs-, Oesterr. Gulden-Wechsel etc. wird ein besonderes Conto eingerichtet. Hier wird sich nun allerdings bei den Wechseln in fremder Währung der Eingang nicht in derselben Weise mit dem Ausgang decken, wie dies im Waarengeschäft der Fall gewesen ist. Denn für den Bankier ist der Wechsel selbst wieder ein Handelsartikel, nicht blos ein Mittel zur Begleichung von Handelsgeschäften. Der Bankier benützt eine billige Notiz für drei Monate London, um sich Londoner Wechsel einzukaufen, die er schon einige Tage später einem seiner Kunden, der in England Zahlungen zu machen hat, mit Nutzen überlässt. Oder er arbitragirt, d. h. er vergleicht die Course für London, Paris, Amsterdam etc. an den verschiedenen Börsenplätzen mit einander, rechnet alle Spesen und Kosten hinzu und kommt vielleicht zu dem Schluss, in London Wechsel auf Amsterdam zu kaufen und dieselben sofort wieder in Paris zu verkaufen.

Alle diese Transactionen lässt der Bankier natürlich über sein Wechsel-Conto gehen, die Verrechnungen darüber erscheinen alle im Wechsel- oder Devisenbuch. Für ihn aber ist es nicht von so geringer Bedeutung, zu welchem Cours seine Währungs-Wechsel (Devisen) in seinen Büchern stehen, — für ihn ist nicht der Betrag des Wechsels in fremder Währung die Hauptsache, wie dies bei Blind & Lessing der Fall war. Er handelt ja mit Wechseln, wie ein Anderer mit Café und Zucker handelt; die Preisdifferenz im An- und Verkauf ist ihm ebenso wichtig, wie dem Colonialwaarenhändler. Im Wechsel- oder Devisenbuch des

Bankiers ist die Markcolonne die Hauptsache. Es sind keine fingirten Beträge, die darin stehen, es sind Summen, die bezahlt und empfangen wurden. Die Differenzen aber, die sich hier zwischen Debet und Credit ergeben, sind nicht imaginär, sondern wirkliche Gewinne oder wirkliche Verluste.

Neben dem Wechselbuch führt jeder Bankier sein Wechselcopierbuch, das ganz in der schon früher beschriebenen Weise angelegt sein, d. h. alle wesentlichen Bestandtheile des Wechsels genau enthalten muss.

Kaum minder wichtig als Effecten- und Wechselbuch ist im Bankgeschäft das Sortenbuch, in welchem jeder einzelnen Geldsorte, die wir kaufen oder verkaufen, ein Conto errichtet werden muss. Es giebt da ein Conto für Oesterreichische-, Englische-, Russische-, Französische-, Schweizer- etc. Noten, für Sovereigns, Dukaten, Napoléonsd'or, Russische Impérials u. s. w., ganz so, wie im Effectenbuch für die einzelnen Effectengattungen mit Nominal-, Cours- und Markcolonne.

Für den Bankier unentbehrliche Hilfsbücher sind ausser den genannten noch das Nummernbuch, das Acceptenbuch und das Portobuch.

Das Nummernbuch hat den Zweck, die Nachweisung der Nummern und anderen genauen Bezeichnungen jedes einzelnen Werthpapieres, das im Bankgeschäft ein- oder ausgegangen ist, zu ermöglichen. Dies ist in manchen Fällen von hoher Wichtigkeit, sei es, dass ein Werthpapier uns abhanden gekommen wäre, und wir wollten dessen Mortification bei Gericht veranlassen, — sei es, dass uns von irgend einer Seite gestohlene oder mortificirte Effecten eingeliefert würden. In diesem Falle ist es einzig und allein das Nummernbuch, welches uns genau bestätigt, noch nach Monaten und Jahren bestätigt, von wem wir die fraglichen Werthpapiere empfangen haben, so dass uns das Zurückgreifen auf die Person des Betreffenden behufs Ersatzes ermöglicht wird.

Das Nummernbuch trennt man ebenfalls am besten in Eingang und Ausgang und macht seine Eintragungen etwa wie folgt:

Nummern-Eingang.

Datum 1892		Eingeliefert von:	Gattung:		Nummern
Januar	7.	Deutsche Genossenschafts-Bank	5000	$3^1/_2$ Pr. Consols	125222—24=3 à 1000 68915—18=4 à 500
	„	Anhalt & Wagener Nachf.	3000	3 % Deutsche Reichsanleihe	73450,67205, 8702 = 3 à 1000
	„	Delbrück, Leo & Co.	10000	5% Italien. Rte.	126406 = 1 à 10,000

u. s. w.

Der Nummern-Ausgang ist in ganz derselben Weise angelegt, nur trägt die zweite Colonne natürlich die Ueberschrift: „Ausgeliefert an“.

Als Acceptenbuch verwendet man am besten einen Geschäftskalender. Darin werden unter dem Datum des jeweiligen Verfalles alle von uns acceptirten oder bei uns zahlbar gemachten Wechsel, eventuell auch grössere Zahlungen anderer Art, die wir an bestimmten Tagen zu machen haben, vorgemerkt. Auf Grund des Acceptenbuches sind wir dann in der Lage, unsere Gelddispositionen für die nächsten Tage stets richtig und genau zu treffen, — d. h. so viel Geld flüssig zu machen, als wir für alle Fälle benöthigen.

Ueber die Einrichtung und Bedeutung des Portobuches für den Bankier habe ich schon früher (Seite 15) gesprochen.

Dies ist das Wesentlichste, was mit Bezug auf das Bankgeschäft den Ausführungen und Erklärungen der doppelten Buchführung ergänzend hinzuzufügen ist. Wenn sich in der Praxis des Einzelnen betreffs der Zahl oder Art der Hülfsbücher die Nothwendigkeit oder auch nur die Nützlichkeit einer Aenderung oder Abweichung ergiebt, so ist es Sache seiner Erfahrung, das Richtige zu treffen.

Im Allgemeinen wird man jedoch im Bankgeschäft sowohl mit der Anzahl der hier angeführten Bücher auskommen, als auch mit deren Einrichtung zufrieden sein. Sie erfüllen jedenfalls die Hauptbedingung kaufmännischer Bücher: klar und übersichtlich zu sein.

Um den Betrieb und die Buchführung im Bankgeschäft greifbar und lebendig zu schildern, wollen wir die Geschäftsvorfälle eines solchen für mehrere Tage zum Vorwurf nehmen.

Angenommen, unsere Firma laute Max Hesse & Co., sei seit vielen Jahren in Berlin thätig und arbeite mit reichen Mitteln. Die Kundschaft setze sich aus wohlhabenden Kreisen zusammen und neige ebenso zu einer soliden, nicht heftigen Speculation, als zur Capitalsanlage in sicheren Werthen.

Unsere Buchungen über Bilanz-Conto am 1. Januar 1892 haben folgendermassen gelautet:

Per Bilanz-Conto

An 5 Creditores.
Nachstehende Conten erkennen wir behufs Wiedereröffnung für deren Forderungen an uns.

An	Max Hesse Capital-Conto	M.	395620.55
„	Aug. Krämer Capital-Conto	„	278406.35
„	Conto-Corrent-Conto	„	423568.20
„	Accepte-Conto	„	120400.45
„	Hypotheken-Conto	„	60000.—
		M.	1277995.55.

Per 7 Debitores

An Bilanz-Conto.
Nachstehende Conten belasten wir behufs Wiedereröffnung für den Werth der ihnen am 31. December 1891 verbliebenen Bestände.

Per	Eigenes Effecten-Conto	M.	402700.—
„	Wechsel-Conto	„	85276.15
„	Sorten-Conto	„	28634.75
„	Conto-Corrent-Conto . . . , ...	„	522312.80
„	Haus-Conto	„	142220.—
„	Mobilien-Conto	„	6423.—
„	Cassa-Conto	„	90428.85
		M.	1277995.55.

Somit betrug das reine Geschäftsvermögen

M. 674026.90,

welche Summe sich ergiebt aus der Addition der Forderungen der beiden Theilhaber, des Max Hesse und Aug. Krämer, an das Geschäft. Des Weiteren können wir aus dem Wortlaute dieser Bilanzposten ersehen, in welcher Weise dieses Geschäftsvermögen angelegt war. Zunächst und zumeist in Effecten (Werthpapieren); sodann in Immobilien (Haus), in Wechseln (die wohl grössten Theils nur auf kurze Sicht lauten), in fremden Währungen (Sorten-Conto) und in baarem Gelde (Cassa-Conto). Dazu treten die Buchdebitoren mit M. 522312.80, so dass sich die Activa belaufen auf:

Eigenes Effecten-Conto	M.	402700.—
Wechsel-Conto	„	85276.15
Sorten-Conto	„	28634.75
Haus-Conto	„	142220.—
Mobilien-Conto	„	6423.—
Cassa-Conto	„	90428.85
Diverse Debitoren	„	522312.80
in Summa	M.	1277995.55.

		Transport	M. 1277995.55,

Dagegen stellen sich die Passiva wie folgt:

Accepte-Conto . . .	M. 120400.45		
Hypotheken-Conto . .	„ 60000.—		
Diverse Creditoren . .	„ 423568.20		
	zusammen	„	603968.65
	so dass	M.	674026.90

als reines Geschäftsvermögen verbleiben. Die Creditoren mit ihrer Forderung von M. 423568.20 stellen jene Kunden des Geschäftes dar, welche baares Geld daselbst auf ihren Namen eingezahlt haben, mit der Massgabe, täglich oder innerhalb einer bestimmten Kündigungsfrist darüber verfügen zu können. Max Hesse & Co. verzinsen diese baaren Einlagen ihrer Kundschaft zu verschiedenen Sätzen. Sie bewilligen für tägliches Geld (Einlagen, welche täglich gekündigt werden können) $2^0/_0$, für Geld auf monatliche Kündigung (Einlagen also, welche erst einen Monat nach vorangegangener Kündigung rückzahlbar sind) $2^1/_2$—$2^2/_4{}^0/_0$, für Geld auf längere Termine entsprechend höhere Sätze, also 3, $3^1/_2$, $4^0/_0$. Durch diese Verzinsung der baaren Einlagen seiner Kundschaft erwirbt der Bankier selbstverständlich das Recht, mit dem zu verzinsenden Gelde in seinem Interesse zu arbeiten. Andererseits natürlich wird er seinen Kunden gegenüber Schuldner im Sinne des Handelsgesetzbuches für die vollen ihm anvertrauten Beträge.

Der Bankier wird es demnach als ehrenhafter Mann vermeiden, mit diesem fremden Gelde sich in vage Speculationen einzulassen, um grosse Summen damit zu verdienen. Andererseits aber wird er als Kaufmann bestrebt sein müssen, das Geld, für das er ja selbst Zinsen bezahlen muss, gleichfalls wieder nutzbringend anzulegen. Er thut dies, indem er einem anderen Theile seiner Kundschaft, der vorübergehend baaren Geldes bedürftig ist, zu einem Zinssatze, welcher sich meist $1^0/_0$ über dem Lombardfusse der Reichsbank hält, Credit gewährt. Die Gesammthöhe dieses von Max Hesse & Co. gewährten Credites findet ihren Ausdruck in der Summe der Buchdebitoren von M. 522312.80. Nun ist es selbstverständlich, dass der Bankier in so ausgedehntem Maasse nur gegen eine sichere Unterlage Credit gewähren kann, umso mehr, als das von ihm verliehene Geld nicht sein Eigenthum ist. Als Unterlage oder Unterpfand lässt sich der Bankier deshalb von seinen Creditnehmern sichere Werthe — börsengängige Effecten, Hypotheken-Instrumente — aushändigen. Nimmt man noch hinzu, dass dem Bankier ausser diesen beliehenen (lombardirten) Werthpapieren von einem Theile seiner Kundschaft zur Aufbewahrung und Verwaltung gleichfalls grosse Posten von Effecten übergeben werden, so könnte sich einem die Frage aufdrängen, ob das Effecten-Conto in der Bilanz mit M. 402700.— nicht etwas zu niedrig gegriffen sei? Darauf ist zu erwidern, dass die Bilanz des Bankiers mit den seiner Kundschaft gehörenden, von ihm nur beliehenen oder zur Verwaltung übernommenen Effecten nicht das mindeste zu thun hat. Deshalb sprechen wir in unserer Bilanz von dem Eigenen Effecten-Conto. Es würde einer Verschleierung der Bilanz, d. h. einem Betruge gleichkommen, wenn der Bankier die Depots seiner Kundschaft zur Verstärkung seines Effecten-Contos heranziehen wollte.

Die von der Kundschaft deponirten Effecten, sie mögen sich auf Millionen belaufen, finden nur zu einem Theile — d. h. so weit sie als Deckung bewilligter Darlehen dienen — in einem Nachsatze der Bilanz Berücksichtigung, in welchem es heisst:

Von den Buchdebitoren in Höhe von . .		M. 522312.80
waren durch Depots gedeckt	M. 493615.25	
„ ungedeckt	„ 28697.55	„ 522312.80,

damit ist jedoch nicht gesagt, dass lombardirte Effecten im Werthe von M. 493615.25 in den Händen der Firma sich befinden, — sondern dass Lombardschuldner, deren Gesammtschuld M. 493615.25 beträgt, zur Deckung derselben Effecten in ausreichendem Werthe, z. B. M. 600000.— oder vielleicht M. 1000000.— hinterlegt haben.

Das Vorhandensein unbedeckter Debitoren in so geringem Betrage ist ohne Bedeutung. Es ist selbstverständlich, dass der Bankier nur solchen Clienten einen Blanco-Credit gewähren wird, die ihm, sei es in ihrer Person selbst, sei es in ihrem Geschäft, genügende Garantien bieten.

Im Allgemeinen gilt als Grundsatz, dass ein vorsichtiger, gewissenhafter Bankier nur festverzinsliche, zweifellos gute Rentenanleihen bis zu einer Höhe von 80—85 % ihres Börsenwerthes beleiht, — Industriewerthe dagegen nur ausnahmsweise und dann nur zu einem minimalen Theil ihres augenblicklichen Werthes als Unterpfand annimmt. Sogenannte „schwere“ Industriepapiere, d. h. solche, welche 200 und noch mehr Procent ihres Nominalwerthes notirt sind, müssen wegen ihrer ausserordentlichen Coursschwankungen mit ganz besonderer Vorsicht behandelt werden.

Die Bilanz der Firma Max Hesse & Co. weist in jeder Hinsicht genügend liquide Mittel auf, um alle ihre Verbindlichkeiten zu erfüllen. Der vielleicht etwas niedrig erscheinende Cassenbestand von M. 90428.85 der Creditorensumme gegenüber, wird ebenfalls als hinreichend gross befunden werden, wenn man sich sagt, dass von den ausgewiesenen Forderungen der Kundschaft nur etwa 100000—120000 Mark auf tägliche Kündigung lauten, während der Rest auf längere Fristen gestellt ist; so dass wir vermöge unserer eigenen Forderungen sowohl als auch kraft unseres Effectenbesitzes im Bedarfsfalle jederzeit grössere Beträge flüssig machen können.

Am 2. Januar 1892 beginnen Max Hesse & Co. das neue Geschäftsjahr. Im Laufe des Tages finden folgende Vorfälle ihre Erledigung:

Max Müller, dessen Conto ein Guthaben von M. 3420.35 ausweist, verfügt durch Quittung über M. 400.— und giebt gleichzeitig den Auftrag, an der Börse fl. 1500.— $4^0/_0$ Ungar. Goldrente für ihn zu kaufen und den Betrag seinem Conto zu belasten.

Ernst Keller stellt sich als neuer Kunde bei uns vor und giebt die Absicht kund, auf Grund eines Effectendepots unseren Credit zum Zwecke mässiger Speculations-Umsätze in Anspruch zu nehmen. Er hinterlegt gegen unseren Depotschein M. 25000.— $3^1/_2{}^0/_0$ Deutsche Reichsanleihe Januar/Juli und beordert £ 500.— Dynamit Trustactien per Ultimo Januar bestens zum Ankauf.

Carl Scherz beauftragt uns brieflich, aus seinem Effectendepot 10 Stück Anatolische Eisenbahn-Prioritäten zum Course von $85^1/_2{}^0/_0$ zu verkaufen, aus dem Erlös 3000 Mark per Reichsbank-Giro-Conto an Emil Neumann in Guben zu überweisen, und den Rest seinem Conto unter Aufgabe gut zu schreiben.

Adolf Klauber & Sohn bringen ihr Accept per 2. April 1892 = M. 10000.— zum Discont. Wir discontiren dasselbe mit $3^1/_4{}^0/_0$ und berechnen $^1/_{10}{}^0/_0$ Provision.

Ernst Burmann bringt uns Frs. 10000.— $5^0/_0$ Italienische Rente und giebt uns den Auftrag, dieselbe bestens zu verkaufen. Dagegen sollen wir anschaffen fl. 8000.— Oesterr. Silberrente Januar/Juli zum Course von $80^1/_4{}^0/_0$.

Gustav Klaar wünscht M. 15000.— Deutsche Bankactien, welche er per Ultimo Januar zum Course von $159^1/_4$ von uns zu fordern hat, bei $160^1/_2$ zu verkaufen. Gleichzeitig zahlt derselbe auf sein Conto per dreimonatige Kündigung M. 25000.— ein.

Adolf Bertens zahlt auf sein Conto M. 10000.— tägliches Geld ein, — desgleichen

Georg Molenar . . . . M. 5600.— und
Franz Schneider . . . . „ 12350.—.

Durch Reichsbank-Giro-Conto werden uns, Valuta 2. Januar 1892, überwiesen:

M. 2000.— für Adolf Bertens,
„ 4200.— „ Ernst Burmann,
„ 6350.— „ Robert Treuter.

Wir cassiren einen Wechsel über M. 560.— auf Carl May per 2. Januar 1892 auf Berlin ein und vergüten den Betrag abzüglich M. 1.50 Spesen und Provision unserem Auftraggeber Georg Molenar auf dessen Conto. Ein anderer Wechsel auf Berlin M. 275.— auf Fritz Rauch per 2. Januar 1892 bleibt unbezahlt. Wir lassen Protest erheben, zahlen M. 3.55 Kosten und schicken das Appoint unter Anrechnung von M. 1.50 für Provision und Spesen an Albrecht Kahle zurück.

Von ihren Conten erheben gegen Quittung:

Rudolf Pfeiffer	M.	800.—	(Guthaben 1200 M.).
Wilhelm Rex	„	555.—	(„ 2800 „).
Kurt Ehlers	„	1000.—	(Depot M. 5000.— 4 % Preuss. Consols; Debetsaldo M. 400.—).
Heinr. Altmann	„	460.—	(Guthaben 300 M.).

Alle Beträge, die wir gegen Quittung zu Lasten eines Contos auszahlen, werden einfach im Credit der Casse verbucht, — also:

2. Januar. Per Conto-Corrent-Conto:

Max Müller	M.	400.—
Rudolf Pfeiffer . . .	„	800.—
Wilhelm Rex . . .	„	555.—
Kurt Ehlers	„	1000.—
Heinr. Altmann . . .	„	460.—
	M.	3215.—.

Das Accept von Adolf Klauber & Sohn berechnen wir wie folgt:

M. 10000.—	per 2. April 90 Tage = Nr. 900		
	Zinsen $3^1/_4$ % . .	M.	81.25
„ 91.25	Provision $^1/_{10}$ % .	„	10.—
M. 9908.75.			

Diesen Posten verbuchen wir zunächst durch die Casse:

Per Adolf Klauber & Sohn . . . . M. 9908.75.

Dann aber, da wir doch Klauber & Sohn auch zum Ausgleich erkennen müssen, in's Memorial:

Per Wechsel-Conto	. . . .	M. 10000.—
An Adolf Klauber & Sohn	. . . .	„ 9908.75
„ Zinsen-Conto	. . . .	„ 81.25
„ Provisions-Conto	. . . .	„ 10.—.

Auf diese Weise ist das Conto A. Klauber & Sohn, da wir auf beide Seiten dieselben Summen geschrieben haben, unverändert geblieben, im Wechsel-Conto und im Wechselbuch wird die Vermehrung des Portefeuilles um das Accept über M. 10000.— fixirt, und Zinsen-Conto sowohl, als auch Provisions-Conto erscheinen für ihre respectiven Beträge erkannt. —

Die bezahlten Protestkosten für den Wechsel de M. 275.— verbuchen wir gleichfalls im Ausgang der Casse:

Per Albrecht Kahle . . . . M. 3.55.

Andererseits haben wir durch die Casse baar vereinnahmt:

2. Januar 1892.	An Gustav Klaar (3 Monate Kündigung)	M. 25000.—
	„ Adolf Bertens	„ 10000.—
	„ Georg Molenar	„ 5600.—
	„ Franz Schneider	„ 12350.—
	„ Georg Molenar . . . . (Incasso)	„ 558.50
	„ Provisions-Conto	„ 1.50
		M. 53510.—.

Unter Berücksichtigung des Cassabestandes von M. 90428.85 weist nunmehr die Debet-Seite unserer Casse eine Addition von

	M. 143938.85
die Credit-Seite eine solche von	„ 13127.30
auf, so dass unser Bestand jetzt	M. 130811.55

beträgt.

Im Memorial belasten wir Albrecht Kahle für Spesen und Provision auf sein Ricambio, indem wir schreiben:

Per Albrecht Kahle
An Provisions-Conto . . . . M. 1.50.

Die uns auf Giro-Conto der Reichsbank überwiesenen verschiedenen Beträge werden nicht in baar uns übergeben, sondern von Seiten der Reichsbank unserem Conto bei derselben gutgeschrieben, bis wir gelegentlich darüber verfügen.

Wir müssen deshalb auch die Reichsbank durch unser Memorial belasten. Wir thun dies gleich zu Gunsten derjenigen unserer Kunden, für welche uns die Ueberweisungen gemacht wurden, und schreiben in das Memorial:

Per	Reichsbank-Giro-Conto		M. 12550.—
An	Adolf Bertens	M. 2000.—	
„	Ernst Burmann	„ 4200.—	
„	Robert Treuter	„ 6350.—.	

Die uns im Laufe des Vormittages ertheilten Börsenordres sind mit Ausnahme des limitirten Ankaufs von fl. 8000.— Oesterreichischer Silberrente à $80^1/_4{}^0/_0$ (der notirte Cours ist $80^1/_2$) sämmtlich zur Ausführung gekommen. Wir machen demnach unsere Eintragungen in das Börsenbuch in der früher geschilderten Weise und haben nunmehr Abrechnung zu ertheilen an:

1. Max Müller über gekaufte:

fl. 1500.—	$4^0/_0$ Ungarische Goldrente		
M. 3000.—	à 91^{20}		M. 2736.—
	Zinsen 2 Tage $4^0/_0$		„ —.70
—.30	1.50	3.75	M. 2736.70
Stempel + Courtage + Provision . . .			„ 5.55
			M. 2742.25

zu Lasten seines Contos, Werth 2. Januar 1892.

2. Carl Scherz über verkaufte:

Stck. 10 Anatolische Eisenbahn-Prioritäten			
M. 4080.—	à $85^1/_2{}^0/_0$		M. 3488.40
	Zinsen 92 Tage $5^0/_0$		„ 52.10
—.30	2.05	5.10	M. 3540.50
Stempel + Courtage + Provision . . .			„ 7.45
			M. 3533.05

zu Gunsten seines Contos, Werth 3. Januar 1892.

3. Ernst Burmann über verkaufte:

Frs. 10000.—	$5^0/_0$ Italienische Rente		
M. 8000.—	à 88.—		M. 7040.—
	Zinsen 2 Tage $5^0/_0$ . . .		„ 2.20
—.90	4.—	10.—	M. 7042.20
Stempel + Courtage + Provision . . .			„ 14.90
			M. 7027.30

zu Gunsten seines Contos, Werth 3. Januar 1892.

Diese stattgehabten Börsentransactionen bringen wir sämmtlich in unserem Memorial, etwa in folgender Weise, zum Ausdruck:

1.	Per	Max Müller		M. 2742.25
	An	Effecten-Conto	M. 2738.30	
		fl. 1500.— 4 % Ungar. Goldrente		
	„	Provisions-Conto	„ 3.95	
		Werth 2. Januar.		

2.	Per	Effecten-Conto		„ 3538.35
		10 Anatolier Prioritäten		
	An	Carl Scherz	M. 3533.05	
	„	Provisions-Conto	„ 5.30	
		Werth 3. Januar.		

3.	Per	Effecten-Conto		„ 7037.90
		Frs. 10000.— 5 % Italienische Rente		
	An	Ernst Burmann	M. 7027.30	
	„	Provisions-Conto	„ 10.60	
		Werth 3. Januar.		

Sodann machen wir die beiden verkauften Posten für den Cassenverein zurecht, d. h. wir schreiben zu jedem noch eine besondere Abrechnung laut den uns inzwischen vom Makler gesandten Schlussscheinen, und zwar im Betrage von M. 3538.35
und „ 7037.90
zusammen also M. 10576.25,
die uns am nächsten Tage durch Verrechnung des Cassenvereins mit unseren Gegencontrahenten auf unser Conto bei demselben gutgeschrieben werden.

Dagegen belastet uns der Cassenverein für die Abrechnung über fl. 1500.— 4 % Ungarische Goldrente, welche wir gleichfalls am nächsten Morgen und durch seine Vermittlung empfangen. Auf diese Weise erhalten wir die nöthigen Gegenposten für unser Memorial zum Ausgleich des Effecten-Contos:

Per	Effecten-Conto	
An	Cassenvereins-Conto	M. 2738.30
	fl. 1500.— 4 % Ungarische Goldrente.	

Per	Cassenverein-Conto	
An	Effecten-Conto	
	10 Anatolier Prioritäten	M. 3538.35
	Frs. 10000.— 5 % Italienische Rente .	„ 7037.90
		M. 10576.25.

An Ernst Keller schicken wir Schlussnote über gekaufte £ 500.— Dynamit Trustactien zum Course von 150.— per Ultimo Januar und belasten ihn für den $1^1/_2$fachen Stempelbetrag über Provisions- und Effecten-Conto im Memorial:

Per	Ernst Keller	M.	1.50
An	Provisions-Conto	„	1.—
„	Effecten-Conto	„	—.50.

Wir buchen alle von uns selbst verwendeten Stempelbeträge zu Gunsten des Provisions-Contos und belasten andererseits dem Provisions-Conto auch alle Ausgaben für Anschaffung von Stempelmarken. Die Hälfte des verwendeten Stempelbetrages buchen wir ausserdem noch über Effecten-Conto, und zwar bei Cassa- ebenso wie bei Ultimogeschäften, weil diese Hälfte von uns dem Makler zu vergüten ist und in jedem Falle zwischen uns und unseren Gegencontrahenten zur directen Verrechnung kommt.

Die Abrechnung der vom Bankier vermittelten Ultimogeschäfte selbst und die Verbuchung der sich ergebenden Differenzen und der in Ansatz gebrachten Provisionen erfolgt erst am Ende eines jeden Monats.

Ebenso wie Ernst Keller wird auch Gustav Klaar, unter Zuschickung der Schlussnote über verkaufte M. 15000.— Deutsche Bankactien à $160^1/_2$ per Ultimo Januar, für den verwendeten Stempel belastet:

Per	Gustav Klaar	M.	3.—
An	Provisions-Conto	„	2.—
„	Effecten-Conto	„	1.—.

3. Januar. Nachdem wir so alle Buchungen in der Casse und im Memorial formulirt haben, gehen wir am nächsten Morgen daran, die Uebertragung der Posten in unsere Nebenbücher vorzunehmen, wie wir das früher bei Blind & Lessing gezeigt haben.

Sodann beauftragen wir die Reichsbank, von unserem Giro-Conto M. 3000.— für Rechnung Carl Scherz an Emil Neumann in Guben zu überweisen, und buchen dies in unserem Memorial:

Per	Carl Scherz		
An	Reichsbank-Giro-Conto	M.	3000.—
	Ueberweisung Guben.		

Ein Fremder, dessen Namen wir nicht kennen, kauft aus unserem Sortenbestand £ 200.— englische Noten und 10 Stück Sovereigns. Wir berechnen ihm beides zum Course von 20.35.

Adolf Bertens kauft von unserem eigenen Effecten-Conto gegen baare Zahlung M. 25000.— 4% Preussische Consols à M. 105.90 mit $^1/_8$% Provision.

An Börsenaufträgen gehen im Laufe des Vormittags die folgenden ein:

Georg Molenar zum Ankauf von M. 5000.— $3^1/_2$ % Berliner Stadtanleihe v. 1890,
Franz Schneider „ „ „ $ 1000.— III. Northern Bonds,
do. „ „ „ M. 3000.— Deutsche Bank-Actien,
Ernst Burmann „ „ „ „ 30000.— $3^1/_2$ % Ostpreussische Pfandbriefe,
do. „ Verkauf „ „ 20000.— Edison-Actien,
alles unlimitirt, also zu den notirten Coursen vom 3. Januar.

Einzahlungen für tägliche Kündigungen erfolgen von:

Horst Kohl	M.	2400.—
Fritz Küster	„	4000.—
Albert Licht	„	2320.—
Walter Fürst	„	200.—.

Gegen Quittung heben ab von ihrem Guthaben:

Herbert Treulich	„	500.—
C. Fischer	„	3000.—
Paul Gerlach	„	1850.—
Zeltinger & Co.	„	6000.—
Taucher & Sohn	„	8500.—.

Wir bezahlen einen bei uns domicilirten Wechsel über M. 4500.— zu Lasten Fritz Küster und berechnen diesem, da sein Guthaben nur M. 800.— betrug, die heute eingezahlten M. 4000.— aber usancemässig erst per 4. Januar seinem Conto gutgeschrieben werden, nebst der üblichen Domicilprovision von $^1/_3$ ‰ noch einen Tag Zinsen zu 5 % von M. 3700.—.

Adolf Bertens beauftragt uns von seinem Conto M. 2000.— auf das Conto seines Bruders Carl Bertens Werth heute zu übertragen.

Demnach haben wir am 3. Januar 1892 in der Casse folgende Buchungen vorzunehmen:

1. Im Debet, —

An Sorten-Conto		
£ 200.— engl. Noten } à M. 20.35 . .	M.	407.—
Stück 10 Sovereigns } . .	„	203.50.
„ Eigenes Effecten-Conto		
M. 25000.— 4 % Preussische Consols $^1/_1$ à M. 105.90 A. Bertens	„	26518.45.
Transport	M.	27128.95.

Transport	M.	27128.95
An Conto-Corrent-Conto		
Horst Kohl	„	2400.—
Fritz Küster	„	4000.—
Albert Licht	„	2320.—
Walter Fürst	„	200.—
Gesammteingang	M.	36048.95
dazu unser Bestand von gestern	„	130811.55
Addition der Debet-Seite	M.	166860.50.

2. Im Credit, —

Per Conto-Corrent-Conto		
Herbert Treulich	M.	500.—
C. Fischer	„	3000.—
Paul Gerlach	„	1850.—
Zeltinger & Co.	„	6000.—
Taucher & Sohn	„	8500.—
Fritz Küster	„	4500.—
Gesammtausgang	M.	24350.—.

Somit muss unser Cassenbestand am Abend des 3. Januar gleich sein

M. 142510.50.

Bezüglich der an der Börse gekauften und verkauften Effecten verfahren wir natürlich in allem ganz so, wie am Tage vorher. Wir schreiben Schlussnoten und Rechnungen für unsere Auftraggeber aus, nachdem wir unsere Eintragungen im Börsenbuche gemacht haben, und formuliren danach unsere Memorialposten.

1. Georg Molenar gekaufte

M. 5000.— Berliner $3^1/_2$ % Stadtanleihe von			
1890 à $96^1/_2$		M.	4825.—
Zinsen $93/3^1/_2$ %		„	45.20
2.50		M.	4870.20
Courtage + $^1/_2$ Stempel . .		„	2.70
6.25	—.40	M.	4872.90
$^1/_8$ % Provision + Stempel .		„	6.65
		M.	4879.55.

2. Franz Schneider gekaufte

$ 1000.— III. Northern Bonds à $106.^{20}$.		M.	4513.50
Zinsen 33 Tage 6 %		„	23.40
2.15	20	M.	4536.90
Courtage + $^1/_2$ Stempel . .		„	2.35
Transport		M.	4539.25

	Transport	M. 4539.25
M. 3000.— Deutsche Bankactien		
à M. 160.— . . .	M. 4800.—	
Zinsen 3 Tage 4 %	„ 1.—	
1.50	M. 4801.—	
Courtage + $^1/_2$ Stempel	„ 1.70	„ 4802.70
11.70 —.80		M. 9341.95
$^1/_8$ Provision + Stempel . .		„ 12.50
		M. 9354.45.

3. Ernst Burmann gekaufte

M. 30000.— $3^1/_2$ % Ostpreussische Pfandbriefe à M. $95^1/_4$	M. 28575.—
Zinsen 3 Tage $3^1/_2$ % . .	„ 8.75
15.— 1.—	M. 28583.75
Courtage + $^1/_2$ Stempel .	„ 16.—
30.— 2.—	M. 28599.75
$^1/_{10}$ % Provision + Stempel	„ 32.—
	M. 28631.75.

4. Derselbe verkaufte

M. 20000.— Edison, Allgem. Electricitäts-Ges.-Actien à M. 130.50 .	M. 26100.—
Zinsen 183/4 %	„ 406.70
10.— 1.—	M. 26506.70
Courtage + Stempel . .	„ 11.—
26.50 2.—	M. 26495.70
$^1/_{10}$ % Provision + Stempel	„ 28.50
	M. 26467.20.

Die betreffenden Posten im Memorial lauten demzufolge:

1. Per Georg Molenar	M. 4879.55
An Effecten-Conto. Werth, 3. Januar 1892	
M. 5000.— $3^1/_2$ % Berliner Stadtanleihe von 1890	M. 4872.90
„ Provisions-Conto	„ 6.65.
2. Per Franz Schneider	„ 9354.45
An Effecten-Conto. Werth. 3. Januar 1892	
$ 1000.— III. Northern Bonds M. 4539.25; M. 3000.— Dtsche. Bankactien „ 4802.70	M. 9341.95
„ Provisions-Conto	„ 12.50.

3. Per Ernst Burmann		„ 28631.75
An Effecten-Conto. Werth, 3. Januar 1892		
M. 30000.— $3^1/_2$ % Ostpreuss. Pfandbriefe		M. 28599.75
„ Provisions-Conto		„ 32.—.

4. Per Effecten-Conto	M. 26495.70
M. 20000.— Edison-Actien	
An Ernst Burmann	M. 26467.20
„ Provisions-Conto	„ 28.50.
Werth, 4. Januar 1892.	

Fritz Küster berechnen wir $^1/_3$ ‰ Provision von M. 4500.— = M. 1.50 und einen Tag Zinsen zu 5 % von M. 3700.— = M. —.55, — zusammen also M. 2.05 und buchen dies durch unser Memorial unter Anzeige an Küster:

Per Fritz Küster	M. 2.05
An Provisions-Conto	M. 1.50
„ Zinsen-Conto	„ —.55.

Endlich machen wir noch den gewünschten Uebertrag, natürlich ebenfalls durch das Memorial:

Per Adolf Bertens
An Carl Bertens
Uebertrag . . . . M. 2000.—
Werth, 3. Januar 1892.

4. Januar. Wir empfangen durch den Cassenverein
$ 1000.— III. Northern Bonds à 106.20
M. 3000.— Deutsche Bankactien à 160.—
„ 30000.— Ostpreussische $3^1/_2$ % Pfandbriefe à $95^1/_4$

und werden dafür laut der beigegebenen Aufstellung auf unserem Conto daselbst belastet mit:

	M. 4539.25
	„ 4802.70
	„ 28599.75
in Summa	M. 37941.70;

die ausserdem noch gekauften M. 5000.— $3^1/_2$ % Berliner Stadtanleihe von 1890 bringt uns der Cassenbote von Rob. Warschauer direct in's Comptoir und präsentirt die Abrechnung darüber an unserer Casse.

Somit buchen wir im Memorial:

Per Effecten-Conto
An Cassenvereins-Conto
etc. . . . . M. 37941.70

und in der Casse:

Per Effecten-Conto
M. 5000.— $3^1/_2$% Berliner Stadtanleihe
von 1890 à $96^1/_2$ . . . . M. 4872.90.

Für die am Abend vorher an den Cassenverein gelieferten, verkauften M. 20000.— Edison-Actien belasten wir denselben durch's Memorial:

Per Cassenverein-Conto
An Effecten-Conto
etc. . . . . M. 26495.70.

Robert Treuter bringt ein verschlossenes Depot zur Aufbewahrung, wofür wir ihm M. 5.— Spesen berechnen, die er baar bezahlt.

Ernst Burmann bringt diverse Januar-Coupons im Gesammtbetrage von M. 634.76 zur Gutschrift. Wir kürzen davon Incasso-Provision M. —.66 und vergüten den Rest seinem Conto.

Alexander Bartel kündigt von seinem Guthaben per 3 Monate M. 20000.—.

Wir kaufen für M. 100.— Effecten-Stempelmarken.

X. Y. wechselt an unserer Casse $ 200.— Amerikanische Noten, die wir ihm zum Course von 4.10 abnehmen.

Aus unserem Wechselportefeuille verkaufen wir an Fritz Küster
£ 30.6/— kurz London à 20.35
mit $^1/_8$% Provision gegen baar u. s. w.

Unsere diesbezüglichen Buchungsposten stellen sich folgendermassen dar:

1. In der Casse:

An Provisions-Conto
Robert Treuter, Aufbewahrungsspesen 1 Pack. M. 5.—
„ Wechsel-Conto
£ 30/6.— kurz London à M. 20.35 . . . „ 616.60
„ Provisions-Conto
à £ 30/6.— kurz London . . . . „ —.80.

Per Provisions-Conto
diverse Stempelmarken . . . . M. 100.—.
„ Sorten-Conto
$ 200.— Amerikanische Noten à 4.10 . . M. 820.—.

2. Im Memorial:

Per	Effecten-Conto	M. 634.76.
	diverse Coupons	
An	Ernst Burmann	M. 634.10
„	Provisions-Conto	„ —.66.

Dergestalt entwickelt sich das Bankgeschäft Tag für Tag in mancherlei Weise, vielseitig, wie kaum ein anderes, abwechslungsreich und in jeder Hinsicht interessant. Die einzelnen Geschäftsvorfälle, die hier aus der Masse herausgegriffen wurden, sollten nur ein Bild von der Art der Vorkommnisse geben, welche die Thätigkeit des Bankgeschäftes vorzüglich in Anspruch nehmen, und gleichzeitig — dem Zwecke dieses Buches entsprechend — als Handhabe buchmässiger Verwerthung dienen. Was die „Artikel", mit denen der Bankier handelt, — also Effecten, Wechsel, Geldsorten und Geld — betrifft, so haben wir gesehen, dass der vom Bankier im Handel damit erzielte Gewinn nicht wie im Waarengeschäft direct auf der Credit-Seite der betreffenden Conten in die Erscheinung tritt. Der Gewinn wird im Gegentheil, getrennt von dem Verkaufswerthe der Bankierwaare, über zwei verschiedene Conten gebucht: das Provisions-Conto oder das Zinsen-Conto.

Die Erträgnisse dieser beiden Conten gelten in jedem Bankgeschäft an erster Stelle als gerechter, ja als einziger Maassstab für die innere Qualität des Geschäftes mit seinen Verbindungen und Bestrebungen. Gewinne, welche das Effecten-Conto in Folge glücklicher Speculationen oder hoher Coursnotirungen am Ende eines Jahres aufweist, sind als Zufallserfolge nicht hoch zu veranschlagen, dürfen jedenfalls bei einer Taxirung des Geschäftes selbst keineswegs berücksichtigt werden. Ein Gleiches gilt vom Wechsel-Conto nicht minder als vom Sorten-Conto.

Der Umfang des Provisions- und des Zinsen-Contos allein lässt einen Schluss zu auf den stabilen Ertragsdurchschnitt des angelegten Capitals. Daher ist es von eminenter Wichtigkeit, bei den Jahresberichten der grossen Bankinstitute den Erträgnissen auf Provisions- und Zinsen-Conto die grösste Aufmerksamkeit zuzuwenden. In ihnen spiegelt sich das Vertrauen und die Stärke der Kundschaft, die Ausdehnung des regelmässigen Geschäftes. Und auf dieses sollte man vornehmlich bei Aktienbanken das Hauptgewicht legen, nicht aber sich blenden lassen durch imposante Gewinne aus Consortialgeschäften etc., die vielleicht im nächsten Jahre zu eben solchen Verlusten führen werden.

Die Ueberschüsse dieser beiden Conten, die Beträge also, um welche die Additionen in deren Credit diejenigen im Debet übersteigen, werden am Jahresschlusse über Gewinn- und Verlust-Conto als Gewinn vereinnahmt.

Der Abschluss aller anderen Conten ist denjenigen im Waarengeschäft analog, — bis auf die Zinsenberechnung im Conto-Correntbuch. Wie diese zu geschehen hat, — dass man drei verschiedene Methoden dafür kennt und dass im Bankgeschäft die sogenannte Staffelrechnung sich als die weitaus praktischste davon erwiesen hat, — das alles sagen und erläutern wir im zweiten Band dieses Werkes Seite 180—193.

Anhang.

Die sogenannte „Amerikanische Buchführung", — eine Vereinfachung der „Doppelten Buchführung".

Eine Vergleichung der beiden besprochenen Buchführungs-Systeme ergiebt, dass die doppelte Buchführung allein mit absoluter Sicherheit arbeitet, dass sie indessen allerdings etwas umständlicher ist als die einfache. Das Bestreben liegt nahe, sich die Vorzüge jenes Systems unbedingt nützlich zu machen, gleichzeitig aber in diesem selbst eine Stelle zu erspähen, wo eine gewisse Arbeitsersparniss einsetzen könnte.

Die beiden Grundbücher, Memorial und Casse, führen wir bei beiden Systemen. Sie sind unbedingt nothwendig und lassen auch, wenn sie an Deutlichkeit nicht verlieren sollen, keinerlei Vereinfachung zu. Bei der einfachen Buchführung übertragen wir dann aus der Casse und dem Memorial in's Hauptbuch, welches dem Conto-Correntbuch der doppelten Buchführung entspricht; bei dieser übertragen wir dagegen zunächst auch in das Conto-Correntbuch, sodann aber noch in das Journal und von dort in's Hauptbuch. Die Führung dieser beiden Bücher bildet dann auch die einzige Mehrarbeit in der doppelten Buchführung gegenüber der einfachen. Es fragt sich nun, ob wir Eines oder das Andere davon entbehren können? Das Hauptbuch selbst können wir unter keinen Umständen vermeiden. In diesem liegt ja der Schwerpunkt der ganzen doppelten Buchführung. Das Hauptbuch giebt uns Aufschluss über den Gang des Geschäftes. Durch das Abstimmen des Hauptbuches mit den anderen Büchern erlangen wir die Gewissheit, dass unsere gesammte Buchführung stimmt.

Das Hauptbuch also ist unentbehrlich für uns. Uebrigens macht die Führung desselben an sich auch nur wenig Arbeit, denn das monatliche Uebertragen aus dem Journal ist bald gethan.

Somit bleibt das Journal als das einzigste Angriffsobject für die Bestrebungen zur Vereinfachung der doppelten Buchführung übrig.

Da entsteht zunächst die Frage: kann man das Journal ganz weglassen, ohne deshalb jeden Buchungsposten einzeln aus Casse und Memorial in das Hauptbuch übertragen zu müssen? — Müsste man diese Frage verneinen, dann wäre es freilich klüger, das Journal weiter zu führen, weil man ja sonst das Gegentheil des Angestrebten erreichen würde: statt der Arbeitsersparniss eine Mehrarbeit und zudem noch die Verdunkelung an Stelle der Klarheit. Die Frage ist aber in der That nicht zu verneinen. Sie findet im Gegentheil ihre Bejahung durch das System der sog. „Amerikanischen Buchführung“, bei welcher alle Buchungsposten im Journal und in der Casse bereits nach denjenigen Hauptbuch-Conten, zu welchen sie gehören, sortirt werden. Zu diesem Zwecke richtet man zunächst in der Casse sowohl auf der Debet- als auch auf der Credit-Seite für jedes Hauptbuch-Conto, oder wenigstens für diejenigen Conten, welche regelmässig allmonatlich vorkommen, eine besondere Colonne ein, — also je eine Colonne für das Waaren-Conto, Conto-Corrent-Conto, Wechsel-Conto etc. Man schreibt sodann z. B. auf der Debet-Seite in die Colonne „Waaren-Conto“ alle diejenigen Posten, für die das Waaren-Conto zu creditiren und das Cassa-Conto zu belasten ist, — in die Colonne „Wechsel-Conto“ auf der Debet-Seite alle Posten, für welche das Wechsel-Conto zu Lasten des Cassa-Contos zu erkennen ist etc. Am Ende eines jeden Monats addirt man dann jede einzelne Colonne und ermittelt so ohne Journal, was im Laufe des ganzen Monats dem Waaren-Conto, dem Wechsel-Conto, dem Conto-Corrent-Conto etc. zu Lasten des Cassa-Contos creditirt worden ist. Auf dieselbe Weise behandelt man natürlich die Credit-Seite der Casse und überträgt dann die Addition jeder einzelnen Colonne auf das betreffende Conto des Hauptbuches.

Ebenso verfährt man bei der amerikanischen Buchführung mit dem Memorial. Auch in diesem Buche richtet man für die betreffenden Hauptbuch-Conten Colonnen ein, aber diesmal ausnahmslos zwei Colonnen für jedes Hauptbuch-Conto, von welchen eine für die Debet-, eine für die Creditposten bestimmt ist. Man schreibt dann von jedem Posten in das Debet des Waaren-, Wechsel-, Conto-Corrent-Contos etc., was einem derselben zu belasten ist, und ebenso in das Credit der betreffenden Conten, was jedem einzelnen zu Gute kommt. Auf diese Weise muss jeder Posten in eine Debet- und in eine Creditcolonne kommen. Am Ende des Monats werden die einzelnen Colonnen, wie bei der Casse, addirt und in's Hauptbuch übertragen.

So erspart also die amerikanische Buchführung in der That vollständig das Journal und ermöglicht doch die summarische

Uebertragung aller zu einem Conto des Hauptbuches gehörigen Posten des ganzen Monats. Der Nachtheil dieser amerikanischen Buchführung besteht indessen in der grossen Anzahl von Colonnen, welche — insbesondere im Memorial — erforderlich sind und gar zu leicht Anlass zu Verwechslungen geben können. Ausserdem ist zu jedem Posten sehr viel Platz nothwendig, Casse und Memorial erfordern bei einigermassen grossen und vielseitigen Geschäften ein enormes, unhandliches Format. Aus diesem zuletzt angeführten Grunde empfiehlt es sich schon, das Memorial ebenfalls auf zwei Seiten zu führen, also in Debet- und Credit-Seite, wie die Casse, zu trennen.

Um nun diese Nachtheile der amerikanischen Buchführung zu vermeiden und doch die Vortheile derselben zu benutzen, dürfte es sich empfehlen nur für diejenigen Hauptbuch-Conten Colonnen einzurichten, die in jedem Monate häufiger wiederkommen. Zu diesem Zwecke sehen wir uns unser Cassabuch noch einmal an und finden, dass in unserem Geschäfte die Haupteingänge unserer Casse aus dem Conto-Corrent-Conto, Waaren-Conto- und Wechsel-Conto bestehen, in Folge dessen richten wir für uns nur für diese drei Conten je eine Colonne ein, während wir alle sonstigen Cassa-Debetposten in eine gemeinsame Colonne „Diverse“ bringen, aus welcher dann jeder Posten einzeln in's Hauptbuch zu übertragen ist. Ebenso finden wir, dass in unserem Geschäfte die Hauptausgänge unserer Casse aus Zahlungen für Waaren-Conto, Conto-Corrent-Conto und, wenn unser Geschäft erst länger im Gange ist, für Accepten-Conto bestehen, während Zahlungen für andere Conten nur seltener vorkommen, in Folge dessen geben wir auf der Credit-Seite der Casse diesen drei Conten je eine Colonne, während alle anderen Posten wiederum zu einer gemeinsamen Colonne „Diverse“ zusammen gebracht werden. Am Ende des Monats addiren wir die einzelnen Colonnen zusammen und übertragen dann die Endsumme jeder Colonne, aus der Colonne „Diverse“ aber jeden Posten einzeln in's Hauptbuch. Wenn wir unser Cassabuch in dieser Weise einrichten, werden wir auch darauf bedacht sein, die Posten soviel wie möglich auf solche Conten zu bringen, für die wir besondere Colonnen haben. So hätten wir z. B., anstatt das Wechsel-Conto für die gekauften Wechsel zu belasten, wie bereits auf Seite 46 angegeben, direct den betreffenden Geschäftsfreund, der die Wechsel empfing, also das Conto-Corrent-Conto für dieselben belasten können und zwar zuzüglich der für sie bezahlten Courtage, wodurch die Posten auf der Credit-Seite unserer Casse Wechsel-Conto und Courtagen-Conto ganz wegfielen. In vielen Geschäften wird auf der Cassa-

Credit-Seite noch häufig das Handlungs-Unkosten-Conto vorkommen, wenn man will, kann man diesem Conto anstatt des Accepten-Contos, falls dieses seltener vorkommt, eine besondere Colonne geben, indessen würde ich vorziehen, die Posten des Handlungs-Unkosten-Contos in die „Diverse“-Colonne zu bringen und lieber einzeln in das Hauptbuch zu übertragen, da wir hierdurch auf dem Conto des Hauptbuches rasch ersehen können, was wir für Unkosten im Einzelnen gehabt haben.

Aehnlich wie die Casse richten wir uns das Memorial ein, und da bei fast allen Posten des Memorials das Conto-Corrent-Conto entweder belastet oder creditirt wird, so dürfte es zu empfehlen sein, das Memorial ebenso wie die Casse auf zwei gegenüberstehenden Seiten mit Debet und Credit zu führen und auf die Debet-Seite alle die Posten zu bringen, durch die das Conto-Corrent-Conto belastet wird, und auf die Credit-Seite alle die Posten, durch die das Conto-Corrent-Conto creditirt wird. Um nun zu sehen, was für Colonnen wir im Memorial einzurichten haben, sehen wir uns dasselbe genau an, und finden, dass das Conto-Corrent-Conto namentlich belastet wurde zu Gunsten des Waaren-Contos, Wechsel-Contos und Accepten-Contos und dagegen creditirt wurde namentlich zu Lasten des Waaren-Contos und Wechsel-Contos, in Folge dessen richten wir uns auf der Debet-Seite des Memorials je eine Colonne für Waaren-Conto, Wechsel-Conto, Accepten-Conto und Diverse und auf der Credit-Seite des Memorials je eine Colonne für Waaren-Conto, Wechsel-Conto und Diverse ein, addiren dann am Ende des Monats jede einzelne Colonne, und übertragen die Additionen in's Hauptbuch resp. aus der Colonne „Diverse“ jeden Posten einzeln. Addiren wir ferner die vier Colonnen der Debet-Seite und ebenso die drei Colonnen der Credit-Seite zusammen, so wissen wir, wie viel das Conto-Corrent-Conto im Laufe des ganzen Monats schuldig geworden ist und wie viel es zu Gute bekommen hat, und übertragen diese Summen dann ebenfalls in's Hauptbuch, welche Summen stets mit den in unserem Journal ermittelten, übereinstimmen müssen. Es könnte nun noch vorkommen, dass bei einem Memorialposten das Conto-Corrent-Conto weder Debitor noch Creditor ist, wie z. B. bei dem Posten:

Haus-Conto

An Hypotheken-Conto . . . . M. 240000.—

in einem solchen Falle müssen wir aus diesem Posten zwei Posten machen, nämlich:

Haus-Conto

An Conto-Corrent-Conto . . . . M. 240000.—

und

Conto-Corrent-Conto

An Hypotheken-Conto . . . . „ 240000.—

und kommt dann der erstere Posten in's Memorial auf die Credit-Seite und letzterer auf die Debet-Seite, und da wir nun gemäss dieser Buchführung aus dem Memorial alle Posten in's Conto-Correntbuch übertragen müssen, damit die Additionen desselben mit dem Conto-Corrent-Conto des Hauptbuches übereinstimmen, aber wir durch diese zwei Posten Niemanden in dem Conto-Correntbuche creditiren oder belasten, so errichten wir uns in demselben ein besonderes Conto, das wir „Uebertragungs-Conto" nennen können.

In ähnlicher Weise hätten wir zu verfahren bei Posten, durch die das Conto-Corrent-Conto belastet und zu gleicher Zeit creditirt wird, z. B.:

Hintze's Nachfolger, Frankfurt a/O.

An Oscar Fränzel, Cottbus

letzterer zahlte an ersteren für unsere

Rechnung . . . . M. 1500.—

diesen Posten müssten wir zerlegen und beide Male am einfachsten über Wechsel-Conto nehmen, also auf die Debet-Seite des Memorials schreiben:

Hintze's Nachfolger, Frankfurt a/O.

An Wechsel-Conto

zahlten demselben durch Oscar Fränzel, Cottbus M. 1500.-

und auf die Credit-Seite des Memorials

Wechsel-Conto

An Oscar Fränzel, Cottbus

derselbe zahlte an Hintze's Nachf., Frankfurt a/O. „ 1500.—

selbstredend sind dann beide Posten auch in unser Wechselbuch zu übertragen und zwar würden wir hierzu das Conto „Mark-Wechsel" wählen. Um uns verständlicher zu machen, wollen wir die Geschäftsvorfälle, welche unseren Besprechungen der einfachen und doppelten Buchführung zu Grunde gelegen haben, im Folgenden auch nach dem Princip der amerikanischen in Casse und Memorial darstellen. Indessen führen wir bei jedem einzelnen Posten nur den Debitor und den Creditor an, da eine nochmalige Wiederholung des bekannten Textes unnöthig erscheint.

Was das Schema des Memorials anlangt, so sei hier ausdrücklich hervorgehoben, dass dasselbe, wie es hier aufgestellt ist, nicht als dogmatisch gelten will. Die von mir beliebte Vereinfachung, durch Umwandlung in ein Conto-Corrent-Conto zwei Colonnen und zahlreiche Buchungsposten zu ersparen, wird mit Rücksicht auf die mancherlei Doppelbuchungen (Debet und Credit — siehe oben), insbesondere bei den Abschlussposten über Bilanz- und Gewinn- und Verlust-Conto, vielleicht sogar als umständlich bezeichnet werden.

In Sachen, die mehr als eine Auffassung, mehr als eine Anwendung zulassen, muss es eben jedem Einzelnen anheimgegeben werden, mit Ueberlegung das herauszugreifen, was ihm für seinen besonderen Fall praktisch und gut erscheint. Wer es bequemer findet, lege das Memorial in folgender Weise an:

December 1891.

		Diverse		Waaren-Conto		Wechsel-Conto		Conto-Corrent-Conto		Accepte-Conto
		Debet	Credit	Debet	Credit	Debet	Credit	Debet	Credit	Credit
1	Detailgeschäft							3900 50		
	An Waaren-Conto				3900 50					
	Bauer & Golde							10 —		
	An Waaren-Conto				10 —					
	Orth & Co.							325 —		
	An Waaren-Conto				325 —					
	Orth & Co.							11500 —		
	An Accepte-Conto									11500 —
	Hintze's Nachf.							1537 50		
	An Waaren-Conto				1537 50					
	Waaren-Conto			11483 30						
	An H. M. Blydenstein								11483 30	
	Waaren-Conto			980 —						
	An Bauer & Golde								980 —	
	Waaren-Conto			3480 —						
	An Orth & Co.								3480 —	

u. s. w.

Die Schlussadditionen ergeben dann in jeder einzelnen Colonne diejenige Summe, welche in das oben bezeichnete Conto des Hauptbuches auf die oben bezeichnete Seite zu übertragen ist. Nur in der Colonne „Diverse“ müssen die Posten getrennt herausgesucht und verbucht werden. —

Casse und Memorial der Firma Blind & Lessing für den Monat December 1891 stellen sich, nach der amerikanischen Buchführung, in folgender Weise dar:

1

Debet December ***Cassa-***

			Diverse		Conto-Corrent-Conto		Waaren-Conto		Wechsel-Conto	
	1.	An Heinrich Blind, Capital-Conto	75000	—						
		„ August Lessing, Capital-Conto	75000	—						
	6.	„ Conto-Corrent-Conto			1500	—				
	12.	„ do.			520	—				
	15.	„ Wechsel-Conto							2874	80
		„ Conto-Corrent-Conto			1800	—				
	20.	„ Waaren-Conto					208	90		
	23.	„ Conto-Corrent-Conto			1800	—				
		„ Wechsel-Conto							39725	—
		„ do.							2032	20
	27.	„ Emilie Lessing, geb. Müller, Illaten-Conto	50000	—						
	29.	„ Conto-Corrent-Conto			4500	—				
	30.	„ do.			2155	—				
			200000	—	12275	—	208	90	44632	—
		Transport von Conto-Corrent-Conto	12275	—						
		Transport von Waaren-Conto	208	90						
		Transport von Wechsel-Conto	44632	—						
			257115	90						
1892 Jan.	1.	An Saldo-Vortrag	59358	95						

1

Conto 1891. **Credit**

		Diverse		Wechsel-Conto		Waaren-Conto		Conto-Corrent-Conto	
1.	Per Mobilien-Conto	3633	60						
	„ Waaren-Conto					954	10		
	„ Conto-Corrent-Conto							970	—
	„ do.							6500	—
2.	„ Wechsel-Conto			10089	—				
	„ Courtagen-Conto	5	05						
3.	„ Conto-Corrent-Conto							4000	—
	„ Waaren-Conto					256	50		
	„ Wechsel-Conto			15229	70				
	„ Courtagen-Conto	7	60						
5.	„ Mobilien-Conto	176	—						
8.	„ Conto-Corrent-Conto							6000	—
10.	„ Waaren-Conto					265	70		
	„ Handlungs-Unkosten-Conto	57	50						
13.	„ Waaren-Conto					18	50		
	„ Mobilien-Conto	350	—						
	„ Pferde-Conto	1240	—						
16.	„ Wechsel-Conto			18473	60				
	„ Courtagen-Conto	9	20						
23.	„ Haus-Conto	123600	—						
	„ Courtagen-Conto	10	—						
30.	„ Accepten-Conto	4000	—						
	„ Conto-Corrent-Conto							550	—
	„ do.							375	—
	„ Handlungs-Unkosten-Conto	985	90						
		134074	85	43792	30	1494	80	18395	—
	Transport von Wechsel-Conto	43792	30						
	Transport von Waaren-Conto	1494	80						
	Transport von Conto-Corrent-Conto	18395	—						
		197756	95						
	Saldo	59358	95						
		257115	90						

1

Debet December ***Conto-Cor-***

		Diverse	Waaren-Conto	Wechsel-Conto	Accepten-Conto
1.	Detailgschäft An Waaren-Conto		3900 50		
	Bauer & Golde An Waaren-Conto		10 —		
	Orth & Co. An Waaren-Conto		325 —		
	Orth & Co. An Accepten-Conto				11500 —
	Hintze's Nachf. An Waaren-Conto		1537 50		
2.	H. M. Blydenstein An Wechsel-Conto			10089 —	
	Berger & Sohn An Accepten-Conto				6000 —
	F. Gericke An Waaren-Conto		1330 —		
3.	Urban & Sohn An Waaren-Conto		2785 —		
	Werther & Co. An Waaren-Conto		60 —		
4.	Detailgeschäft An Waaren-Conto		5121 —		
	Blackworth & Sons An Wechsel-Conto			15229 70	
5.	Itzig Meyer An Waaren-Conto		420 —		
8.	Ehrlich & Co. An Waaren-Conto		1482 —		
	Prang Söhne An Waaren-Conto		1216 —		
	Berger & Sohn An Waaren-Conto		90 —		
9.	Oscar Fraenzel An Waaren-Conto		904 —		
10.	Hermann Klein An Waaren-Conto		525 —		
11.	Hallesche Zuckersiederei An Accepten-Conto				11000 —
12.	Hintze's Nachfolger An Waaren-Conto		1087 —		
13.	Fetscherin & Pfeiffer An Waaren-Conto		2430 —		
			23223 —	25318 70	28500

1

rent-Conto 1891. **Credit**

		Diverse	Waaren-Conto	Wechsel-Conto	
1.	Waaren-Conto An H. M. Blydenstein		11483 30		
	Waaren-Conto An Bauer & Golde		980 —		
	Waaren-Conto An Orth & Co.		3480 —		
	Waaren-Conto An Lyden & Sohn		11269 20		
	Waaren-Conto An Werther & Co.		11410 —		
	Waaren-Conto An Hallesche Zuckersiederei		10950 —		
	Waaren-Conto An Berger & Sohn		6200 —		
	Waaren-Conto An Blackworth & Sons		16195 70		
	Waaren-Conto An Orth & Co.		15000 —		
4.	Waaren-Conto An Frascatelli & Co.		6966 —		
	Wechsel-Conto An F. Gericke			1200 —	
6.	Wechsel-Conto An Urban & Sohn			2500 —	
9.	Waaren-Conto An H. M. Blydenstein		15382 25		
11.	Wechsel-Conto An F. Ehrlich			1400 —	
12.	Waaren-Conto An Hermann Klein		5 —		
			109321 45	5100 —	

2

Debet. December ***Conto-Cor-***

		Diverse		Waaren-Conto		Wechsel-Conto		Accepten-Conto	
	Transport			23223	—	25318	70	28500	—
13.	Reinhardt & Co. An Waren-Conto			1962	—				
15.	F. Gericke An Waaren-Conto			629	—				
16.	Lyden & Sohn An Wechsel-Conto					18473	60		
	Heinrich Schwarz An Waaren-Conto			1855	—				
	Oscar Zander An Waaren-Conto			2525	—				
19.	Oscar Fraenzel An Waaren-Conto			727	—				
20.	Oscar Zander An Waaren-Conto			1997	50				
23.	Oscar Fraenzel An Waaren-Conto			833	—				
	Conto-Corrent-Conto An Hypotheken-Conto	180000	—						
	F. Ehrlich An Waaren-Conto			442	—				
	Reinhardt & Co. An Waaren-Conto			1275	—				
27.	Heinrich Schwarz An Waaren-Conto			1825	—				
29.	Hintze's Nachf. An Waaren-Conto			1075	—				
30.	Fr. Gericke An Waaren-Conto			2845	—				
31.	Conto-Corrent-Conto An Emilie Lessing, Illaten-Conto	25	—						
	Detailgeschäft An Mobilien-Conto	15	60						
	Schauss & Co. An Zinsen-Conto	322	80						
	4 Debitores An Gewinn- u. Verlust-Cto.								
	H. M. Blydenstein	47	95						
	Lyden & Sohn	43	70						
	Blackworth & Sons	24	80						
	Frascatelli & Co.	43	—						
		180522	85	41213	50	43792	30	28500	—

rent-Conto 1891. **Credit**

		Diverse	Waaren-Conto	Wechsel-Conto	
	Transport		109321 45	5100 —	
13.	Waaren-Conto An Orth & Co.		1280 —		
15.	Wechsel-Conto An Fetscherin & Pfeiffer			2000 —	
16.	Wechsel-Conto An Reinhardt & Co.			1900 —	
23.	Haus-Conto An Conto-Corrent-Conto	180000 —			
	Wechsel-Conto An Schauss & Co.			40000 —	
	Wechsel-Conto An Oscar Fraenzel			2050 —	
29.	Waaren-Conto An Oscar Zander		45 —		
30.	Waaren-Conto An Lyden & Sohn		15925 30		
31.	August Lessing, Capital-Conto An August Lessing, Privat-Conto	550 —			
	Heinrich Blind, Capital-Conto An Heinrich Blind, Privat-Conto	375 —			
	Zinsen-Conto An Conto-Corrent-Conto	25 —			
	Waaren-Conto An Detailgeschäft		2894 50		
	Courtagen-Conto An Schauss & Co.	133 30			
		181083 30	129466 25	51050 —	

3

Debet December ***Conto-Cor-***

		Diverse		Waaren-Conto		Wechsel-Conto		Accepten-Conto	
	Transport	180522	85	41213	50	43792	30	28500	—
31.	Detailgeschäft An Gewinn u. -Verlust-Cto	1112	40						
		181635	25	41213	50	43792	30	28500	—
	Transport v. Waaren - Cto.	41213	50						
	„ „ Wechsel-Cto.	43792	30						
	„ „ Accepten-Cto.	28500	—						
		295141	05						

rent-Conto 1891. **Credit**

	Diverse		Waaren-Conto		Wechsel-Conto	
Transport	181083	30	129466	25	51050	—
	181083	30	129466	25	51050	—
Transport v. Waaren-Conto	129466	25				
„ „ Wechsel-Conto	51050	—				
	361599	55				

Somit sind die Resultate genau dieselben, wie bei der Zusammenstellung im Journal. Wir haben aus der Casse in's Hauptbuch zu übertragen:

1. in's Cassa-Conto
   An 4 Creditores . . . . M. 257115.90
   Per 4 Debitores . . . . „ 197756.95,

2. sodann von der Debet-Seite des Cassabuches in das Credit
   des Conto-Corrent-Contos . . . . . . M. 12275.—
   „ Waaren-Contos . . . . „ 208.90
   „ Wechsel-Contos . . . . „ 44632.—

und aus der Colonne „Diverse" in's Credit
   des Heinrich Blind, Capital-Conto . . „ 75000.—
   „ August Lessing, do. . . . . „ 75000.—
   „ Emilie Lessing, geb. Müller,
   Illaten-Conto . . . . „ 50000.—,

3. hierauf von der Credit-Seite des Cassabuches in's Debet
   des Wechsel-Contos . . . . M. 43792.30
   „ Waaren-Contos . . . . „ 1494.80
   „ Conto-Corrent-Contos . . . . . . „ 18395.—,

sowie aus der Colonne „Diverse" in's Debet

des Mobilien-Contos	„	3633.60
	„	176.—
	„	350.—
„ Courtagen-Contos	„	5.05
	„	7.60
	„	9.20
	„	10.—
„ Handlungs-Unkosten-Contos . .	„	57.50
	„	985.90
„ Pferde Contos	„	1240.—
„ Haus-Contos	„	123600.—
„ Accepte-Contos	„	4000.—.

Ebenso haben wir aus dem Memorial zu übertragen in das Hauptbuch:

1. in's Conto-Corrent-Conto
   An 4 Creditores . . . . M. 295141.05
   Per 3 Debitores . . . . „ 361599.55,

2. von der Debet-Seite des Memorials in das Credit

des	Waaren-Contos	M.	41213.50
„	Wechsel-Contos	„	43792.30
„	Accepten-Contos	„	28500.—
„	Hypotheken-Contos	„	180000.—
„	Emilie Lessing, Illaten-Contos . .	„	25.—
„	Mobilien-Contos	„	15.60
„	Zinsen-Contos	„	322.80
„	Gewinn- und Verlust-Contos . .	„	47.95
		„	43.70
		„	24.80
		„	43.—
		„	1112.40,

3. von der Credit-Seite des Memorials in's Debet

des	Waaren-Contos	„	129466.25
„	Wechsel-Contos	„	51050.—
„	Haus-Contos	„	180000.—
„	August Lessing, Capital-Contos . .	„	550.—
„	Heinrich Blind, Capital-Contos . .	„	375.—
„	Zinsen-Contos	„	25.—
„	Courtagen-Contos	„	133.30.

Unser auf diese Weise fertig gestelltes Hauptbuch stimmt sonach genau überein mit dem durch Vermittelung des Journals geführten Hauptbuche. Es erübrigt noch, die Posten, welche wir zum Zwecke des Abschlusses unserer sämmtlichen Hauptbuch-Conten über Bilanz-Conto und Gewinn- und Verlust-Conto im Journal construirt hatten, hier unverändert in das Memorial aufzunehmen und in der bekannten Weise zu übertragen.

Es ist selbstverständlich, dass auch bei der amerikanischen Buchführung alle Hilfsbücher in der von uns sattsam geschilderten Weise auf Grund der Casse und des Memorials geführt werden, — in unserem Falle also: das Conto-Corrent-buch, das Waarenbuch und das Wechselbuch.

GPSR Compliance

The European Union's (EU) General Product Safety Regulation (GPSR) is a set of rules that requires consumer products to be safe and our obligations to ensure this.

If you have any concerns about our products, you can contact us on ProductSafety@springernature.com

In case Publisher is established outside the EU, the EU authorized representative is:

Springer Nature Customer Service Center GmbH
Europaplatz 3
69115 Heidelberg, Germany

Batch number: 10844623

Printed by Printforce, the Netherlands